甘肃向西开放务实合作丛书

基于全面建成小康社会的
西北地区

经济转型跨越发展战略与路径研究

刘进军 著

四川大学出版社

项目策划：邱小平　梁　平
责任编辑：陈　纯
责任校对：杨　果
封面设计：璞信文化
责任印制：王　炜

图书在版编目（CIP）数据

基于全面建成小康社会的西北地区经济转型跨越发展战略与路径研究 / 刘进军著. — 成都：四川大学出版社，2021.10
（"甘肃向西开放务实合作"丛书）
ISBN 978-7-5690-3444-8

Ⅰ.①基… Ⅱ.①刘… Ⅲ.①区域经济发展－研究－西北地区 Ⅳ.① F127.4

中国版本图书馆 CIP 数据核字（2020）第 014632 号

书　名	基于全面建成小康社会的西北地区经济转型跨越发展战略与路径研究
著　者	刘进军
出　版	四川大学出版社
地　址	成都市一环路南一段24号（610065）
发　行	四川大学出版社
书　号	ISBN 978-7-5690-3444-8
印前制作	四川胜翔数码印务设计有限公司
印　刷	郫县犀浦印刷厂
成品尺寸	170mm×240mm
印　张	15
字　数	284千字
版　次	2021年10月第1版
印　次	2021年10月第1次印刷
定　价	65.00元

版权所有 ◆ 侵权必究

◆ 读者邮购本书，请与本社发行科联系。
电话：(028)85408408/(028)85401670/(028)86408023　邮政编码：610065
◆ 本社图书如有印装质量问题，请寄回出版社调换。
◆ 网址：http://press.scu.edu.cn

四川大学出版社
微信公众号

前　言

当前,中国处在全面深化改革的攻坚时期,处在新常态下经济速度变化、经济结构优化、经济动力转化的新时期。西北地区在国家战略全局中具有特殊重要性,不仅是我国西部大开发战略的重点区域,向西开放的前沿阵地和联结东西的重要通道,丝绸之路经济带建设的核心区域,也是生态文明建设的战略屏障,实现区域协调发展的难点区域,以及反恐维稳的主要阵地。特殊的自然条件、特定的区位特点、独特的发展历史、欠发达的经济发展水平以及复杂的民族宗教关系,决定了西北地区实现经济转型跨越发展具有深刻的复杂性、特殊性、必要性和紧迫性。西北地区顺利实现经济转型跨越发展是关系到我国能否实现区域经济协调发展、边疆稳定安全、民族和谐团结和如期实现全面建成小康社会目标的重大问题。

本书尝试从多角度透视西北地区经济转型跨越发展的重大问题,紧紧围绕西北地区区情和推进经济转型跨越发展过程中面临的重点问题、难点问题、核心问题进行综合应用研究,力求从经济转型跨越发展的现实基础出发,着力研究基于全面建成小康社会的经济转型跨越发展的战略思路、战略目标、战略原则、战略重点、实施路径与政策建议。

本书基于全面系统的文献阅读、扎实的实地调研和详实的基础数据,第一,评述了国内外理论研究动态,梳理了中国经济转型跨越发展和全面建成小康社会政策体系的发展脉络,进而明确了课题的研究框架,深入阐释了西北地区经济转型跨越发展的深刻内涵,为深化课题研究奠定了清晰的理论基础;第二,展开实证分析,从经济概况、区位条件、生产要素条件、生态环境、历史人文、科学技术等方面,对西北地区经济转型跨越发展的基础条件和发展优势做了系统梳理总结;第三,通过定性和定量方法,重点详尽地分析了西北地区经济规模、经济增速、经济结构、经济代价、经济福利、经济外向度、经济竞争力等重大问题,明确了西北地区经济的动态变化趋势、特点、成因及在全国所处的地位,指出了在经济转型跨越发展中必须解决的突出问题;第四,就实现全面建成小康社会目标,分析了西北地区实现程度与目标要求的差距,分析了在推进经济转型跨越发展和全面建成小康社会中所面临的挑战与机遇；第五，基于前述理论基础和实证分析，总结国内外经济转型跨越发展的实践经验与有益启示，归纳提出了基于全面建成小康社会的西北地区经济转型跨越发展的战略思路、战略目标、战略原则、战略重点、实施路径和政策建议。

我们认为，西北地区经济转型主要体现在两个层面：在生产力层面看，就是要在新发展理念的指导下，加快推进供给侧结构性改革，从根本上实现由传统粗放经济发展方式向现代集约经济发展方式的转变，突破固化结构性矛盾，实现经济结构战略性调整，提升生产要素配置效率，增强经济的创新驱动能力，实现传统主导产业的改造升级，现代新兴潜力产业的培育壮大，循环经济体系的全面运行；在生产关系层面看，要充分发挥市场的决定性作用，在职能转变中更好地发挥政府作用，着力深化经济体制改革，完善综合配套制度体系，进一步创新经济运行的体制机制，降低经济运行的制度成本，推动经济提质增效。

西北地区经济跨越发展主要指经济质量和效益的跨越发展，其内涵体现在：一是经济增长速度和经济规模的跨越发展。即在经济质量明显提升，经济效益、社会效益和生态环境效益同步提高，人民生活水平显著提升的基础上，保持经济增速的较快增长和经济规模的较快增大。二是增强投资、消费和出口作用，实现经济增长动力的跨越发展。即通过投资结构改善和投资质量提高，形成极具发展前景的生产能力；提高人民收入水平，扩大消费需求，增强经济发展源动力；优化进口结构，改善生产要素条件和消费品结构，促进经济转型发展；扩大出口规模，优化出口结构，提升产品国际市场竞争力，三大需求各尽其能合力促进西北地区经济跨越发展。三是结构调整深度推进，实现经济协调度的跨越发展。即无论是产业（间或内）结构、企业所有制结构，企业规模结构，还是城乡结构、地区结构等都得到有效的深度调整，结构更加协调合理，联动发展形成合力，在经济结构的协调度上实现跨越发展。四是宏微观经济效率提高，实现经济效益的跨越发展。即通过优化生产要素配置、调整经济结构、完善体制机制、加强创新驱动、开拓市场空间等，提高宏微观经济效率，提升经济发展的投入产出水平，实现经济效益的跨越发展。五是统筹谋划全面发展，实现经济和谐度的跨越发展。即统筹兼顾政治、经济、社会、文化、生态全面发展，在重点领域、重点产业、重点行业、重点区域实现经济转型和突破性发展的同时，实现社会主义民主政治巩固发展、区域经济协调发展、民族团结共荣发展、绿色生态可持续发展、城乡统筹一体化发展等。六是提高人民群众生活质量，实现经济福利水平的跨越发展。即要实现人民收入水平稳步提高，人民生活质量明显改善，物质和精神生活日益丰富，人民幸福感普遍增强。社会主义市场经济发展的核心是"以人为本"，实现人的全面发展与人的现代化既是经济发展与经济现代化的根本动力和前提条件，也是其最终的目标和归宿。七是增强自主创新能力，实现经济核心竞争力的跨越发展。即顺应科学技术水平和信息化水平不断提高的趋势，在创新意识增强、创新人才培育、创新环境优化、创新能力提升和创新效率提高等增强经济核心竞争力的关键方面取得重大突破，显著增强经济核心竞争力。八是深化开放广度和深度，实现经济开放度的跨越发展。即积极投入"丝绸之路经济带"建设，加强沿边经济带开发，拓展向西开放深度和广度，加强与国内外经济贸易往来、人文交流合作、旅游产业开发和基础设施互联互通等，加快开发开放步伐，实现经济开放度的跨越发展。

我们认为，基于全面建成小康社会的西北地区经济转型跨越发展的战略思路是：全面贯彻落实党的十八大和十八届三中、四中、五中、六中全会精神，深入领会十九大精神和习近平新时代中国特色社会主义思想，适应国内外宏观经济形势复杂多样的新变化，全力统筹推进"五位一体"总体布局，协调推进"四个全面"战略布局，真正落实好"五大发展理念"，增强省区党委对经济转型跨越发展的坚强领导，增强西北地区经济转型跨越发展的紧迫感、危机感和历史使命感，紧紧围绕实现与全国同步全面建成小康社会的宏伟目标，以保障和改善民生为出发点和落脚点，以增强自我发展能力和提升经济发展质量与效益为核心，以供给侧结构性改革为主线，以经济结构的战略性调整为主攻方向，以深化体制机制改革、提升自主创新能力和提升人力资本为根本动力，以深化区域合作为空间合力，以培育多元支柱产业为主体，以精准稳定脱贫为攻坚克难点，以强化基础设施为先行条件，以加大开发开放为活力之源，积极争取有利的宏观发展条件，以"思想观念转型、发展目标转型、发展方式转型、增长动能转型、发展模式转型、行政管理体制转型、城乡关系转型"为实施路径，实施结构优化战略、协调发展战略、动能转化战略、创新发展战略、开放发展战略、提质增效战略、民生改善战略，实现"经济协调度、经济和谐度、经济增长动力、经济核心竞争力、经济开放度、经济效益、经济福利水平"七个方面的跨越发展，如期与全国同步全面建成小康社会。

目 录

第一章 导 论 ·· （ 1 ）
 一、研究背景 ·· （ 1 ）
 二、新常态下西北地区加快经济转型跨越发展是全面建成小康社会的
   必然要求 ·· （ 8 ）

第二章 国内外研究现状述评 ··· （12）
 一、经济转型相关研究 ·· （12）
 二、跨越发展相关研究 ·· （17）
 三、小康社会相关研究 ·· （22）

第三章 中国经济转型跨越发展和全面建成小康社会政策体系发展脉络
                               （27）
 一、经济转型跨越发展 ·· （27）
 二、全面建成小康社会 ·· （31）

第四章 理论框架 ·· （34）
 一、基本概念 ·· （34）
 二、基本关系 ·· （38）
 三、理论分析框架 ·· （43）

第五章 西北地区基本区情 ·· （47）
 一、经济概况 ·· （47）
 二、区位条件 ·· （49）
 三、资源禀赋 ·· （53）
 四、历史人文 ·· （60）
 五、生态环境 ·· （62）

六、科技创新……………………………………………………（63）
　　七、人力资本……………………………………………………（64）

第六章　西北地区经济发展实证分析………………………………（66）
　　一、经济规模与经济增速………………………………………（66）
　　二、经济发展动力………………………………………………（69）
　　三、三次产业结构………………………………………………（74）
　　四、经济发展代价………………………………………………（97）
　　五、经济福利水平………………………………………………（99）
　　六、经济的外向度………………………………………………（103）
　　七、经济的竞争力………………………………………………（105）

第七章　国内外经济转型跨越发展的实践与经验…………………（108）
　　一、国外经济转型跨越发展典型案例…………………………（108）
　　二、国外经济转型跨越发展的启示……………………………（112）
　　三、国内经济转型跨越发展的典型案例………………………（114）
　　四、国内经济转型跨越发展的启示……………………………（116）

第八章　西北地区全面建成小康社会进程评析……………………（121）
　　一、西北地区全面建成小康社会的进程………………………（121）
　　二、西北地区全面建成小康社会面临的主要挑战……………（131）
　　三、西北地区全面建成小康社会面临的主要机遇……………（135）

第九章　基于全面建成小康社会的西北地区经济转型跨越发展战略思考
　　…………………………………………………………………（140）
　　一、西北地区经济转型跨越发展战略…………………………（140）
　　二、西北地区经济转型跨越发展的实施路径…………………（145）

第十章　西北地区经济转型跨越发展的政策建议…………………（154）
　　一、坚决加强党的坚强统一领导，为经济转型跨越发展提供坚实的
　　　　政治保证……………………………………………………（154）
　　二、充分发挥市场和政府作用，着力提高资源配置效率，优化经济转型
　　　　跨越发展环境………………………………………………（156）

三、强化现代农业基础地位，加快工业经济转型升级，创新发展现代
　　服务业……………………………………………………………………（161）
四、深化重点领域体制机制改革，以制度降低经济运行成本，提高经济
　　质量和效率………………………………………………………………（172）
五、着力全方位创新，以创新思维开拓发展空间，以创新实践驱动经济
　　转型跨越发展……………………………………………………………（200）
六、化解劳动力结构性过剩，着力优化供给结构，增强转型跨越发展的
　　智力支持…………………………………………………………………（205）
七、筑牢发展基础，补足发展短板，精准稳定脱贫奔小康　…………（209）
八、加强区域交流合作，加快"丝绸之路经济带"建设，增强互利共赢
　　发展合力…………………………………………………………………（216）
九、维护民族团结和谐，确保社会公共安全，维护稳定有序的发展环境
　　………………………………………………………………………………（219）

参考文献……………………………………………………………………（223）

第一章 导 论

一、研究背景

（一）选题依据

西北五省区（陕西、甘肃、宁夏、青海、新疆）面积约占全国总面积的1/3，因其在自然区位、历史文化、生态环境、经济社会、民族宗教等方面所建立的天然和长期的密切联系，而成为一个有机联系的经济区域。从改革开放到21世纪初，西北地区的发展由于受到自然环境、经济区位、要素禀赋、制度体系等的影响，经济发展速度、要素产出效率、经济开放程度、经济竞争力等都远远逊色于东部沿海地区。21世纪初随着国家区域发展战略的调整和西部大开发战略的实施，西北地区在政策、项目、资金等方面获得了国家较大的支持，从而在基础设施、产业发展、社会事业等方面取得了积极进展。然而2008年国际金融危机后，市场需求的低迷，贸易保护主义的抬头，实体经济的不振等使得全球经济陷入长期低迷之中，中国也结束了多年的两位数高增长，而进入经济发展的新常态。西北地区受此次金融危机的影响，经济增速逐步放缓，经济结构性矛盾凸显，产能过剩、市场需求不振和企业经营困难等问题突出，出口受到较大影响，脱贫攻坚也仍面临艰巨任务。长期以来，西北五省区因是国家重要的资源和能源基地，全国生态环境的赋存根基，以及维护国家稳定和国家安全的大后方，而在全国经济社会发展中居于重要的战略地位，"丝绸之路经济带"建设更增添了向西开放主阵地和大通道的战略地位，因此，西北地区经济转型跨越发展对全国有着重要的战略意义。2012年党的十八大号召"全面建成小康社会，实现中华民族的伟大复兴"，西北地区作为西部欠发达区域，既在经济发展中面临诸多特殊的转型难题，又成为全面建成小康社会的最薄弱区域，亟须把握经济转型发展大趋势，准确把握西北地区经济转型的瓶颈制约、重点难点和突破点，明确全面建成小康社会的战略思路、战略目标、战略原则和战略重点，提出通过西北地区经济转型跨越发展，实现全面建成小康社会目标的实施路径和政策建议等。这对于新常态下西北地区破除发展瓶颈约束，培育增强经济发展新动能，如期全面建成小康社会和推动实现中华民族伟大复兴的中国梦至关重要。

（二）理论价值和实践意义

1. 理论价值

中国西北地区属于全国欠发达区域，其特殊的区位条件、经济结构、外部环境和发展路径等，使它成为研究中国经济问题必须高度关注的典型区域。近年来，伴随着后危机时代的到来，西北地区虽然在经济发展中因具有后发优势和弱外向度特点而没有受到特别沉重的市场拖累，但总体来看，仍然呈现出经济发展水平相对较低，经济结构欠合理，经济发展质量不高，经济效率较低，经济竞争力不强等特点，相对于全国全面建成小康社会的目标要求，相对于其在全国所承载的向西开放前沿、民族团结、国家安全和生态屏障的战略地位，相对于广大群众的热切期盼还有相当大的差距，探索西北地区经济转型跨越发展的紧迫性和必要性不言而喻，研究西北地区经济转型跨越发展的战略和路径不仅对于丰富中国经济转型理论、区域经济理论具有重要的理论意义，而且对于其转型跨越发展实践有着重要的理论指导。本课题以西北地区的发展为基点，对西北这一欠发达地区的经济转型跨越发展问题进行了深入细致地理论研究，通过对西北地区经济转型发展的现实基础、优势所长、制约因素、环境条件、发展机遇等的深刻把握，全方位多角度考察其经济转型跨越发展的战略思路、重点任务和实施路径，拓展了西北地区经济转型跨越发展的理论研究视阈，为西北地区全面贯彻落实"四个布局"和"五大发展理念"，加快经济转型跨越发展，并如期实现全面建成小康社会目标提供了重要的理论借鉴。

2. 实践意义

加快经济转型跨越发展是实现西北地区与全国同步全面建成小康社会的关键。西北地区作为中国内陆欠发达多民族边疆区域，其在中国经济仍未全面企稳回升的大背景下，既面临加快经济转型的艰巨任务，又面临跨越发展进而实现全面建成小康社会目标的强烈要求，其在经济转型跨越发展过程中所体现出的鲜明的民族性、显著的区内差异性、典型的地域性和重要的战略意义，使得经济转型跨越发展过程面临着复杂和艰巨的矛盾。本课题在对西北地区经济转型跨越发展的内涵与相关理论进行综述的基础上，多角度分析西北地区经济发展的现状与基础，借鉴发达国家和国内典型地区经济转型跨越发展的成功经验，探索提出西北地区经济转型跨越发展的战略思路、实现路径和政策建议，对于西北地区摆脱发展困境，强化发展动力，提高发展质量和效益，并在2020年如期全面建成小康社会有着一定的决策咨询价值，具有重要的实践意义。

（三）研究思路和研究内容

1. 研究思路

本课题构建以既有理论成果和政策脉络为逻辑起点，以实证分析与比较分析为逻辑延展，以发展战略与路径选择为逻辑重点，以政策创新体系为逻辑目标的研究脉络。本课题基于对经济转型和跨越发展的理论研究综述和宏观政策体系的梳理，紧紧围绕西北地区经济发展质量（经济规模与经济增速、投资消费与净出口、三次产业结构、经济发展代价、经济福利水平、经济外向度、经济竞争力）的比较与评析，准确把握西北五省区经济转型跨越发展中存在的突出矛盾、重大问题、难点制约等开展综合研究，着力立足西北地区经济转型跨越发展的现实基础和优势，重点明确西北地区经济转型跨越发展的发展战略、发展重点、实施路径和政策建议。

2. 研究内容

本书共分为十章：

第一章为导论，主要阐述本课题的研究背景、选题依据、理论与实践意义、研究思路与研究内容、主要观点和研究方法，以及新常态下西北地区加快经济转型跨越发展进而全面建成小康社会的历史必然性。

第二章至第四章为理论基础，主要包括国内外研究现状述评、中国经济转型跨越发展和全面建成小康社会政策体系的发展脉络、课题研究的理论框架。特别指出，西北地区经济转型主要体现在两个层面：从生产力方面来讲，就是要在新发展理念的指导下，加快推进供给侧结构性改革，从根本上实现由传统粗放经济发展方式向现代集约经济发展方式的转变，突破传统固化结构性矛盾，实现经济结构战略性调整，提升生产要素配置效率，增强经济的创新驱动能力，实现传统主导产业的改造升级，现代新兴潜力产业的培育壮大，循环经济体系的全面运行；从生产关系方面来讲，要充分发挥市场决定性作用，在转变职能中更好地发挥政府作用，全面深化经济体制和相关配套体制改革，完善综合配套制度体系，进一步创新经济运行体制机制，降低经济运行的制度成本，推动经济提质增效。西北地区经济跨越发展主要指经济质量的跨越发展，其内涵体现在：经济增长速度和经济规模的跨越发展；有效发挥三大需求合力，实现经济增长动力的跨越发展；结构调整深度推进，实现经济协调度的跨越发展；宏微观经济效率提高，实现经济效益的跨越发展；统筹谋划全面发展，实现经济和谐度的跨越发展；提高人民生活质量，实现经济福利水平的跨越发展；增强自主创新能力，实现经济核心竞争力的跨越发展；深化开放广度和深度，实现经济开放度的跨越发展。

第五章至第七章为实证研究，全方位分析西北地区基本区情、对西北地区经济发展质量（经济规模与经济增速、投资消费净出口、三次产业结构、经济发展代价、经济福利水平、经济外向度、经济竞争力）展开深入地多角度定性定量比较分析、对西北地区全面建成小康社会进程展开评价。研究指出西北地区经济发展存在经济基础整体薄弱、经济结构失衡固化、经济依赖投资驱动、体制机制仍不健全、创新驱动能力偏弱、资本供给仍然不足、人力资本结构性短缺、基础设施欠账较多等突出问题。[①] 当前，西北地区全面建成小康社会还面临一些突出的短板：经济下行压力持续，实现经济发展目标有较大压力的挑战；就业和收入形势趋紧，城乡居民生活质量提升空间较小的挑战；脱贫攻坚关键期，填平补齐小康社会短板的挑战；跨越赶超发展中，资源环境约束加剧的挑战；"一带一路"倡议下，合作共赢能力的挑战；推进转型升级中，人力资本能否满足发展要求的挑战。当然，也具备良好的发展机遇：国家区域协调发展战略带来的发展机遇；丝绸之路经济带建设带来的重大机遇；新常态下全面深化体制机制改革为西北地区发展带来巨大动力；推进城镇化发展和脱贫攻坚将为弥合发展短板提供重要机遇；鼓励创新创业政策导向将为西北地区发展带来新的动能[②]。

第八章为国内外经济转型跨越发展的实践与经验，归纳出一些重要的启示，如：要充分发挥科学技术对经济转型跨越发展的杠杆作用；重视通过培育和发展战略性新兴产业推动经济赶超发展；注重园区主导下的产业集聚发展效应和企业孵化器建设；利用开放战略积极融入和共享全球经济一体化成果；重视经济社会转型跨越发展的长效体制与政策保障；不断解放思想，创新发展理念；立足自力更生，争取政策支持；全面深化改革，创新体制机制；坚持选贤

[①] 刘进军、罗哲：《西北地区经济转型跨越发展的实证分析》，《甘肃行政学院学报》，2017年第5期，第78~90页。

[②] 刘进军、罗哲：《西北地区经济转型跨越发展的实证分析》，《甘肃行政学院学报》，2017年第5期，第78~90页。

任能，释放人力资本潜能；重视科技引领，增强核心竞争能力。

第九章至第十章为研究结论，主要基于前述理论基础、实证分析和实践借鉴，提出基于全面建成小康社会的西北五省区经济转型跨越发展的战略思路、战略目标、战略原则、战略重点、实施路径和政策建议。

（四）主要观点和研究方法

1. 主要观点

西北地区经济转型的内涵可以从两个层面来理解：在生产力层面看，就是要在新发展理念的指导下，加快推进供给侧结构性改革，从根本上实现由传统粗放经济发展方式向现代集约经济发展方式的转变，突破传统固化结构性矛盾，实现经济结构战略性调整，提升生产要素配置效率，增强经济的创新驱动能力，实现传统主导产业的改造升级，现代新兴潜力产业的培育壮大，循环经济体系的全面运行；从生产关系层面看，要充分发挥市场决定性作用，在转变职能中更好发挥政府作用，全面深化经济体制和相关配套体制改革，完善综合配套制度体系，进一步创新经济运行体制机制，降低经济运行的制度成本，推动经济提质增效。

西北地区经济跨越发展主要指经济质量的跨越发展，具体内涵体现在：一是经济增长速度和经济规模的跨越发展。在经济质量明显提升，经济效益、社会效益和生态环境效益同步提高，人民生活水平显著增强的基础上，保持经济增速的较快增长和经济规模的较快增大。二是增强投资、消费、出口的作用，实现经济增长动力的跨越发展。通过投资结构改善和投资质量提高，形成极具发展前景的生产能力；提高人民收入水平，扩大生活消费需求，增强经济发展原动力；优化进口结构，改善生产要素条件和消费品结构，促进经济转型发展；扩大出口规模，优化出口结构，提升产品国际市场竞争力，三大需求各尽其能合力促进西北地区经济跨越发展。三是结构调整深度推进，实现经济协调度的跨越发展。无论是产业（间或内）结构、企业所有制结构、企业规模结构，还是城乡结构、地区结构等都得到有效的深度调整，结构更加协调合理，联动发展形成合力，在经济结构的协调度上实现跨越发展。四是宏微观经济效率提高，实现经济效益的跨越发展。通过优化生产要素配置、调整经济结构、完善体制机制、加强创新驱动、开拓市场空间等，提高宏微观经济效率，提升经济发展的投入产出水平，实现经济效益的跨越发展。五是统筹谋划全面发展，实现经济和谐度的跨越发展。统筹兼顾政治、经济、社会、文化、生态全面发展，在重点领域、重点产业、重点行业、重点区域实现经济转型和突破性发展的同时,实现社会主义民主政治巩固发展、区域经济协调发展、民族团结共荣发展、绿色生态可持续发展、城乡统筹一体化发展。六是提高人民群众生活质量,实现经济福利水平的跨越发展。不仅要求有稳固的现代化基础设施体系,以及城乡一体的社会公共服务体系,更要求要确保人民收入水平的稳步提高,人民生活质量的明显改善,物质和精神生活日益丰富,人民幸福感普遍增强,经济福利水平的跨越发展。社会主义市场经济发展的核心是"以人为本",实现人的全面发展与人的现代化既是经济发展与经济现代化的根本动力和前提条件,也是其最终的目标和归宿。七是增强自主创新能力,实现经济核心竞争力的跨越发展。顺应科学技术水平和信息化水平不断提高的趋势,在创新意识增强、创新人才培育、创新环境优化、创新能力提升和创新效率提高等增强经济核心竞争力的关键方面取得重大突破,显著增强经济核心竞争力。八是深化开放广度和深度,实现经济开放度的跨越发展。积极投入"丝绸之路经济带"建设,加强沿边经济带开发,拓展向西开放深度和广度,加强与国内外经济贸易往来、人文交流合作、旅游产业开发、互联互通等,加快开发开放步伐,实现经济开放度的跨越发展。

基于全面建成小康社会的西北地区经济转型跨越发展的战略思路:全面贯彻党的十八大及历次全会精神,深入学习十九大精神和习近平新时代中国特色社会主义思想,适应国内外宏观经济形势复杂多样的新变化,全力统筹推进"五位一体"总体布局,协调推进"四个全面"战略布局,真正落实好"五大发展理念",增强省区党委对经济转型跨越发展的坚强领导,增强西北地区经济转型跨越发展的紧迫感、危机感和历史使命感,紧紧围绕实现与全国同步全面建成小康社会的宏伟目标,以保障和改善民生为出发点和落脚点,以增强自我发展能力和提升经济发展质量与效益为核心,以供给侧结构性改革为主线,以经济结构的战略性调整为主攻方向,以深化体制机制改革、提升自主创新能力和提升人力资本为根本动力,以深化区域合作为空间合力,以培育多元支柱产业为主体,以精准稳定脱贫为攻坚克难点,以强化基础设施为先行条件,以加大开发开放为活力之源[①],积极争取有利的宏观发展条件,以思想观念转型、发展目标转型、发展方式转型、增长动能转型、发展模式转型、行政管理体制转型、城乡关系转型为实施路径,实施结构优化战略、协调发展战略、动能转化战略、创新发展战略、开放发展战略、提质增效战略、民生改善战略、

---

① 刘进军、罗哲,《西北地区经济转型跨越发展的实证分析》,《甘肃行政学院学报》,2017年第5期,第78~90页。

实现经济协调度、经济和谐度、经济增长动力、经济核心竞争力、经济开放度、经济效益、经济福利水平七个方面的跨越发展，如期与全国同步全面建成小康社会。

2. 研究方法

文献采集的研究方法。检索国内外学术文献，检索国家及各省市政府出台的围绕推进经济转型和跨越发展的相关指导性文件、政策法规、发展规划、研究报告、主流官方新闻报道以及详实的数据资料等，掌握国内外研究经济转型跨越发展的前沿理论和研究动态。

实地调查的研究方法。深入西北五省区各相关政府部门、统计部门、重点行业和重点企业收集资料、深入访谈并开展实地调查，对掌握的经济发展动态、经济发展重大事件和调查数据进行深入细致地挖掘和全面客观地分析。

学科融合的研究方法。经济转型跨越发展不仅涉及转轨经济学，还涉及发展经济学、制度经济学、政治经济学、区域经济学等多门学科领域，因此对经济转型跨越发展问题的研究也是以转轨经济学为主导的多学科综合研究。

系统分析的研究方法。区域经济是一个庞大的经济体系，涉及多种多样的经济要素、经济主体、经济活动和经济现象。区域经济的发展就是这一庞大经济体系运行发展的过程，因此，研究西北地区经济转型跨越发展采取了系统论的分析方法，以联系的观点，用系统论的方法从全局把握经济发展趋势和特点。

比较剖析的研究方法。通过西北地区与全国其他区域经济板块比较，西北地区内部不同省区间的比较，透彻深入分析西北地区经济发展的重大问题；通过国内外成功的经济转型跨越发展案例进行深层次比较分析，认识国内外发展实践的一般性规律和特殊性经验，得到诸多有效的经验启示，从而为探索适合西北地区经济转型跨越发展的战略思路和实施路径等提供借鉴。

定性分析与定量分析研究方法。课题不仅通过严谨的定量比较为定性分析提供了可靠依据，而且针对西北地区经济转型跨越发展的实际，对西北地区经济发展质量开展定性分析，归纳概括出发展特点与问题，同时，还从国际与国内、历史与现实中抽象概括出经济转型跨越发展的规律性结论，提出经济转型跨越发展的重点难点、战略思路、实施路径和政策建议。

二、新常态下西北地区加快经济转型跨越发展是全面建成小康社会的必然要求

改革开放 40 多年来，中国经济虽突飞猛进地发展，但经济发展与资源枯竭、环境恶化的矛盾也日益显著，结构性矛盾不断凸显，人民群众日益增长的物质需求和精神需求持续增加，片面追求经济总量增长的目标导向已难以适应现阶段的发展需求。同时，国际金融危机后世界经济格局发生重大变化，贸易保护主义抬头，中国在过去 30 年依靠廉价劳动力承接国际制造业低价值端的发展模式面临空前的挑战。国内外发展形势表明，西北地区必须加快经济转型才能加快实现重大突破，在经济健康稳定和可持续发展中实现跨越发展，进而如期全面建成小康社会。

第一，经济已经步入中高速增长时期。通常来看，扩大经济规模或者提高经济增速有两个实现途径，一个是增加生产要素投入总量，另一个是提高综合劳动生产效率。近年来，我国经济经过长期的高速增长，自然资源赋存条件和结构已发生了深刻地变化，一些地区资源面临枯竭，资源型城市发展陷入困境。而同时，我国正在加速进入老龄化社会，人口抚养比不断提高，劳动力成本不断提高，人口红利明显减退。不仅部分资源要素投入出现明显的供求缺口，资源的低成本时代正在结束，资源环境承载压力逐步加大，而且低成本劳动力所具有的发展优势也在迅速消失，生产资源和要素投入的边际效益逐步递减，经济长期高速增长已不现实。与此同时，在经济转型期，由于产业转型和企业转型处于艰难的阵痛期，因此投资结构失衡、产能过剩等资源低效配置情况频发。在资源、环境、劳动力等生产要素投入发展变化的情形下，经济的高速增长也难以长期持续下去，这就要求经济增长要以增加生产要素的总量投入为主转变为提高生产要素的综合利用效率和产出率为主，实现经济质量提升和效益改善。

第二，供给侧结构性改革迫在眉睫。在短缺经济时代，我国政府主导的工业化过程实现了经济的快速起飞，特别是对于西北地区而言，特殊路径下形成的重工业主导的经济结构，虽然在特定时期实现了经济快速增长，满足了市场需求，解决了就业和职工增收等现实问题，但多年以后，单一经济结构所具有的结构性矛盾和经济风险日益凸显，资源环境压力持续增大，也越来越难以适应新时期市场多元化的新需求，难以适应人们绿色生态、食品安全、文化素养、健康养生等新的消费理念，供给质量不高，供给有效性不足，难以适应市

场新需求，经济结构加快调整越来越成为新常态下全面建成小康社会的必然要求。在经济运行的供求不断往复平衡与再平衡过程中，虽然扩大市场终端市场需求非常必要，但目前供给侧方面的问题是矛盾的主要方面。因此，加快推进供给侧结构性改革势在必行。

第三，经济增长动力加快调整转换。曾经很长一段时间里，我国各省区经济增长普遍依靠资源和生产要素的大量投入和投资的大幅度增长，特别是处于西北的内陆五省区，其经济增长的投资拉动型特点非常突出，消费和出口对经济增长的贡献率很小。然而现阶段，经济逐步进入中高速增长，支撑传统高经济增长的有利条件正在弱化，经济增长传统动力非常不足，国内外市场需求狭小，企业盈利压力增大。面对全面建成小康社会的目标任务，面对新科技革命下以全方位创新来驱动经济增长趋势的日益明显，必须加快新旧动能的接替转换，通过加快供给侧结构性改革更好满足、引领和激发市场需求，通过增强创新驱动和提高生产效率增强经济增长动力和活力，这已成为实现跨越发展的关键。

第四，高经济要素成本逐步来临。曾经很多年，我国生产要素的低成本和资源价格倒挂支撑了经济的高速增长，但是，随着人口老龄化的加快，土地资源的稀缺，自然资源的高开发和高消耗，国际能源市场的竞争等，以及生态承载压力的加大，劳动力、土地、自然资源和能源的成本都不断上涨，经济增长的要素成本持续上升，资源环境代价逐步加大，企业盈利能力下降，经济效益增长的空间不断被压缩。在要素成本上升的背景下，部分技术与产品都落后的企业，可能在持续亏损和高库存中走向破产；部分虽有市场，但缺乏核心竞争力的勉强维持的企业，可能面临资产重组[①]；部分大中型企业虽尚能应对市场风险挑战，但在岌岌可危的发展环境中，也绷紧了转型发展的弦。在市场优胜劣汰的严酷形势下，以创新为引领的新产业、新业态、新产品和新盈利模式不断出现，企业自身也必须加快转型发展。

第五，城乡结构和城乡关系加速调整。随着工业化、信息化和农业现代化的快速发展，农村土地、资本、劳动力等生产要素加快向城市或城镇流动和集聚，城乡统筹和一体化发展进程加快，土地或户籍城镇化正加快向"以人为本"的人口城镇化转型，工业反哺农业、城市反哺农村的深度和广度不断拓展，传统乡村社会加快向以城镇为主导的社会形态转变，城乡二元结构矛盾逐

---

① 王永昌：《我国进入"转型发展"的13个基本特征》，《中国党政干部论坛》，2016年第4期，第51~55页。

步化解，乡村振兴正在成为城乡结构和城乡关系加速调整的重要途径，也成为全面建成小康社会的客观要求。①

第六，社会阶层结构加快重构。在新常态加快推进供给侧结构性改革的背景下，在农业现代化、新型工业化、新型城镇化和信息化加快发展的新时期，经济结构、产业结构、企业结构、技术结构、城乡结构和收入结构加速调整，由此带来社会整体利益结构和社会阶层结构的剧烈变化，传统社会阶层结构中，橄榄型中等收入阶层结构不断形成壮大。国外发展实践表明，如果在新旧社会阶层结构转换阶段掉入"中等收入陷阱"，则可能带来经济增长的长期徘徊不前、收入差距扩大和社会动荡不安。因此，社会阶层结构加快重构，全力推进转型发展已是全面建成小康社会的必然要求。

第七，生态环境地位更加凸显。良好的生态环境是经济社会持续稳定发展的基础，是减少和杜绝自然灾害发生的基本条件。曾经很长时间里，我们在工业化发展的初期和中期阶段，因为思想认识的限制和技术水平的局限，盲目粗放地开发利用自然资源，随意污染和破坏生态环境，在部分区域和领域，不仅造成土壤、水体、大气等的污染，生态系统逐步恶化，而且也引发了更为频繁的自然灾害。随着科学知识的普及、科学技术的发展和反面警示事件的出现，人们越来越深刻地认识到自然生态环境的重要性和战略价值，保护自然生态环境的意识已开始在更广大群体中萌发，由此倒逼经济发展方式加快转型，促使人们的生活方式加快改变，自然生态环境也进入了稳定的修复期。新时代五大发展理念中提出了"绿色发展"的理念，我们坚持走绿色、生态、可持续发展之路，就是要在经济发展的过程中，不但要尽最大可能保护自然生态环境，而且使已经受到破坏的生态系统加快修复，实现经济社会与资源环境的良性互动发展，这也是经济转型的重要内涵和现实需要。

第八，国际市场竞争处于调整期。当前，世界经济虽有一些复苏的迹象，但其中仍有许多不稳定和不确定的复杂因素，经济企稳回暖的基础还很不稳固，经济增速低位徘徊，由此各国纷纷重新审视和调整自身经济发展战略，加快推进新的全球产业布局，着力加强科技创新和金融创新，试图在全球经济大调整中找到经济转型的突破口，抢占发展的先机和主动权。在世界经济增长格局中重大变革持续酝酿积蓄，国际金融体系、全球产业分工、世界经济结构等都正在进行深度调整，再加上新科技革命及应用推陈出新不断加速，新一轮产

---

① 王永昌：《我国进入"转型发展"的 13 个基本特征》，《中国党政干部论坛》，2016 年第 4 期，第 51~55 页。

业升级和产业调整势在必行,传统经济发展模式正面临重大转型。在经济全球化和贸易保护主义同时加深的形势下,西北五省区经济发展也越来越离不开世界经济的发展,面对参与国际市场竞争的困难和挑战,西北五省区必须顺势而为,深刻认识所处的时代条件和外部环境,从发展战略视角谋划区域经济转型发展。

第二章 国内外研究现状述评

一、经济转型相关研究

经济转型的最初思想源于东欧经济学家，他们采用制度分析方法，通过对传统计划经济体制的深刻反思，进而提出了传统计划经济向市场经济的转型问题，由此转型经济学得以萌发。目前，有关经济转型方面的研究共识有如下方面：经济转型是经济体制的改革、经济增长方式的转变、经济结构的提升、支柱产业的更替、资源配置方式的改变、经济开放度的转变以及经济发展方式的转变等，其中内含着发展理念、发展要素、发展方式、发展机制、发展路径等破旧立新和更新换代；经济转型非社会主义国家独有，而是人类经济社会发展的普遍现象；经济转型既包括体制转型，也包括结构转型；从粗放型到集约型、从外延型到内涵型、从投入型到创新型、从资源要素密集型到技术知识密集型、从投资拉动型到消费拉动型、从政府主导型到市场主导型、从物本型到人本型的转变是经济转型发展的一般趋势。

（一）国外经济转型研究动态

苏联理论家布哈林在研究市场经济向计划经济的转型过程中首先使用了"经济转型"的概念。转型经济学的研究大致经历了三个阶段：第一阶段（20世纪 90 年代初到 90 年代中期）：由于在经济转型实践过程中，中国、俄罗斯和东欧国家在转型的成效上表现出明显反差，所以，该时段学者们重点关注的是中国、苏联和东欧国家不同的转型路径，他们从理论上基本肯定了中国的渐进式转型道路。第二阶段（20 世纪 90 年代后期）：随着转型中俄罗斯和东欧国家经济的相继复苏，"渐进式转型方式比激进式转型方式更优"的结论日渐动摇。学者们认识到，市场经济体制在实践中表现多样，这就使得经济转型的成效和收益并不能确定。由此，学者们开始将研究重点从制度层面的经济体制转变转向经济运行层面的经济稳定和经济增长。第三阶段（21 世纪以来）：由于俄罗斯、东欧国家经济逐步好转,并且越来越表现出强劲的增长势头,因此,学者们开始更多关注经济增长与经济发展可持续性及经济转型绩效评估等的研究。

转型经济学主要研究的是经济体制本身的转化,或者是在经济体制转化基础上的经济稳定增长、社会制度创新、经济结构优化等。对此存在着三种主要的研究范式:

第一,新古典经济学的研究范式。新古典经济学突出强调市场在实现资源有效配置方面发挥着重要的作用,其最具代表性的政府主张就是国际经济研究所的约翰·威廉姆森首先提出的"华盛顿共识"(旨在探寻解决拉美经济问题的政策措施)。20世纪90年代,"华盛顿共识"在苏联、东欧等国家受到广泛传播和推行,这些国家采取著名的"休克疗法",坚决果断地全面放开价格管控,将其推向市场,由市场机制来自发确定,并通过私有化改革加速向市场经济转型。按照新古典经济学转型理论的预期判断,通过激进休克疗法路径推进转型的国家,它的经济效应会呈现为J型曲线。但是转型实践证明,俄罗斯等国却出现了衰退、通货膨胀和财政赤字等一系列问题;与之相反,中国推进"渐进式"改革,却实现了经济的平稳较快增长。同样是由计划经济体制向市场经济体制的转型,在不同的改革方式和转型路径下,产生了完全不同的经济发展结果。对此,新自由学派认为,这主要是因为中国当时经济社会发展水平还比较落后,改革和转型发展中局部和渐进的利益格局调整,还不足以引起剧烈的社会动荡。

第二,新制度经济学的研究范式。制度经济学着重是从理论上阐述经济制度的起源、性质与功能,阐明经济制度的变迁,并分析不同经济制度的经济效应等。制度经济学认为,经济转型从本质上看是在经济转型目标确定的情况下,比较不同转型路径的成本收益,综合选择最优化方案,通过改革实现旧制度的打破和新制度的确立,在大规模的制度变迁过程中,所确立的新制度带来更佳的经济绩效。通常情况下,不同的国家或者同一国家在不同发展阶段、发展基础和发展环境下,有着各自不同的制度演进方式和路径。计划经济体制向市场经济体制转型实现了对微观经济主体的放权,产品价格由市场决定,市场供求机制、竞争机制、激励机制和约束机制等逐步确立并引导市场经济行为,这些都伴随着大规模的制度变迁。诺斯早在20世纪70年代末就强调,经济增长不仅仅取决于技术进步,还在很大程度上受到制度因素的影响。其《经济史中的结构与变迁》一书阐述了制度变迁与经济增长的互动关系,他提出制度转型可以促进经济发展速度和质量的提高、扩大贸易范围能加深经济发展广度,扩大机会能增加经济自由度。与此同时，由于经济增长必将面临资源的稀缺，因此也需要依托制度转型，通过新的制度安排对资源进行重新配置。

第三，比较经济学的研究范式。20世纪初比较经济学开始兴起，它主要是采用比较分析的研究方法，对不同经济制度、经济运行机制、经济发展道路、经济结构和经济管理与决策方式等开展对比研究。在苏联、东欧国家实施经济体制改革后，越来越多的经济学家开始注重围绕不同经济发展模式、不同经济发展路径、不同经济制度环境、不同经济政策目标、不同福利水平的转型国家开展比较研究。他们虽然分别从不同视角比较分析了资本主义和社会主义经济制度，但总的来看，都落脚在资源配置的效率上，并转化为对市场经济体制和计划经济体制的比较上。后来的经济学家们又研究发现，即使同是资本主义国家，其国与国之间的制度差异也很大，据此，比较经济学的研究视角开始从对资本主义和社会主义两大经济制度的静态比较，转向对不同市场经济的动态比较上。

第四，马克思主义政治经济学的研究范式。政治经济学认为转型是社会经济结构非常系统化的转换，包括了政治制度、经济制度和社会结构等方面的系统化变革。马克思主义政治经济学从社会生产力和生产关系的矛盾运动中探究社会历史发展变迁的规律和过程，并从历史实践中预判出，社会主义已经从一种空想变成了逻辑论证的科学。

国外针对经济转型实践而开展的转型经济学研究，在不同历史时期有着不同的关注点、思考视角和独特内容，明显拓展了经济转型理论的研究视角和思路。不过我们也发现，中国经济转型的实践过程复杂、转型实践的区域差异明显，新现象新情况新特点不断涌现，转型经济理论对于中国经济转型实践问题还有很多尚未深入研究的领域，也尚难对现存问题给予充分的阐释，特别需要我们深入研究。

（二）国内经济转型研究动态

中国转型经济学是转型经济学与中国改革实践的结合。虽然1978年中国就开始实施经济体制改革，但与之相应的转型经济学的相关研究却起步较迟。1991年苏联解体和东欧剧变引发了西方学术界的热切关注和深入研究，转型经济学自此蓬勃发展，中国对转型经济学的研究也应运而生。

1994年樊纲就中国渐进式改革指出，中国渐进式改革是在现有存量部分改不动的情况下，通过增量改革发展和积累新的体制，通过逐步改变整个经济的体制结构，进而最终为"存量"改革创造条件；而苏东的激进式改革是在增量改革条件不足条件下，直接进行"存量"改革，以此促进新体制增量的成长[①]，这一观点在当时引起社会各界强烈反响。樊纲认为，渐进式改革导致经济中许多扭曲和无效率的情况长期存在，改革旧体制的进程一再被拖延会阻碍新体制更快成长；新旧体制的双轨制过渡会使新的无效率产生；而长期存在的腐败、通货膨胀、经济不稳定等问题又会加剧社会不稳定；过渡性体制所产生出的新既得利益集团会成为进一步改革的新阻力，而非改革的动力，这使进一步的改革更加艰难。[②] 正因为如此，在渐进式改革的过程中，人们总会不断提出加快改革速度、尽快实施"全面推进""总体突破"的要求。[③] 1994年盛洪主编的《中国的过渡经济学》指出，过渡经济学（即转型经济学）是研究如何从计划经济向市场经济过渡的经济理论。[④] 1994年上海《文汇》报理论部、上海三联书店、上海人民出版社组织召开"中国过渡经济学"理论研讨会，30多名中青年经济学家从中国转型经济学理论的构建原则、中国经济转型的原因、动力、过程、方式、模式和推进机制，中国经济转型的起点、目标、制度安排和转型绩效等方面，对中国经济转型问题做了深入的学术探讨和交流。2002年林毅夫提出，在分析社会主义经济、转型经济和发展经济问题时，应放弃新古典经济学体系中企业具备自生能力的隐含前提，把企业是不是具备自生能力作为具体的考虑变量[⑤]，林毅夫还曾把制度转型方式划分为诱致性转型与强制性转型，认为它们恰恰解释了中国"自下而上"和"自上而下"的改革历程。2007年保建云提出，纯粹的计划经济制度与纯粹的市场经济制度都是人类社会经济制度的极端情况，经济转型有着一般性和更为丰富的内容；西方主流经济理论只能解释转型社会的部分经济现象和问题，有一定的局限性；转型经济学研究必须在对计划经济理论与市场经济理论进行综合比较的基础上，突破西方主流经济理论和传统计划经济理论的固有缺陷和约束，进行创新性扩展和重构，其研究范式和研究内容必须不断拓展，才能有利于转型经济学理论

---

① 樊纲：《论作为一种公共选择过程的体制改革》，《社会科学战线》，1996年第5期，第259～266页。
② 樊纲：《渐进与激进：制度变革的若干理论问题》，《经济学动态》，1994年第9期，第8～12页。
③ 樊纲：《论作为一种公共选择过程的体制改革》，《社会科学战线》，1996年第5期，第259～266页。
④ 盛洪：《中国的过渡经济学》，上海人民出版社，1994年，第59页。
⑤ 林毅夫：《自生能力、经济转型与新古典经济学的反思》，《经济研究》，2002年第12期，第15～24页。

体系的改进和完善。① 2008年周冰指出，构建转型经济学理论，要立足于中国经济体制的转型实践，据此探讨转型发生的原因、过程、动力、方式和推进机制。体制转型是社会的理性构建和自发演化共同作用的结果；后发国家的体制差距是转型的动力基础，"学习"的性质决定了它的转型方向和目标；转型的实质是利益驱动下的权利结构调整；通过构建政府的目标函数和知识约束建立政府的决策模型，就可以解释政府的改革行为及其不同；中国平滑式转型的基本特征是一系列过渡性制度安排的相互替代，这是体制变革与经济增长之间适应性调整的结果，它不仅为自身提供了动力，而且在结构变化的同时保证了经济社会的稳定和秩序。② 钱颖一等强调法律和法治对经济主体的约束作用，他们认为开放统一和竞争有序的市场经济必须建立在法治基础上，法律在制度变迁以及制度构建过程中发挥着重要作用。迟福林认为，中国供给侧结构性改革决定着经济转型的进程，改革是破解经济转型中结构性矛盾的关键，数字经济成为中国经济转型升级新动力和突出亮点，开放转型要以服务贸易为抓手。

关于经济转型实践的研究。由于国内资源型城市多是计划经济时期因资源设市形成的，其发展路径有特殊的历史背景，经济的结构性矛盾非常明显。90年代以后资源型城市发展困境更加凸显，因此，我国经济转型实践的研究主要是围绕着资源型城市的转型而展开的。有鉴于此，学者们有的从转型的重大意义、战略部署、转型方向等方面做了研究，有的则从产业结构调整、接续产业发展、转变经济发展方式、推进可持续发展等方面展开论述。如徐君等认为，资源型城市转型面临着"资源诅咒"的困境，制度保障不足、产业刚性严重和要素创新低下是资源型城市转型的重大瓶颈，迫切需要通过制度供给、产业供给、要素供给因子驱动资源型城市转型，提升产业供给质量，提高全要素生产率，实现供给侧结构性改革以破解城市转型难题。③ 孙浩进认为，我国已进入全面建成小康社会的决定性阶段，资源型城市加快产业转型势在必行，其产业转型路径应充分发挥资源型城市本身内在的主要功能，既要体现资源型城市自身的性质，又要围绕资源型城市的主要功能，协调发挥城市的多种功能，走出包容性和差异化并重的新路径，推动生态、经济、社会的全面转型。④

---

① 保建云：《经济转型、制度变迁与转型经济学研究范式及内容拓展》，《教学与研究》，2007年第8期，第32~39页。
② 周冰：《基于中国实践的转型经济学理论构建》，《学术研究》，2008年第3期，第53~60页。
③ 徐君、李巧辉、王育红：《供给侧改革驱动资源型城市转型的机制分析》，《中国人口资源与环境》，2016年第10期，第56~63页。
④ 孙浩进：《我国资源型城市产业转型的效果、瓶颈与路径创新》，《经济管理》，2014年第10期，第34~43页。

中国改革开放已走过40多年的历程，转型经济学的发展也有近30个年头。纵观中国转型经济学研究，虽然起步较晚，但是发展比较迅速，特别是20世纪90年代以来研究广度和深度不断拓展，并取得了很多有价值的研究成果，如在经济转型动力机制的研究方面，正经历着从侧重政策、资源、环境等硬件基础条件向侧重制度、科技等软件条件分析的转变；对于经济转型规律的研究也随着经济的发展转向了对高技术产业和生产性服务业的研究；等等。我国区域发展差异非常大，仅从沿海和内陆来看，不管是在自然条件、区位条件、产业基础，还是制度条件、发展环境、开放程度上都存在相当大的差异。处于不同发展水平和发展阶段的地区在经济转型方面有着不同的初始条件，因此在经济转型的动力、机制、模式、路径、目标等方面也必然呈现出显著的不同。目前，已有成果对于内陆欠发达区域经济转型的研究比较缺乏，而西北地区作为内陆欠发达区域正急需加快经济转型，其转型实践特别需要理论成果的指引。因此必须结合内陆欠发达省区的发展特点深化理论和应用研究。

二、跨越发展相关研究

（一）国外跨越发展研究动态

西方经济学家在研究经济增长问题的同时，只是注意到个别国家和地区的超常规增长现象，并用"跨越""跳跃""起飞"等来描述这种现象，当时并没有把跨越发展本身作为研究对象进行深入研究。有关国外跨越发展问题的研究，主要侧重于经济领域的跨越发展，具有代表性的理论有：

罗斯托经济增长的"起飞"理论。1960年美国经济学家华尔特·惠特曼·罗斯托（Walt Whitman Rostow）在《经济成长的阶段》中提出"经济成长阶段论"。他认为一个国家的经济发展过程有五个阶段，1971年他在《政治和成长阶段》中又增加了第六个阶段，也就是"传统社会阶段、准备起飞阶段、起飞阶段、走向成熟阶段、大众消费阶段和超越大众消费阶段"。罗斯托所说的经济起飞是经济跨越发展的重要表现形式，他主张经济起飞必须具备四个条件：生产性投资率提高，且占国民收入的比重达到一成以上；经济中出现一个或几个成长性强的率先发展部门；发明和革新非常活跃，生产过程饱含着科技蕴藏的强大力量；与经济发展相适宜的政治和社会文化环境。在经济起飞阶段，伴随着农业劳动生产率的逐步提高，第一产业的劳动力加快转移到制造业领域，一些高成长性的产业率先加快发展，使得一些区域性的增长极渐次出现。起飞阶段完成以后,国际贸易比较优势逐步由农产品出口转向劳动密集型产品的出口。

保罗·罗森斯坦·罗丹的"大推动"理论。著名的英国发展经济学家保罗·罗森斯坦·罗丹(P. N. Rosenstein Rodan)1943年在《东欧和东南欧国家工业化的若干问题》中提出了"大推动"理论。该理论以取得外部经济效果为目标,认为:第一,在发展中国家或地区,如果对国民经济相互补充的产业部门同时进行大规模的投资,使其实现平均增长,就能够克服发展中国家内部市场狭小的不利环境,形成互为需要的市场需求,有助于降低企业生产和经营成本,同时相应增加企业利润,为进而增加储蓄和投资创造必要的条件,供求互补和平衡所产生的外部经济效果,通过增加单个企业利润,以及增加社会净产品,能够推动整个国民经济的高速增长和全面发展。第二,为了克服供求失衡对整体经济发展的限制,特别强调必须以最小临界投资规模对相互补充的产业部门同时进行投资,否则国家或地区经济发展就难以启动腾飞发展的进程。第三,对于经济发展水平和收入水平相对较低的发展中国家或落后区域,对相互补充的产业部门同时进行投资会使资本需求大大增加,而资本来源通常有两个渠道:国内主要是在维持原有消费水平基础上,最大限度地利用一切可能的资本增加投资;国外主要是吸引大规模的国际投资。第四,形成大推动所重点投资的相互补充的产业部门主要指基础设施和轻工业部门,发展中国家或地区在工业化的初期应把资本主要投向经济社会发展所需的重要基础设施领域,以及产业互补性强和联系密切的轻工业部门,而不是重工业部门。此外,由于大推动所需要的资本量非常大,基础设施建设投资的周期长,投资目标主要是着眼于经济的长远发展、外部经济效果和远期利益,因此必须由政府来推动和实施。

布笛兹斯、保罗·克鲁格曼和齐登的"蛙跳模式"。1993年,布笛兹斯(Brezis)、保罗·克鲁格曼(Paul Krugman)、齐登(Tsiddon)基于对发展中国家发展历程与实践经验的总结,提出了以技术后发优势为基础的蛙跳发展模式。这一模式解释了落后国家超常规的发展和赶超先进国家的现象,比如18世纪英国超过荷兰,以及19世纪末美国和德国超过英国等发展的典型案例。这一模式认为,在技术变迁的过程中,先进国家的技术水平容易因为存在技术惯性而被锁定在某一范围内小幅变化,难以有突破性的重大变革,而发展中国家因为经济发展水平较低,有更强的意愿、更高的紧迫性和更大的可能加速技术革新,从而在关键技术上实现重大的技术突破,由此推动后进国家实现对原来先进国家的超越,实现基于技术后发优势的"蛙跳"超越。由于企业追求的是短期利益，如果国家放任不管，容易导致国家整体技术发展的短视，所以，国家鼓励技术进步的产业政策就显得非常重要。该模式以技术后发优势为基础阐释了后进与先进、不发达与发达国家间的赶超过程，后进国家发挥后发优势有可能赶上甚至超过既有的先进国家。

格尔申克隆的"后发优势"理论。美国经济学家格尔申克隆在《经济落后的历史透视》一书中对"后发优势"进行了充分论述。他认为，后发国家在推动工业化方面有着与它相对落后的经济共生共存的特殊有利条件，这一条件源于落后本身所具有的特定优势，这些优势是发达国家所不具备的。后发优势理论主要有四层含义：一是广泛存在的"替代性"使得后发国家能少走弯路。后发国家可以借鉴先进国家的经验教训，避免或者尽可能少地去走弯路，在最短时间和最低成本下，采取适宜的优化赶超战略和路径，加快推进工业化的进程，更快地步入较高的工业化发展阶段。他以欧洲有关国家在工业化大发展时形成的资本积累模式为例，将18世纪以来欧洲各国分为先进地区、中等落后地区和极端落后地区三类，强调存在通过多种途径达到同一效果的可能性。在制度安排上的多样性和可选择性，对先进技术的模仿和利用等，使后发国家从开始就能够处在较高的起点上。二是后发国家引进先进国家的技术、设备和资金可以加快自身发展步伐。他指出引进技术是刚步入工业化的国家实现高速发展的首要条件。后发国家引进先发国家的先进技术和先进设备，就能够大大节约技术研发的资金和时间成本，短时期里培养起本国的科技人才，以较高起点加速推进工业化进程，引进先发国家的资金能较好解决后发国家工业化过程中资本严重不足的问题。三是经济相对落后会导致社会产生强烈的工业化发展压力。在一个相对落后的国家，政府对经济发展的承诺和经济发展停滞的现实之间存在着强烈的反差，由此会形成一种强烈的加快发展的社会压力。后发国家为了增进本国利益和避免落后受到歧视或挨打，也有着强烈的跨越发展的愿望。

（二）国内跨越发展研究动态

国内学者对跨越发展的研究较为广泛。中央民族大学教授肖荣、王秀云（2001）在《论落后国家的"双跨越"》中提出，经济文化较为落后的国家，在特定条件下能够跨越资本主义进入社会主义，这是第一种跨越。社会生产力跨越发展可以称之为第二种跨越。过去，我们往往只强调社会制度能够跨越，现在又提出社会生产力也能够实现跨越发展，这就把跨越问题讲全了。"双跨越"是落后国家社会主义成功的必由之路。毛泽东的新民主主义思想、中国革命的胜利等，都体现了第一种跨越在理论及实践中的成功。在此之后，随之而来的便是第二种跨越。① 哈尔滨工业大学王雅林教授在他的《经济发展与人文、社会发展》中，把中国的现代化具体概括为"双重超越"，即从中国现代化发展的历史看，要加快实现工业化和后工业化的双重超越；而从现代化发展的现实看，要实现经济发展和人文社会发展的双重超越。他提出要实现两个"双重超越"，就要坚持"协调发展"与"持续发展"，坚持"以经济建设为中心"和"以人的发展为本位"。②

跨越发展的主体是一国或一地区，生产力是整个社会经济结构的基础，生产力的跨越发展会带动一国或地区在政治、经济、文化、社会、科技等方面跨越发展。国内围绕生产力跨越发展的研究成果有很多，代表性的有王霁教授的《实现生产力发展的跨越》《树立科学的"先进生产力"观》和《当代马克思主义的新境界——确立先进生产力的至尊地位》，冯景源教授的《生产力跨越发展研究的现代意义》，杨瑞龙教授的《生产力跨越式发展的制度经济学分析》，陈志良教授的《生产力跨越式发展及其当代特点》，杨欣的《生产力跨越式发展基本问题探讨》，叶险明教授的《关于生产力跨越式发展的世界历史思考》，胡鞍钢的《知识与发展——21世纪新追赶战略》，胡必亮的《中国的跨越式发展战略》，苗丽静的《对跨越式发展观的辩证思考》，桂佳友的《从"波浪式"前进到"跨越式"发展》，陈泽水的《后发优势与跨越式发展》等。其中，冯景源指出，"社会形态跨越发展必须伴有生产力发展的跨越，单纯地进行生产关系的跨越是不能成功的"。③ 杨瑞龙指出"实现生产力的跨越式发展是我国缩小与发达国家经济发展水平差距的根本出路"，"通过深化改革建立社会主义市场经济体制是实现我国生产力跨越式发展的根本保障"。④ 上述这些研究成果以多视角、多层面、多学科和宽领域开始了我国生产力跨越式发展的研究，其后此类研究日趋热烈。

随着社会经济的发展与资源环境约束的加强，学者们还研究了生产力发展与可持续发展之间的关系。如丰子义在《现代化进程的矛盾与探求》中指出，发展主要会遇到两个尖锐问题：一是怎样实现经济跳跃式发展，一是怎样实现

---

① 肖荣、王秀云：《试论落后国家的"双跨越"》，《河北大学学报（哲学社会科学版）》，2001年第1期，第91~95页。
② 王雅林：《经济发展与人文、社会发展》，《社会学研究》，1996年第1期，第91~95页。
③ 冯景源：《生产力跨越发展研究的现代意义》，《中国特色社会主义研究》，2001年第5期，第39~43页。
④ 杨瑞龙：《生产力跨越式发展的制度经济学分析》，《中国人民大学学报》，2002年第2期，第14~20页。

可持续发展，这两者关系处理得好不好直接影响发展中国家的发展前景。发展中国家要摆脱贫穷落后状况，缩小与发达国家的差距，必须使经济有大的跳跃式的发展；这种跳跃不是偶然的一两次跳跃，而是要达到持续发展。所以，实现跳跃与可持续发展是发展中国家追求的两大目标，也是其摆脱落后和走向现代化的必由之路。① 该著作中所说的跳跃实际上也就是我们所说的跨越式发展。

　　国内学者还围绕后发优势对中国经济发展做出了科学分析。罗荣渠教授（1993）对后发优势及其在现代经济发展中的不同表现方式做了梳理归纳，阐述了其对经济发展的重要作用。② 易培强（2001）提出，源于科技因素的社会生产力的跨越式发展是后进国家追赶先进国家的必由之路，实现跨越式发展应将发挥后发优势与比较优势、发展高新技术产业和改造提升传统产业、技术引进和自主创新等很好地结合起来，并重视人才培养使用。③ 杨小凯教授（2001）从制度角度分析提出后进国家的发展动力转换假说，认为后发展国家能够经由学习型追赶逐步缩小与先发展国家之间的差距，但要想成为超越家，就必须从主要由后发利益驱动的引进学习向主要由先发利益驱动的自主创新转变。④ 简新华、许辉（2002）认为，发展中国家在经济发展中存在资本、技术、人口、制度、管理、竞争等方面的后发劣势，拥有技术引进、制度创新、结构变动、规模扩张、人力资源等方面的后发优势。中国只有发挥优势和克服劣势，才有可能实现生产力的跨越式发展。⑤ 郭熙保教授（2004）认为从发展要素来看，后发优势应该包括资本、劳动、技术、制度和结构五个方面，经济发展一般有跟随战略、追赶战略、赶超战略和超越战略四种。⑥ 何国勇、徐长生（2004）认为，比较优势和后发优势是发展中国家最主要的两种优势，二者相互依存，我国新型工业化发展道路的本质和内涵也是指将二者并重的发展战略和道路。⑦ 林毅夫、张鹏飞（2005）提出了一个与众不同的关于落后国家能

---

① 丰子义、岳民英：《现代化进程的矛盾与探求》，北京出版社，1999年10月，第91～95页。
② 罗荣渠：《现代化新论》，北京大学出版社，1998年，第14～20页。
③ 易培强：《论社会生产力的跨越式发展》，《中国软科学》，2001年第4期，第13～18页。
④ 杨小凯、李利明：《震荡疗法和渐进主义》，《经济学动态》，2001年第7期，第49～56页。
⑤ 简新华、许辉：《后发优势、劣势与跨越式发展》，《经济学家》，2002年第6期，第30～36页。
⑥ 郭熙保、胡汉昌：《后发优势新论——兼论中国经济发展的动力》，《武汉大学学报（哲学社会科学版）》，2004年第3期，第351～357页。
⑦ 何国勇、徐长生：《比较优势、后发优势与中国新型工业化道路》，《经济学家》，2004年第5期，第16～22页。

够通过发挥后发优势而实现技术追赶的内生增长模型。他们认为落后国家经由发达国家引进技术，可以获得比发达国家更快的经济增长，由此使得落后经济最终收敛到发达经济。①郭熙保和胡汉昌（2005）从后发国家制度差距、制度短缺、制度关联性、路径依赖、制度普适性等方面研究了制度模仿的必要性、可能性及实现途径等。②有关社会生产力跨越发展方面，也有一些反思性文章，诸如林毅夫、蔡昉、李周的《对赶超战略的反思》，林毅夫的《揠苗助长还是顺应自然——两种发展战略的比较》等。

应当肯定，这些年来，随着社会历史的发展，以及发展哲学研究的兴起，有关跨越式发展的研究确实取得了较大的进展。但是现有成果也还存在一些问题，比如研究内容比较平面化，不少成果内容属于泛泛而谈，深入分析还很不足，研究的问题聚焦不准；研究所得结论的可操作性不强；跨越式发展中对人的发展的研究比较缺失，主要侧重于对生产力的、科技的、经济的跨越式发展的研究。

三、小康社会相关研究

"小康"是普通老百姓对较高品质的物质、文化和精神生活的向往和追求。20 世纪 70 年代末邓小平在设想中国现代化发展愿景时，就把建设小康社会确定为 20 世纪末中国现代化发展的阶段性目标，这使得"小康"一词有了特定的时代意义，之后我国对小康社会的思考、研究、解读和讨论逐步丰富发展，特别是学者们也围绕着"小康社会"重点在如下方面展开了多角度的研究。

关于全面建（设）成小康社会的重大意义。李忠杰（2002）认为，全面建设小康社会是党提出的新"三步走"发展战略，是国家发展战略的新阶段。③段钢（2003）认为，全面建设小康社会以人的全面发展突破了以往的发展观。④刘芳械、李振明（2003）提出，全面建设小康社会是强国富民和实现中华民族伟大复兴的必然要求，是巩固党的执政地位和体现社会主义优越性的客

---

① 林毅夫、张鹏飞：《后发优势、技术引进和落后国家的经济增长》，《经济学（季刊）》，2005 年第 4 期，第 53~74 页。
② 郭熙保、胡汉昌：《论制度模仿》，《江汉论坛》，2004 年第 3 期，第 10~14 页。
③ 李忠杰：《全面建设小康社会——学习江泽民总书记"5.31"重要讲话体会》，《中国党政干部论坛》，2002 年第 7 期，第 4~6 页。
④ 段钢：《认真学习十六大精神 深刻理解全面建设小康社会的重要意义》，《经济问题探索》，2003 年第 1 期，第 13~15 页。

观需要,是凝聚人心、鼓舞斗志、加快推进我国现代化建设的行动纲领。① 赵曜(2003)认为,全面建设小康社会是对我国古代小康思想的进一步发展。② 晓亮(2004)认为,全面建设小康社会是对传统的社会主义理论的突破与发展。③ 顾海良(2015)认为,小康社会思想是邓小平理论的重要组成部分,丰富了中国式现代化的思想内涵和精神实质,也是三步走发展战略的基本依据。④ 王丛标(2016)认为,全面建成小康社会是我们实现中华民族伟大复兴的中国梦的关键一步。⑤

关于小康社会的科学内涵。王岳(2003)认为,全面建设小康社会应摆脱偏重经济发展要求的偏颇,强调把物质文明、精神文明、政治文明和生态文明紧密联系,突出全面系统和谐的发展。⑥ 余源培(2002)认为,促进人的全面发展反映了人民群众的根本需求和利益,是我国全面建设小康社会的内在要求。⑦ 李君如(2003)认为,率先基本实现现代化要建立在全面建设小康社会的基础上,而这不能只看经济领域,还应该看政治、文化和可持续发展能力等等方面是否实现了全面发展。⑧ 高建生认为,全面建设小康社会是社会主义初级阶段的特定时期,是社会实践发展的历史过程,是全面整体持续性的发展,是由数量扩张向质量提升的转型,各地发展进程存在遵从总体考虑并因地制宜具体设计和推进的问题,必须要警惕超越现实发展阶段、脱离社会公平理解发展效率等可能出现的偏差。⑨

关于小康社会中的重点难点问题。建设小康社会仍然面临诸多发展中的矛盾和难点问题,"小康中国"课题组(2003)认为,全面建设小康社会有十个具有重大意义和全局性的问题:"三农"、产业结构、城市化、收入差距、城市贫困、经济改革与对外开放、地区差距、文化建设与文化体制改革、政治建设

---

① 刘芳械,李振明:《论小康社会》,《光明日报》,2003年2月18日。
② 赵曜:《全面建设小康社会的几个问题》,《科学社会主义》,2003年第1期,第3~5页。
③ 晓亮:《全面建设小康社会的历史意义》,《山西财经大学学报》,2004年第2期,第13~15页。
④ 顾海良:《邓小平"小康社会"思想的科学阐释及其意义》,《邓小平研究》,2015年第2期,第66~75页。
⑤ 王丛标:《习近平对全面建成小康社会奋斗目标的丰富和发展》,《党的文献》,2016年第6期,第27~33页。
⑥ 王岳:《深刻理解全面建设小康社会的内涵》,《理论导刊》,2003年第5期,第31~32页。
⑦ 余源培:《人的需要和人的全面发展——对我国全面建设小康社会的一种哲学审视》,《学术月刊》2002年第11期,第5~12页。
⑧ 李君如:《论"全面建设小康社会"》《中国社会科学》,2003年第1期,第4~12页。
⑨ 高建生:《科学理解"全面建设小康社会"的完整内涵》,《理论探索》,2003年第2期,第3~5页。

与政治体制改革、生态环境与可持续发展等。[①] 郭萍认为,全面建设小康社会重点在农村,难点在农民,这是我国的基本国情决定的。[②] 吕书正认为,改革攻坚期体制转型、意识形态矛盾和文化冲突都将带来不稳定因素,经济发展与人口资源环境矛盾日渐突出,国家安全所面临的外部风险与挑战将为全面建设小康社会带来不利影响。[③] 此外,区域经济发展不协调[④],农村贫困人口数量庞大,贫困程度深[⑤]等也将制约着小康社会建设进程。

关于小康社会评价指标体系。20 世纪 90 年代初,为了对小康进程进行监测,有关部门以 2000 年进入小康社会为目标研究和设定了评价指标体系。1991 年中国社会科学院的社会学研究所研究并提出了小康社会评价指标体系,主要包括社会结构、人口素质、经济效益、生活质量、社会分配结构、社会稳定与社会秩序六个领域,总共 60 个具体指标,通过计算综合指数的方法进行综合评价。[⑥] 1995 年国家统计局与 12 个部门依据国家所提出的小康社会内涵,提出了由经济水平、物质生活、人口素质、精神生活、生活环境等五个领域共 16 项单个指标组成的小康社会评价指标体系。这 16 个基本监测指标均确定了小康临界值,如人均国内生产总值 2500 元、城市人均拥有铺路面积 8 平方米、农村通公路行政村比重 85%等。[⑦⑧] 之后,国家统计局还制定了《全国人民小康生活水平的基础标准》《全国城镇小康生活水平的基础标准》和《全国农村小康生活水平的基础标准》三套小康标准。[⑨] 评价与监测指标体系日趋科学合理,越来越体现出以人为本和协调发展的理念。

党的十六大提出全面建设小康社会后,为了实现"新三步走"战略下全面建设小康社会目标,基于报告提出的"经济更加发展、民主更加健全、科教更

---

① 李君如主编:《小康中国》,浙江人民出版社,2003 年。
② 郭萍:《全面建成小康社会难点与重点问题的思考》,《唯实》,2003 年第 6 期,第 76~79 页。
③ 吕书正:《全面建设小康社会》,《求是》,2002 年第 20 期,第 26~28 页。
④ 顾伯平:《全面建设小康社会的层次性和分类指导原则》,《理论前沿》,2003 年第 13 期,第 32~33 页。
⑤ 李友华:《全面建设小康社会的目标、重点、难点》,《哈尔滨商业大学学报》2003 年第 1 期,第 7~10 页。
⑥ 陆学艺主编:《2000 年中国的小康社会》,江西人民出版社,1991 年。
⑦ 《走近小康》系列分析报告,2000 年 11 月 23 日~2005 年 7 月 1 日,国家统计局网站 http://www.stats.gov.cn/zjtj/。
⑧ 丁俊萍、李华:《全面建设小康社会思想研究综述》,《高校理论战线》,2005 年第 6 期,第 6~16 页。
⑨ 向德平、肖小霞:《小康社会研究综述》《经济与社会发展》2003 年第 8 期,第 59~63 页。

加进步、文化更加繁荣、社会更加和谐、人民生活更加殷实"[①] 的要求，建立科学的全面建设小康社会评价指标体系又成为理论研究的热点，这一时期建立的评价指标体系克服了过于考察经济指标和客观指标的弊端，在原有基础上更多地考虑了社会指标和主观指标，突出了社会环境、社会结构、科技文化、教育医疗、民主法制等，同时也借鉴了国外现代化指标体系。代表性的有：宋林飞提出全面建设小康社会应包括经济发展、生活水平、社会发展、社会结构、生态环境五大类36项指标。[②] 张海鹏等认为，全面小康标准应包括人均GDP、城市化率、城镇人均居住面积、恩格尔系数、期望寿命、资源和生态环境压力指数等16项指标。[③] 2003年国家统计局研究并制定了全面建设小康社会统计监测指标体系，到了2007年，又根据党的十七大所提出的新要求对该指标体系做了重要的修订，2008年印发《全面建设小康社会统计监测方案》（国统字〔2008〕77号），确定了由经济发展、社会和谐、生活质量、民主法制、文化教育、资源环境等6个领域共23项指标组成的监测指标体系。[④] 之后又修订印发《全面建成小康社会统计监测指标体系》，确定了经济发展、民主法制、文化建设、人民生活、资源环境等5个领域共39项监测指标，小康社会指数由39个单项指标指数加权获得。在此之后，考虑到我国不同区域不可能实现同一水平小康的现实，根据2013年中央经济工作会议精神，国家统计局针对目标值的确定，制定了全国统一标准评价方案和东中西部三大地区差异化标准评价方案。在全国统一标准评价方案中，全国各地区所有指标都以相同的目标值为评价标准。在东中西部差异化的评价方案中，地区生产总值和城乡居民人均收入目标值均要求比本省区2010年翻一番，部分指标按东中西三大区域分设目标值，如此便既兼顾了全国的统一可比，又充分考虑到各省区经济发展基础、发展水平、资源禀赋、功能定位等不同所带来的差异。[⑤] 总的看，小康社会评价指标体系伴随着经济发展不同阶段和所要实现的不同目标，走过了由片

[①]《党的十六大报告（全文）》，中国经济网，2003年10月9日，http://www.ce.cn/ztpd/xwzt/guonei/2003/sljsanzh/szqhbj/t20031009_1763196.shtml

[②] 宋林飞：《中国小康社会指标体系及其评估》，《南京社会科学》，2010年第1期，第12~20页。

[③] 张海鹏、郎春雷：《关于全面小康社会评价指标体系的探讨》，《统计与决策》，2003年第5期，第14~15页。

[④]《统计局发布全面建设小康社会进程统计监测报告》，2011年12月19日，http://finance.sina.com.cn/roll/20111219/162811018499.shtml

[⑤]《兰州市人民政府办公厅关于印发兰州市深入推进全面建成小康社会工作的实施意见的通知》，2014年8月27日，http://www.lanzhou.gov.cn/art/2014/9/19/art_3197_137263.html

面强调客观总量经济指标到突出"以人为本"和强调质量效率和协调可持续发展理念的过程。

第三章　中国经济转型跨越发展和全面建成小康社会政策体系发展脉络

一、经济转型跨越发展

十一届三中全会以后，我国经济逐渐由计划经济体制向市场经济体制转变。由于市场经济概念的刚刚提出，以及受到经济发展水平的限制，我国对市场经济的发展方式还处于主要以依靠生产要素投入来实现经济增长的认识水平。

（一）计划经济转向市场经济

十一届三中全会后，中国经济体制逐渐由计划经济体制过渡到市场经济体制。从1978年中国开始全方位的改革开放，到现在已有40多年的时间，围绕经济转型的目标，我国先后提出过五种构想：1982年中共十二大提出"计划经济为主，市场调节为辅"，这为形成社会主义市场经济理论开辟了道路；1985年中共十二届三中全会提出"有计划的商品经济"，在当时的历史条件下，这是相当大的突破，突破了把计划经济同商品经济对立起来的传统观念；1987年中共十三大提出"计划与市场内在统一的体制，国家调节市场，市场引导企业"；1989年中共十三届三中全会提出"计划经济与市场调节相结合"；1992年党的十四大确定了"社会主义市场经济体制"。虽然在"计划"与"市场"关系的认识中经历了许多曲折的探索，但"市场化"最终被社会发展所接纳。市场化取向在转型实践过程中不断完善，形成了不断演进的动态转型过程。整个经济转型进程的主题是体制转型与经济发展之间的累积因果关系，我国在经济转型过程中体制转型与经济发展之间实现了良性互动，较为顺利地推动了经济转型，初步建立起了社会主义市场经济体制，实现了以生存为主向以发展为主的历史阶段的转变，为经济起飞和跨越式发展奠定了必需的制度条件。

（二）外延发展转向内涵发展

中国的经济转型不但包括经济体制由计划经济体制向市场经济体制的转型，还内含着经济增长方式的转变和经济结构的调整。长期以来，我国实行的是粗放发展方式，这是在特定的发展阶段由发展生产的需要形成的。我国在 1995 年制定"九五"计划时提出从根本上转变经济增长方式。2005 年又制定"十一五"规划，重申五年经济工作的重点是转变经济增长方式。2007 年党的十七大再次提出必须实现经济发展方式的三个转变，也就是：改变经济增长方式由主要依靠投资和出口拉动向依靠消费、投资、出口协调拉动转变；经济增长由主要依靠第二产业带动向一、二、三产业协同带动转变；经济增长由主要依靠增加物质资源的消耗向主要依靠技术进步、劳动者素质提高和管理创新转变。[①]

粗放增长符合当时中国较为落后的经济发展水平。在当时十分困难和落后的经济条件下，经济的发展主要依靠大体量的生产要素投入，以及生产规模的不断扩大，通过总量扩张的方式，中国经济得以在较短的时间里迅速积累，为此后社会经济的蓬勃发展铸就了坚实的物质基础。之后，随着党的十一届三中全会后党和国家工作重心的转移，经济发展越来越需要重新调整资源配置方式，也越来越需要新的理论指导。对此，一些学者借鉴苏联以内涵型和外延型同步增长的方式开展了研究。1987 年党的十三大报告提出要使"经济建设转到依靠科技进步和提高劳动者素质的轨道上来"。在此背景下提出了经济发展模式及路径选择的概念，为日后集约型增长方式的提出蓄积了条件。

1992 年党的十四大确立了改革目标，即社会主义市场经济体制。当时我国的经济增长速度比较快，一定程度上存在着引发通货膨胀的隐忧；国有企业的发展活力不强，没有充分体现出它在市场经济中的竞争优势；粗放型增长方式造成资源的过量耗损，生态环境破坏比较严重，因此集中力量把经济建设搞上去，深入推进经济体制改革已经迫在眉睫。[②] 十四届五中全会提出，要实现"九五"时期经济社会发展的奋斗目标，关键是实现两个根本性转变，即由传统的计划经济向社会主义市场经济转变、由粗放的经济发展方式向集约型发展

---

① 《胡锦涛在中国共产党第十七次全国代表大会上的报告》，2007 年 10 月 25 日，中国共产党新闻网 http://cpc.people.com.cn/GB/64093/67507/6429847.html

② 王跃峰：《中国经济转型跨越发展的理论研究 [J]》，《哈尔滨师范大学社会科学学报》，2013 年第 5 期，第 45~47 页。

方式转变。① 之后党的第十五次全国代表大会又提出要改变高投入、低产出、高消耗、低效益的状况，由此，集约型发展方式被进一步明确。

从转变经济发展方式向以科学发展观为指导加快经济转型。2007年6月胡锦涛提出要实现经济又好又快发展，关键点之一是转变经济发展方式，要更深刻地把握经济发展规律，着力提高经济发展质量和效益。2010年10月，党的十七届五中全会提出，要以科学发展观为主题，以加快转变发展方式为主线，促进经济长期平稳较快发展和社会和谐稳定，为全面建成小康社会打下具有决定性意义的基础。之后，甘肃、贵州、湖北等省纷纷响应党的政策，提出加快经济转型跨越发展。转型跨越发展以转型发展为前提和主线，跨越发展为方向和目标，推动经济实现高质量、高效率、高水平、可持续的发展。转型跨越发展虽然重点突出经济领域，但也与社会、文化、生态等领域息息相关，其遵循的是科学发展观。

2007年党的第十七次全国代表大会提出了"以人为本，坚持全面、协调、可持续的科学发展观"。科学发展观的核心是"以人为本"，实现人的全面发展，维护和发展最广大人民群众的根本利益，同是科学发展观和经济转型跨越发展的本质要求、最终目的和核心要义。经济转型跨越发展与科学发展观在脉络上是一致的，经济转型跨越发展必须遵循科学发展观的基本要求。② 科学发展观要求全面、协调、可持续发展，就是不仅要求经济增速、经济效益、经济质量相统一，经济发展与人口资源和生态环境相协调，而且要求我们协调处理好区域之间、城乡之间、阶层之间、经济与生态之间等等方面的关系，而这也是新时代下经济转型跨越发展的必然要求。③

从科学发展观到五大发展理念的转变。发展理念是发展行动的先导，发展理念是否遵循发展规律，是否顺应时代要求，从根本上决定着发展的成败得失。习近平同志在党的十八届五中全会上系统论述了"五大发展理念"，实践中严格遵循"五大发展理念"是未来一个时期我国发展思路、方式和原则的根本遵循，是党深刻把握发展规律的再深化和新突破，已成为我国全面建成小康社会和实现"两个一百年"奋斗目标的行动指南。④ "五大发展理念"是对人

---

① 《中国共产党第十四届中央委员会第五次全体会议公报》，1995年9月28日，中国共产党新闻网 http://cpc.people.com.cn/GB/64162/64168/64567/65397/4441773.html
② 韩劲：《论科学发展观的精神实质》，《当代经济研究》，2006年第5期，第36~38页。
③ 杨丽平：《科学发展观精神实质研究》，河北大学硕士学位论文，2014年。
④ 谢家举：《树立五大发展理念 促进汽保行业转型升级》，《汽车维修与保养》，2017年第1期，第2~3页。

类社会发展规律的深刻把握、发展方向的科学判定、发展道路的开拓创新,以新的发展理念引领发展方式转变,以发展方式转变推进经济结构战略性调整,进而推动经济发展质量和效益加快提升,是我国实现全面建成小康社会目标的现实选择。[①]

坚持创新发展,就是以创新为核心和根本,持续推进理论创新、科技创新、制度创新、管理创新等各领域各环节的创新,强化创新意识和创新思维,实施一批重大科技项目,在关键技术领域取得重大突破,完善有利于创新发展的体制机制,推动"大众创业、万众创新",使层出不穷的新技术、新产业、新业态、新产品等成为经济发展的新动力,以供给侧的推陈出新、结构调整、空间优化、价值提升等,不断增强创新引领和驱动发展的能力。

坚持协调发展,就是要统筹推进城乡关系协调发展,促进政治经济、社会文化和资源环境等协调发展,促进新型工业化、网络信息化、新型城镇化、农业现代化互促共进发展,在提升国家等综合实力的同时,增强民族凝聚力、民族自信心和民族自豪感,不断强化发展的整体性与系统性。

坚持绿色发展,就是走生产发展、生活富裕、生态良好的发展之路,发挥主体功能区作为国土空间开发保护基础制度的作用,严格遵循主体功能区规划,优化空间开发、产业发展、要素流动、人口分布、生态安全的空间布局,推动建立现代绿色循环发展产业新体系,形成人与自然和谐共生和稳定发展的新环境,实现经济可持续发展,持续推进建设美丽中国。

坚持开放发展,就是要顺应经济全球化和各国在开放包容中互利共赢发展的大趋势,协同推进战略互信、经贸合作和人文交流,不断扩大开放领域、放宽投资的市场准入限制,加快推进双向开放,坚持进出口平衡发展,引进资金、技术、管理等并重,优化对外开放战略布局,完善开放发展的体制机制建设,努力在优势互补中实现更多的共同利益,实现开放型经济更高水平的发展。加快推进"一带一路"建设,在多领域多层次的务实合作中,增强综合运输大通道、经济贸易合作平台、人文交流与合作等功能和作用的发挥,使内陆开放和向西开放取得重大突破,显著增强与沿线国家的联动发展能力,形成陆海内外联动全面开放新格局。

坚持共享发展,就是要遵循"以人为本"的原则,发展依靠人民、发展成果与人民共享,在机会公平中,保障基本的民生福祉,提升公共服务供给数量

---

① 朱建一:《"五大发展理念"视域下的中国新发展范式》,《湖北社会科学》,2017年第1期,第26~31页。

和质量,加大对老少边穷特殊困难区域的转移支付,使人民朝着共同富裕方向逐渐稳步前进,适应经济发展水平不断增加人民公共福利,在共建共享发展中使全体人民有更多获得感和幸福感,实现全体人民共同步入全面小康社会的中国梦。

二、全面建成小康社会

随着中国特色社会主义的深入发展,小康社会的内涵也随着时代变迁而不断地得到丰富和发展,它不仅体现在政治、经济、社会、文化、生态等各领域的全面发展,而且也体现在城乡、工农、区域之间的协调发展,更体现在物质文明和精神文明的共同进步,体现在共同富裕的奋斗目标。[①]

(一)以邓小平同志为核心的领导集体的小康社会思想

1979年邓小平在会见英中文化协会执委会代表团时,首次提到了"我国的四个现代化"。他指出"我们定的目标是在本世纪末实现四个现代化"。之后,在会见日本首相大平正芳时又提出,我们要实现的是中国式的四个现代化,也就是"小康之家"。邓小平认为,中国要实现小康社会,根本上看还是要解放和发展生产力,"贫穷不是社会主义,社会主义就是要消灭贫穷"。邓小平对小康社会的系列论述为我们全面建成小康社会奠定了坚实的理论和实践基础。党的第十二次全国代表大会工作报告提出了到20世纪末全国工农业总产值比1980年翻两番的奋斗目标,指出实现这个目标,人民的物质文化生活可以达到小康水平。[②] 1987年,邓小平阐述了"三步走"发展战略,之后党的第十三次全国代表大会对此做了进一步的明确,提出:第一步是实现国民生产总值比1980年翻一番,解决人民温饱;第二步是到20世纪末,国民生产总值再增长一倍,人民生活达到小康水平;第三步是到21世纪中叶,人均国民生产总值达到中等发达国家水平,人民生活比较富裕,基本实现现代化。解决温饱、达到小康、基本实现现代化是中国社会主义初级阶段发展进程中必经的三个发展时期。

---

① 高文韬:《中国小康社会发展的历史进程研究》,华东理工大学硕士学位论文,2014年。
② 《胡耀邦在中国共产党第十二次全国代表大会上的报告》,1982年9月8日,中国共产党新闻网 http://cpc.people.com.cn/GB/64162/64168/64565/65448/4526430.html

（二）以江泽民同志为核心的领导集体的小康社会思想

江泽民在党的第十五次全国代表大会上提出，21世纪我们的目标是：第一个十年实现国民生产总值比2000年翻一番，人民的小康生活更加宽裕，形成较为完善的社会主义市场经济体制；到建党一百年时，国民经济更加发展，各项制度更加完善；到世纪中叶建国一百年时，基本实现现代化，建成富强民主文明的社会主义国家。[①] 据此，在20世纪末进入小康社会以后，中国将以2010、2020、2050年为时间节点，渐近地实现现代化发展目标。

2002年党的第十六次全国代表大会庄严宣告，我国顺利实现了邓小平"现代化建设三步走"战略的前两步，总体上实现了由温饱到小康的历史性转折和跨越，表明我国经济社会发展取得了阶段性的伟大胜利，达到小康水平是中华民族发展史上一个新的里程碑。报告提出了比较系统的全面建设小康社会的思想，指出要"全面建设惠及十几亿人口的更高水平的小康社会，使经济更加发展、民主更加健全、科教更加进步、文化更加繁荣、社会更加和谐、人民生活更加殷实"[②]。全面建设小康社会是适应新时期发展要求的国家战略的新发展，它虽然将经济发展作为首要任务，但发展重点开始向全面协调可持续发展转变。

（三）以胡锦涛同志为总书记的领导集体的小康社会思想

2007年党的十七大报告深入总结建设小康社会的经验，指出，"今后五年是全面建设小康社会的关键时期，我们要全面建成更高水平的小康社会"[③]，这也是全国各族人民的根本利益所在。党的十七届五中全会上，胡锦涛同志指出，"十二五"时期是全面建设小康社会的关键时期，也是深化改革开放，加快推进转变经济发展方式的攻坚时期。要充分把握国内外发展的新形势，深入贯彻落实科学发展观，促进经济长期平稳较快发展。[④]

[①] 《江泽民在中国共产党第十五次全国代表大会上的报告》（1997年9月12日），2012年9月7日，中国网 http://www.china.com.cn/guoqing/2012-09/07/content_26748255.htm

[②] 《全面建设小康社会 开创中国特色社会主义事业新局面 在中国共产党第十六次全国代表大会上的报告》，2002年11月8日，中国共产党新闻网 http://cpc.people.com.cn/GB/64162/64168/64569/65444/4429125.html

[③] 《胡锦涛在中国共产党第十七次全国代表大会上的报告》，2007年10月25日，中国共产党新闻网 http://cpc.people.com.cn/GB/104019/104099/6429414.html

[④] 《中共第十七届中央委员会第五次全体会议公报》，2010年10月18日，中国共产党新闻网 http://cpc.people.com.cn/GB/64093/67507/12984433.html

（四）以习近平同志为核心的领导集体的小康社会思想

2012年党的第十八次全国代表大会系统梳理总结了党的十六大以来中国全面建设小康社会的重要成就，深刻分析了国内外发展形势的新变化、新特点和新趋势，围绕着确保2020年实现全面建成小康社会宏伟目标，提出了许多新要求、新任务和新目标。报告将"建设"更改为"建成"，充分展示了我们明确坚定的发展信念和信心，是共产党对广大人民群众做出的庄重承诺，也是对世界的明确有力的昭告。十八大报告提出，全党要坚定道路自信、理论自信和制度自信，在中国共产党成立一百年时全面建成小康社会，在新中国成立一百年时建成富强民主文明和谐的社会主义现代化国家。[①] 党的十八大以来，以习近平同志为核心的党中央坚持和发展中国特色社会主义，提出并逐渐形成了"全面建成小康社会、全面深化改革、全面依法治国、全面从严治党"的战略布局，确立了新形势下党和国家工作的战略目标和战略举措，为实现两个一百年奋斗目标，实现中华民族伟大复兴的中国梦提供了理论指导和实践指南。党的十八大以后，习近平总书记在不同场合多次谈到小康社会，阐述了对于小康社会的看法和思路，比如：只有农村和欠发达地区的全面小康，全国才能全面小康[②]；全面建成小康社会，难点在农村；全面建成小康社会当然要以各地的发展为基础，但是我国幅员辽阔，各地区差距较大，生产力发展水平不平衡，不可能是"同一水平小康"，各省区市甚至各市县人均地区生产总值届时都同步达到全国平均水平也是不现实的；确保民族地区如期全面建成小康社会，要实事求是，因地制宜；没有全民健康，就没有全面小康[③]；等等。

从邓小平提出在2000年建立小康社会，到江泽民提出从21世纪全面建设小康社会，再到习近平提出到2020年全面建成小康社会，其思想是一脉相承的，是中国共产党准确把握历史方位而做出的战略部署，是基于国家经济实力显著提高和经济全球化趋势而确立的目标，是有步骤分阶段实现现代化的战略要求。

[①]《坚定不移沿着中国特色社会主义道路前进 为全面建成小康社会而奋斗——在中国共产党第十八次全国代表大会上的报告》，2012年11月18日，新浪新闻中心 http://news.sina.com.cn/c/2012-11-18/040425602996.shtml

[②]《在广东考察工作时的讲话》，2012年12月7日—12月11日（2015年11月11日），中国共产党新闻网 http://theory.people.com.cn/n/2015/1110/c40531-27799900.html

[③]《习近平主席在江苏调研时的讲话》（2014年12月13日—12月14日），《人民日报》，2014年12月15日。

第四章 理论框架

一、基本概念

（一）经济转型

"经济转型"指一个国家或地区的经济制度、经济发展方式和经济结构等在一定时期内发生根本变化，或一种经济运行状态向另一种经济运行状态的转变。通常，这一个过程是通过拓展改革的广度和深度，进而不断完善各项制度安排、并对各种体制机制进行优化，从而优化经济发展的外部环境，进一步解放和发展生产力，化解结构性矛盾，提升经济发展的空间和动力，并增强其发展活力，最终使国民经济实现由量变到质变的转变，是一种继承中发展，发展中继承的过程。

西北地区经济转型的内涵可以从两个层面来理解：在生产力层面看，就是要在新发展理念的指导下，加快推进供给侧结构性改革，从根本上实现由传统粗放经济发展方式向现代集约经济发展方式的转变，突破传统固化结构性矛盾，实现经济结构战略性调整，提升生产要素配置效率，增强经济的创新驱动能力，实现传统主导产业的改造升级，现代新兴潜力产业的培育壮大，循环经济体系的全面运行；在生产关系层面看，要充分发挥市场决定性作用，在转变职能中更好发挥政府作用，全面深化经济体制和相关配套体制改革，完善综合配套制度体系，进一步创新经济运行体制机制，降低经济运行的制度成本，推动经济提质增效。

进入经济转型时期，西北五省区社会生活方面主要表现出以下两大特点：一是社会思想文化的多元化发展。随着城市化和市场化进程的加剧，人们的物质生活得以极大丰富，虽然社会经济发展水平落后于东中部地区，但纵向来看，西北五省区人民生活水平仍然得到了显著提高，传统的生活方式不断改善，且随着科技进步及国家西部开发战略、"一带一路"倡议的实施，使社会成员之间、地区之间、国家之间的交流与合作日趋增强，人们的思想观念不断被冲击和革新，新思想、新文化、新思潮等层出不穷，因此说经济转型时期也是社会思想文化的多元期。但同时，这也使得社会思想文化的发展存在风险：由于人们的利益取向和价值取向的多元化，在不良导向的影响下，主流价值观和思想文化容易缺失，道德行为规范易于失序，并引发一些思想文化方面的冲突。二是社会矛盾进入多发期。由于经济社会转型发展的过程中将伴随各种利益相关者利益关系调整、思想文化交汇碰撞、社会运行体制机制革新、社会组织结构重组和社会治理方式变革等，再加上民主法治尚不健全，处于各类腐败现象多发期，使得社会矛盾层层叠加，因而社会矛盾和冲突一定程度上高发多发在所难免。这种社会矛盾的多发高发也是多数国家在转型期普遍遇到的重要现象。

西北地区经济转型表现出以下特性：第一，复杂性。西北地区经济发展中涉及多方面的矛盾，例如经济发展与脆弱的生态环境之间的矛盾、经济管理体制机制落后与经济发展的长效机制不健全之间的矛盾、人才缺乏但现有人才大量流失之间的矛盾，这些错综复杂的矛盾非常突出，已成为制约西北地区经济转型跨越发展的重要瓶颈问题。第二，长期性。由于经济转型发展涉及国民经济的多个重点领域、多个产业部门以及多个区域，因此在经济基础薄弱、改革进程滞后、发展理念传统的西北地区实现转型发展已成为一项长期的历史任务。第三，经济转型的艰难性。加快西北地区经济转型，就必须全面深化多个领域的改革，不断完善国民经济发展的各项体制机制，也就意味着多个领域内和各领域之间利益关系的重新调整，因此，必然要面对来自部分当前利益既得者的阻力和压力，再加上西北地区民族宗教问题突出存在的敏感性，使得经济转型的任务格外复杂、繁重和艰巨。第四，阶段性。历史实践表明，经济转型总是一国或一地区在特定的历史时期或历史背景下，根据其既有条件和发展目标，所采取的适合自身特征的发展道路。因此，西北地区经济转型的目标和路径带有深刻的时代烙印，是其基于特定区情和在特定历史阶段下发展的产物，具有鲜明的阶段性特征。第五，紧迫性。当前，我国已经进入全面建设小康社会的关键时期，但西北地区的经济发展水平与国内其他区域还有较大差距，距离全面建成小康社会的目标也有相当的差距，推进西北地区经济转型，不仅是关系西北地区自身发展的重大问题，更是全面建成小康社会的重点区域所在，因此，形势极端严峻，转型非常紧迫。

（二）跨越发展

跨越发展是指在特定的时代背景、经济基础、发展阶段、经济环境下，较为落后的国家或地区为尽快缩小与发达国家或地区的差距，以客观的经济发展规律指导，立足本国和本区域已有的产业基础、资源禀赋、经济发展水平和产业发展潜力等，通过借鉴和吸收先进经验和优秀成果，凭借技术、政策、制度、资本、人力资源等后发优势，突破一般的发展轨迹，实现超常规发展，并实现速度、效率与效益并重的一种发展方式和发展过程。可见，跨越发展不仅包含经济社会数量（总量和速度）方面的增长，也关注质量（结构、发展方式、生态环境、居民收入与幸福指数等）方面的提升，即跨越发展是以质量提升为前提，质量和数量并重的发展模式。

西北地区跨越发展是在其长期相对欠发达的背景和亟须加快经济转型的现状下，以经济发展的客观规律为前提，寻找和利用其后发优势，以科学发展、创新发展等为导向，通过技术深度研发和广泛实现产业化应用的推动作用，努力实现产业、技术、质量、效益的新跨越，并不断提升综合竞争力和发展动能，缩小与国内其他地区间的发展差距，实现经济社会发展和人口、自然、资源、环境相协调发展。因此，西北地区实现跨越发展是一种赶超型和可持续的发展，其成功的关键在于对"先行者"发展阶段、发展水平的准确和客观的判断。因此，实现经济跨越发展将成为西北地区"十三五"时期乃至今后很长一段时期内经济社会发展的总目标和中心任务。

西北地区跨越发展的目标十分明确，即西北地区跨越发展具有确定的参照对象和着力方向，所要追赶的对象均是发展水平优于本区域，且代表着更为高效和先进的发展方向，其发展目标不仅是实现西北地区"十三五"规划中所确定的各项目标任务，更需要渐近完成国家确定的全面建成小康社会的重大目标任务，甚至为2050年基本实现现代化奠定扎实的基础。在西北地区跨越发展的过程中，必须遵循客观规律，实事求是、因地制宜，各项政策必须以西北地区的发展现状为基础，具备现实的可行性，同时，要对未来发展中的各种机遇有明确的认识和准确的动态把握。区域的跨越发展，必须有各种创新支撑，即西北地区必须要在观念、体制、机制、科技、政策、服务等方面进行全方位的创新，使创新发展成为实现跨越发展的精髓和灵魂，并为其提供源源不竭的动力。另外，西北地区经济基础薄弱，在跨越发展中必然出现发展布局的非均衡性。我们必须正确认识这一问题，坚持在跨越发展的漫长进程中有所为有所不为，集中优势力量，在当前发展基础好、发展条件具备的重点领域、重点产业、重点行业、重点区域、重点技术和重点产品等方面有所突破，以此带动其他领域、产业、行业、区域、技术和产品的发展。最后，西北地区跨越发展中，要注重速度与效益、主观与客观的统一，不仅要注重数量的赶超，更要着力于国民经济整体水平的提高，达到速度与效益的统一。此外，发展过程中既不能因循守旧，也不能好高骛远，要脚踏实地、求真务实，才能有力促进西北地区的跨越发展。[1]

（三）小康社会

全面建成小康社会是 2020 年西北地区必须实现的宏伟目标，这意味着：

从时间来看，小康社会是 20 世纪七八十年代，邓小平规划中国经济社会发展蓝图时提出的战略构想，也是其现代化发展"三步走"战略的重要目标。2000 年我国人均 GDP 达到 848 美元，实现全国人民生活的总体小康。在此基础上，江泽民提出了新"三步走"战略目标，到 2020 年要实现更加高水平的小康，即国民经济更加发展，各项制度更加完善，这一阶段是最终实现中华民族伟大复兴中国梦的必经阶段。西北地区必须要以全面建成小康社会的战略目标为导向，不遗余力地加快经济转型跨越发展。

从内涵来看，全面建成小康社会即要实现我国政治、经济、社会、文化、生态等的全面发展，具体来说，主要包括通过全面深化改革提升经济发展质量和效益，进而增加地区经济竞争力，达到区域、城乡、工农业发展的高度协调；通过全面推进法制建设，使社会主义民主更加完善，社会主义法制更加健全，形成良好的社会秩序；通过加快发展各项社会事业，促使教育医疗和社会保障体系进一步健全，从而全面改善人民生活；通过加强文化建设，弘扬和发展中华优秀传统文化和民族精神，提升全民族文化素质，增强国家文化软实力；通过生态文明建设，基本形成节能环保的产业结构、增长方式、消费模式，走可持续发展、绿色发展的道路，使生态文明建设成为人们的自觉行动，进而促进人与自然和谐发展。

---

[1] 魏莉：《跨越式发展的理论与实践》，人民日报出版社，2016 年 01 月。

二、基本关系

(一) 西北地区经济转型与跨越发展的关系

当前,西北地区的跨越发展区别于以往工业化发展中任何阶段的"赶超型"发展战略,主要表现在以往工业化道路中以单纯的"速度型"增长为目标,是一种以短期利益为目标的行为,而西北地区的跨越发展必须要摒弃这种"单项突进"的模式,其发展目标应是速度与质量、效率并重,既要着眼当前发展,还要放眼长远发展,因此,这是一种经济社会与自然生态环境相协调的发展模式。

1. 二者互为因果,相互促进,是有机统一的整体

西北地区经济转型与跨越发展是互为因果,相互促进,有机统一的整体,二者共同决定了经济发展的总量、速度、效率和质量。其中,经济转型发展注重的是西北地区区域发展质量的问题,而跨越发展关注的是发展速度的问题,因此,转型跨越发展实质上就是要实现速度和质量并重,要实现又好又快的发展,这也是"五大发展理念"在西北地区经济发展中的具体体现,是西北地区实现全面建成小康社会目标的战略选择,是解决西北地区诸多矛盾和问题的根本举措,是加快西北地区提质增效发展的根本出路。

二者相辅相成的逻辑关系主要表现在以下几个方面:第一,转型发展是跨越发展的首要前提和实现途径,跨越发展是转型发展的方向和目标。西北地区经济转型的维度、深度和强度,直接决定了跨越发展的动力、幅度和成效,当然只转型而不跨越,说明转型的动力仍不充足强劲,只跨越而不转型,就必然是短期的空中楼阁,其结果,必然会因根基不牢而最终垮塌。第二,西北地区经济转型要坚持瞄准跨越发展所确定的重大目标,以目标为引领,在跨越发展的过程中,通过不断增强经济实力化解经济转型中的改革阻力和成本,在推动改革深化中促进跨越发展;跨越发展目标的确立不仅为经济转型提供了方向和指引,而且为经济转型提供了目标动力。西北地区经济转型跨越发展就是要建立起经济转型和跨越发展的良性互动系统机制,在经济转型中实现跨越发展,在跨越发展中加速经济转型,在经济转型跨越发展中得以高质高效发展,实现全面建成小康社会的宏伟目标。

2. 推进经济转型发展是西北地区实现跨越发展的内在要求

改革开放特别是实施西部大开发战略以来,西北五省区经济社会发展取得

了举世瞩目的成就，发展的基础条件不断改善、发展的理念更加科学、发展思路不断清晰、发展战略不断明确、发展能力不断提升、发展水平不断提高、发展面貌不断改观、发展成果不断显现。目前西北各省区均处在加快发展的重要阶段，但由于西北地区总体自然条件恶劣、生态环境脆弱，基础设施建设总体滞后，发展观念落后等，导致西北地区经济发展基础薄弱、产业竞争力不强、自我发展能力严重不足。在这种背景下，西北地区社会事业比较落后、脱贫攻坚难度大任务重；体制机制不活、开放程度较低；观念滞后，驾驭市场经济发展能力较低……这些问题仍然是困扰西北地区进一步发展的突出难题，经济社会发展相对滞后，总体上仍处于工业化初中期，经济对社会的支持和带动作用十分有限。经济新常态下，要实现西北地区经济跨越发展必须坚持"五位一体"，遵循"创新、协调、绿色、共享、开放"五大发展理念，加快推进供给侧结构性改革，加快推进经济结构调整，加快推进转变发展方式，着力实现经济转型发展。

3. 推进经济转型发展是西北地区实现生态可持续发展的迫切需要

党的十七大把建设生态文明作为一项战略任务明确下来，将其提升到与经济建设、政治建设、文化建设、社会建设并列的战略高度，作为中国特色社会主义伟大事业总体布局的组成部分，为解决我国人与自然的突出矛盾、加强环境保护、促进可持续发展提供了根本保证。西北地区是全国重要的生态安全屏障，承担着众多重要的生态服务功能，是国家生态建设中最具有战略性、全局性、典型性和示范性的区域，而西北地区又是我国生态环境极为脆弱的地区之一，因此，要实现西北地区的可持续发展，必须加快经济转型，使经济发展方式由传统的粗放型向集约型转变，走"绿色发展"的道路，最终在实现经济跨越发展和人民生活富裕的同时，守住西北地区的"青山绿水"，以此来实现经济发展提质增效，更为长远地增强西北地区发展的后劲，为全国生态安全屏障建设提供坚强的物质保障。

4. 实现经济转型发展是经济欠发达地区实现崛起的客观需要

实现经济转型跨越发展是发达国家和先进地区的成功经验，同时也是世界经济发展不平衡规律的具体体现。纵观一些发达国家和地区经济社会发展成功的道路，及一些后进地区迅速崛起的成功范例，虽然模式不同，条件各异，但其中最关键的，就是实施了跨越发展战略。从国际上看，荷兰、英国、美国、日本的崛起实践反复证明，通过跨越发展实现许多欠发达国家或地区的崛起是一种普遍的社会发展规律。从全国来看，随着东部率先、西部开发、中部崛起、东北振兴等战略的深化，各地都在你追我赶、竞相比拼，谁占据竞争优势，谁发展的速度快，谁占有的市场份额大，谁就掌握经济发展的主动权。西北地区要摆脱落后，实现崛起，在全国发展中拥有一席之地，必须形成自身的竞争优势，必须加快经济转型升级，这也是西北地区在未来激烈的区域竞争中赢得主动的根本出路。

5. 实现经济转型发展是西北地区助力国家长治久安的客观需要

西北地区在维持国家安定和稳定中具有十分重要的战略作用，是当前我国抵御国际恐怖主义、民族分裂主义和宗教极端主义渗透，维护祖国统一、领土完整和主权安全的战略区域。西北地区通过经济转型，增强产业整体竞争力，进而实现跨越发展，提高各族人民生活水平，促进社会和谐稳定，不仅有利于区域内部各省区实现经济发展和社会稳定，更关系到西部地区及国家的国防安全与战略利益。① 因此，实现西北地区经济转型发展，是促进各民族团结，维护祖国统一，保障国家安全，实现长治久安的迫切要求和必要保证。

（二）西北地区经济转型跨越发展与全面建成小康社会的关系

西北地区属于欠发达区域，是我国区域经济发展中相对落后的地区，也是我国全面建成小康社会的重点和难点区域，面临着自身加快经济转型跨越发展，进而与全国同步全面建成小康社会的历史重任。推进西北地区经济转型跨越发展，不仅对于西北地区经济发展和人民生活水平提升具有重要意义，而且对于缩小区域经济发展差距，促进区域之间经济互补和协调发展，对于巩固国防、加强民族团结以及保障我国经济社会健康稳定和可持续发展，都具有十分重要的意义。

1. 实现经济转型跨越发展是西北地区全面建设小康社会的必然选择和重要途径

当前，我国正在迈向全面建成小康社会的宏伟目标。在这个新时期里，伴随着全球经济联系的不断拓展和加深，以对外开放推进改革的深化和经济的全面发展，已成为新时期的重要特征；新技术革命正不断加速经济结构的战略性调整，实现物质文明、生态文明、精神文明协调发展，已成为新时期发展的内

---

① 杜荣坤：《略论"一带一路"与新疆——兼谈新时期我国的民族工作》，《西北民族论丛》，2016年第2期，第11~21页。

在要求。西北地区要在新时期顺应时代发展的新趋势和新要求，使改革取得新突破，发展取得新成效，形成开放新局面，就必须努力实现转型跨越发展。

伴随着世界政治和经济格局的变化，经济发展的国外环境日益动荡和复杂。目前，全球竞争格局逐步呈现出由单项竞争向综合竞争转变、由行政区域竞争向经济区域竞争转变的大趋势。西北地区经济欠发达，物质文明、精神文明和生态文明均相对落后，综合竞争能力不强，革命老区、民族地区、边疆地区是经济社会发展的塌陷区域，农村贫困问题也十分突出，在这种情况下，如果不加快实现跨越发展只会被时代发展甩得越来越远。西北地区要在日趋激烈的国际竞争中赢得主动，就必须因地制宜地探索可行的发展路径，不断增强综合竞争力，加快实现经济转型跨越发展。而同时，西北地区实现经济转型跨越发展也是全面建成小康社会和加快实现现代化的必然选择和重要途径。

2. 实现经济转型跨越发展是西北地区全面建成小康社会的现实需要

跨越发展是西北这样的经济欠发达地区经济发展的重要战略，正因为经济欠发达，因此有着转型跨越发展的必要性和紧迫性；正因为欠发达，因此也有着后发赶超的现实可行性。根据马克思主义哲学原理，这是事物发展的跳跃性规律的体现，有着一定的客观必然性。同时，生产要素配置的不平衡性，使区域跨越发展具有可能性：在整个生产力运行的开放系统中，由于生产要素发展及其流动具有一定的不平衡性，因此在特定的时期里，经济发展中的原有秩序就有可能被打破而促使跨越发展出现。生产力系统作为一个开放的大系统，不仅生产要素流动性极强，而且还通过渗透和吸收等相互影响，这为生产力发展中的时空变化提供了可能，从而推动出现跨越发展。

另外，事物发展中的主观能动性的存在决定了跨越发展具有可实现性。欠发达地区可以充分运用生产力的竞争性，将发展的压力转换为动力，发挥自己的超常的创造力，从而使得各生产要素进一步优化，最终实现后进对先进的赶超。通常来看，欠发达地区都有非常强烈的自我发展意识和自我发展意愿，这也为生产力发展的客观规律性和主观能动性的有机统一提供了现实条件。可见，跨越发展不仅有着很强的历史必然性，而且也是完全可能的和现实的。作为欠发达地区的西北地区，应当充分地发挥比较优势，不断创新发展思路，加快转型跨越发展，如此便有可能赶上全国现代化建设的步伐。

3. 实现经济转型跨越发展是西北地区应对新常态的现实选择

西北地区选择转型跨越发展的模式，是由当前所处的国际国内环境所决定的。从国际环境来看，一是科技革命迅速发展对世界社会经济格局和走向产生深远的影响。信息技术革命已使全球新兴产业、新兴业态、新兴产品如雨后春笋般不断涌现，经济增长动力发生巨大变化。二是虽然在金融危机后贸易保护主义抬头，但总的来看经济全球化趋势更加明显，各国经济贸易领域不断拓展深化，世界经济新秩序和新格局加快形成，为各国经济发展带来新的机遇与挑战。三是世界范围的产业结构大调整步伐加快，新的产业空间布局加速形成，新的产业分工格局加快调整，新兴产业迅速培育发展，传统产业加快变革，新产品的高科技含量持续增加，竞争环境更加激烈复杂。从国内看，"十三五"时期我国处于经济新常态，该时期以供给侧结构性改革作为发展的主线，主要任务是通过转变经济发展方式和实现经济结构战略性调整，使我国经济的发展环境、发展重点、发展方式等呈现出新的变化：一是经济发展的约束主体由资源供给向市场需求转变，结构调整由适应性调整向供给侧结构性改革的战略性调整转变，经济增长方式粗放型向集约型转变。二是市场对资源配置的决定性作用更加突显，遵循经济发展规律成为共识，经济体制改革更加深化，经济运行的市场化程度越来越高。三是参与国际经济竞争与合作的领域更加广泛和深入，当前，中国正处于体制变革的重要历史时期，各种新旧体制机制矛盾和问题突显，西北地区要顺利应对经济新常态，就必须加快经济转型跨越发展。

4. 实现经济转型跨越发展是西北地区同步实现全面建成小康社会的必然抉择

统计数据显示，中国 2010 年小康社会实现程度已达 80.1%，比 2000 年提高 20.5 个百分点，年均上升 2.05 个百分点，按此速度计算，全国将于 2020 年全面建成小康社会；另外，2010 年西部地区小康社会实现程度已达到 70.14%，比 2000 年提高 18.2 个百分点，年均上升 1.82 个百分点，按此速度，西部地区 2026 年将全面建成小康社会。但西北地区各省属于欠发达地区，2010 年，陕西、甘肃、宁夏、青海、新疆的全面建设小康社会实现程度分别为 74.6%、62.7%、66.2%、62.2%、62.2%，分别比全国平均水平低 5.5、17.4、13.9、17.9、17.9 个百分点，除陕西小康社会实现程度比西部平均水平高 3.2 个百分点以外，甘肃、宁夏、青海、新疆分别比西部平均水平低 8.7、5.2、9.2、9.2 个百分点。也就是说，其他省份在由小康向第三步战略目标迈进的时候，我们才刚由温饱进入小康。这样看来西北地区要在 2020 年与全国同步实现全面建成小康社会目标，就必须加快经济转型，实现跨越发展。西北地区除陕西外，甘肃、宁夏、青海、新疆四省的多项经济和社会发展指标与国内其他省份相比较，均处于落后状态，因此，西北地区也是全国同步小康的难点和短板所在，而其作为祖国大家庭的一员，其发展也是国家发展的重要组成部分。西北地区发展的兴衰成败，与国家的发展荣辱与共，因此西北地区全面建成小康社会的意义不仅在西北，还在于国家层面，不解决西北地区发展的问题，就不能实现全国全面建设小康社会的宏伟目标。所以，应把西北地区的发展放在国家发展的层次来对待，加快西北各省区全面建成小康社会的实现进度，不拖全国的后腿。但是，西北各省区距全面建成小康社会的标准差距很大，这就必然要求各省奋起直追，在实现经济转型跨越发展中缩小差距，必然要求经济发展、社会和谐、生活质量、民主法制、文化教育、资源环境六大方面的实现程度都要有较大的提升，才能实现与全国同步全面建成小康社会目标。

三、理论分析框架

基于全面建成小康社会的西北地区经济转型跨越发展，实质上就是要通过经济转型实现跨越发展，并确保2020年与全国同步实现全面建成小康社会奋斗目标，为进一步迈向现代化奠定扎实的基础。

（一）路径选择：七大转型

西北地区经济转型是经济转型在区域层面的具体体现，是国家整体经济转型的区域呈现。国际金融危机后，中国经济面临着转型发展的战略任务，西北地区经济转型既有经济结构矛盾突出、经济发展方式粗放、经济增长动力不足等普遍存在的转型压力，同时，基于独特区情，在转型初始条件、转型驱动因素等方面又有着自身的特殊性，因而西北地区经济转型有着特殊的内涵。我们认为，西北地区经济转型的内容有七个方面。

1. 思想观念转型

要摆脱长期以来形成的以要素投入促进发展，过度依赖资源、政府及传统路径的思维惯性，摒弃旧思维的束缚，提高经济转型和跨越发展的意识自觉和行为自觉。

2. 发展目标转型

要改变片面追求经济增长速度的传统目标，向兼顾经济增长质量和效益的方向转型；由以经济增长为单一目标向以人为本和经济、社会、生态全面协调可持续发展为目标转型。

3. 经济发展方式转型

由主要依靠大量资源投入的重工业为主导向低碳产业、循环经济转型；由主要依靠生产要素的大规模投入向主要依靠科技进步、自主创新、管理创新和劳动力素质提升转型；由主要依靠技术引进向实现自主创新转型；由产业发展的低度化向高度化转型。

4. 经济增长动力转型

改变传统的以投资为主要动力的经济增长方式，而向投资、消费和出口多元化协调带动转型，引资理念也相应地由重引资规模向重引资质量与结构转型。

5. 产业发展转型

第一，产业发展由失衡化和低度化向合理化和高度化转型；第二，产业组织结构由一元化和国有化为主向多元化和民营化转型；第三，产业技术由以国外引进为主以自主创新为主转型；第五，产品结构由低端化和大众化向高端化和品牌化转型；最后，产业发展模式由集聚化和线性化向集群化和循环化转型。

6. 体制机制转型

体制机制由单一的经济体制改革向全面深化体制机制改革转型，政府作为制度的供给者，必须要有"壮士断腕"之决心、自我否定的勇气，加快自身的体制改革，切实降低经济运行的制度成本，提高经济运行效率，为经济转型发展提供强有力的制度保障。

7. 城乡关系转型

要改变城乡二元经济结构，使城乡居民共享改革发展成果，构建和谐稳定的城乡关系，逐步向城乡一体化发展的方向转型。

（二）战略重点：七大战略

基于七个方面的转型发展，西北地区主要应在经济质量和效益上实现跨越发展，经济效益、社会效益和生态环境效益同步提高，人民生活水平显著提升，进而确保全面建成小康社会目标的实现，具体发展战略如下：

一是结构优化战略——结构的优化与升级问题，是关系到国民经济能否再上新台阶的关键所在。要实现西北地区经济的转型跨越发展，必须进一步推进产业结构、工业结构、所有制结构、城乡结构、地区结构等的深度调整，结构更加协调合理，才能形成联动发展的合力，实现跨越发展。

二是协调发展战略——协调发展是一个重要的理念，五大发展理念中，协调发展居于第二位。当前发展中出现的许多问题，都可归结为结构问题，而结构问题的核心是失调问题，解决这些问题必须采取协调发展战略，统筹兼顾经济、社会、资源、环境的全面发展，在重点领域、重点产业、重点区域实现经济转型和突破性发展的同时，实现区域经济协调发展、社会和谐稳定发展、资源环境可持续发展。

三是动能转化战略——经济社会发展需要持续不断地寻找新动力、释放新动能、实现新跨越，要实现西北地区跨越发展，必须增强三驾马车作用，不断优化投资结构，激发具有重要发展前景的生产能力，着力提升人民收入水平，扩大消费需求，优化进出口结构，增强出口创汇能力，由此实现新旧动能转换，激发经济发展新动力。

四是创新发展战略——经济全球化背景下，创新发展是实现经济发展的不竭动力。西北地区必须不断增强自主创新能力，通过完善科技教育体制，促进产学研的高度融合，着力强化人力资本，优化创新环境，努力完善区域创新体制，依靠创新意识、创新环境、创新能力和创新效率的提升，实现经济核心竞争力的跨越发展。

五是开放发展战略——西北地区深居内陆，但极具向西开放的战略优势。因此，西北地区要借力"华夏文明传承创新区""新丝绸之路经济带"建设和"西部大开发新十年"等契机，不断深化开放的广度和深度，加强沿边经济带发展，加强与周边国家和地区的合作和交流，发掘市场潜力，激发经济活力，通过经济开放促进跨越发展。

六是提质增效战略——提质增效就是要聚焦"质"和"效"的提升。"质"的发展即不能粗放发展，要走科学发展之路；"效"就是发展的实际效率和效益。西北地区要做到提质增效，就必须不断提高生产要素配置效率，通过优化结构、研发技术及管理创新，提高经济发展的投入产出水平，实现经济效益的跨越发展。

七是民生改善战略——民生状况对于一个区域的内需拉动、社会安全稳定等有着直接的重要影响，民生问题的不断改善，可以为经济发展提供最有效的动力。西北地区要实现跨越发展，须保证人民收入水平稳步提高，人民生活质量明显改善，物质和精神生活日益丰富，人民幸福感普遍增强，这也是经济发展的最终目标和归宿。

（三）实现目标：全面建成小康社会

通过"思想观念、发展目标、经济发展方式、经济增长动力、产业发展、体制机制、城乡关系"七大转型，西北地区实现"经济协调度、经济和谐度、经济增长动力、经济核心竞争力、经济开放度、经济效益、经济福利水平"七个方面的跨越发展，并在2020年如期与全国同步全面建成小康社会，为进一步实现现代化奠定牢固基础。

第五章　西北地区基本区情

西北地区属于中国的六大地理分区之一，包括新疆、青海、甘肃、宁夏、陕西五省（区），该区具有气候干旱、环境脆弱、人口稀少、经济欠发达等特点，但是西北地区区域面积广阔，占全国总面积的21%以上，且该区独特的自然条件造就了区域内经济林果的优良品质，促进了地区特色农牧业的发展。此外，西北地区蕴含了丰富自然资源，是"西部大开发"中最具开发潜力的区域，以资源为依托，西北地区已经形成一定规模的工业经济，其中，有色冶金、机械制造以及化工业在全国占有非常重要的地位。历史上，西北地区就是多民族的聚居区，是维护国家安全的战略纵深区，横亘西北地区的古代陆上丝绸之路也成为促进中西方经贸合作和文化交流的重要通道。随着国家"一带一路"倡议的提出，西北五省区更成为建设丝绸之路经济带的重要依托和国家向西开放的重要窗口和前沿。

一、经济概况

总体上来看，西北地区荒漠广布，人口密度小，交通基础设施建设较为落后，区域经济发展的基础比较薄弱，属经济不发达地区，但同时，该区域国际边境线长，面积辽阔，各种自然资源及文化资源非常丰富，又有利于发展边境贸易，被誉为我国经济发展中一个"大有希望，尚待开发的战略地区"。

在西北五省（区）中，陕西省经济最为发达，排在西北五省区的第一位。2016年，陕西省地区生产总值达到19165.39亿元，比2015年增长7.6%。第一、二、三产业分别增加1693.84亿元、9390.88亿元、8080.67元；第一产业增长4.0%，占生产总值的比重为8.8%；第二产业增长7.3%，占49.0%；第三产业增长8.7%，占42.2%。人均地区生产总值50395元，与上年相比，增长了7.0%。全年规模以上工业主营业务收入19776.76亿元，同比增长7.8%；利润1472.38亿元，增长8.8%；全年全社会固定资产投资20825.25亿元，较上年增长12.1%。2016年陕西省粮食播种面积306.873万公顷，比上年下降 0.2%。其中，夏粮 1221.60 千公顷，下降 0.3%；秋粮 1847.13 千公顷，下降 0.1%。

2016 年，甘肃省地区生产总值为 7152.04 亿元，比上年增长 7.6%。其中，第一产业、第二产业及第三产业的增加值分别为 973.47 亿元、2491.53 亿元和 3687.04 亿元，较 2015 年分别增长 5.5%、6.8%、8.9%，三次产业对地区生产总值的贡献率为 13.61%、34.84% 和 51.55%。人均地区生产总值为 27458 元，比 2015 年增长了 7.2%。全省 2016 年实现工业增加值 1729.0 亿元，比 2015 年增长了 6.4%，其中，规模以上工业企业实现的工业增加值共为 1565.4 亿元。全年固定资产投资共 9534.10 亿元，比 2015 年增长 10.5%。2016 年，甘肃省粮食播种面积为 281.39 万公顷，粮食总产量达到 1140.59 万吨，比 2015 年减产 2.6%。①

宁夏回族自治区是全国最大的回族聚居区，2016 年，全区实现地区生产总值 3150.06 亿元，比上年增长 8.1%，比全国高 1.4 个百分点。其中，第一、二、三产业增加值分别为 239.96 亿元、1475.51 亿元和 1434.59 亿元，分别比上年增长 4.5%、7.8% 和 9.1%。同年，人均国内生产总值 46919 元，比上年增长 7.0%。规模以上工业实现增加值 1039.7 亿元，比上年增长 7.5%。全年全社会固定资产投资 3835.46 亿元，比上年增长 8.6%。2016 年，宁夏粮食种植面积 1167.5 万亩，粮食总产量 370.61 万吨，比 2015 年减产 0.5%。

青海省位于青藏高原的东北部，2016 年青海全省实现地区生产总值 2572.49 亿元，比 2015 年增长 8.0%。其中，第一产业实现增加值 221.19 亿元，同比增长 5.4%，对地区生产总值的贡献率为 8.6%；第二产业实现增加值 1249.98 亿元，同比增长 8.5%，对地区生产总值的贡献率为 48.6%；第三产业增加值为 1101.32 亿元，增长 8.0%，对地区生产总值的贡献率为 42.8%。人均地区生产总值 43531 元，比 2015 年增长 7.1%。② 2016 年青海省实现工业增加值 901.68 亿元，比上年增长 7.4%。规模以上工业增加值比上年增长 7.5%。全年完成全社会固定资产投资 3533.19 亿元，比上年增长 10.9%。2016 年年末，全省牛存栏 483.68 万头，高原特色现代生态农牧业发展进入新阶段。

---

① 《2016 年甘肃省国民经济和社会发展统计公报》，2017 年 4 月 5 日，新华网甘肃频道 http://www.gs.xinhuanet.com/news/2017-04/05/c_1120750047.htm

② 《青海省 2016 年国民经济和社会发展统计公报》，2017 年 2 月 28 日，青海统计信息网 http://www.qhtjj.gov.cn/tjData/yearBulletin/201702/t20170228_46913.html

新疆维吾尔自治区位于中国西北边陲，是中国陆地面积最为广阔的省级行政区，陆地边境线长达 5600 多公里。2016 年，新疆全年实现地区生产总值 9617.23 亿元，比上年增长 7.6%。第一、二、三产业增加值分别为 1648.97 亿元、3585.22 亿元和 4383.04 亿元，分别比上年增长 5.8%、5.9% 和 9.7%。三次产业对地区生产总值的贡献分别为 17.1%，37.3% 和 45.6%。2016 年人均地区生产总值 40427 元，增长 5.3%。2016 年规模以上工业实现增加值 2440.94 亿元，增长 3.7%，实现利润总额 345.11 亿元，同比下降 4.8%。新疆全年完成全社会固定资产投资 9983.86 亿元，比上年下降 6.9%。

二、区位条件

西北地区主要位于长城和昆仑山—阿尔金山以北、大兴安岭以西，又称"西北五省"。历史上，该区域曾经是中国政治、经济和文化重心所在，也是华夏文明的发祥地之一。新中国成立初期至改革开放，由于国家对西北地区经济发展的政策倾斜以及大量资本、技术、人才等生产要素的投入，使得西北地区与东部发达地区经济发展水平的差距有所减小；但自改革开放以来，市场化配置资源的机制使生产要素不断向高回报区域流动[①]，东西部之间的发展差距持续拉大，并且由于资源禀赋及经济文化发展状况的差异，西北地区内部的经济差距也日益凸显。

（一）各省区区域设置及发展特征

陕西省共分为陕北、关中和陕南三大板块，铜川是陕北和关中的分界线，秦岭是关中和陕南分界线。陕北包括榆林、延安 2 个地级市，属于黄土高原区，资源丰富，但水资源成为制约该区发展的关键性因素；关中主要为西安、渭南、咸阳、宝鸡、铜川 5 个地级市，属于渭河平原地区，该区域地势平坦开阔，历史文化灿烂悠久，是整个陕西社会、经济、文化的核心区；陕南包括商洛、安康和汉中 3 市，属于秦巴山区和汉江盆地，该区域气候湿润，水资源丰富，生态环境良好，但受地势影响，交通欠发达。

甘肃省下辖 12 个地级市 2 个少数民族自治州，可分为陇中陇东黄土高原区、河西地区、甘南高原区和陇南山区，陇中陇东黄土高原区主要城市包括兰州、白银、定西、天水、平凉、庆阳、临夏等 7 个地级市，属于典型的黄土高

---

① 吴伟伟：《我国西北地区经济增长收敛性研究》，西北师范大学硕士学位论文，2007 年。

原地貌；河西地区主要包含酒泉、嘉峪关、张掖、金昌、武威5市，是中原通往西域的交通要道，依靠祁连山冰雪融水及内陆河流，形成独具特色的"绿洲农业"；甘南高原区和陇南山区分别包含甘南藏族自治州及陇南市，甘南州位于青藏高原东南缘，是黄河上游重要的水源涵养区，陇南市是甘肃省唯一属长江水系的区域，也是甘肃省内唯一拥有亚热带气候的地区。

宁夏回族自治区下辖5个地级市，22个县（区），根据自然特征及传统习惯，分为北部、中部及南部，其中，宁夏北部为川区，是中国古老的四大灌区之一，发展引黄灌溉，经济基础良好；中部及南部均为山区，该区域经济发展滞后，资源匮乏，生态环境脆弱，与北部发展差距较大。

青海省现辖西宁市、海东市2个地级市；黄南藏族自治州、玉树藏族自治州、海西蒙古族藏族自治州、果洛藏族自治州、海南藏族自治州、海北藏族自治州6个自治州，根据地貌特征，划分为祁连山地、柴达木盆地和青南高原三大板块，其中祁连山地除多年积雪区外，牧草生长良好，是优质的天然牧场，河谷两岸阶地宽阔，气候湿暖，是青海省主要的粮食产区；柴达木盆地地势平旷，矿藏资源丰富；青南高原是青海省最高的地区，山峰多常年积雪，冰川发育，是众多河流的发源地，其东北部地区气候温暖，灌溉便利，宜农宜牧。

新疆维吾尔自治区辖乌鲁木齐、克拉玛依、哈密、吐鲁番4个地级市，阿克苏、喀什、和田、塔城、阿勒泰5个地区（3个自治区辖地区，2个自治州辖地区），伊犁哈萨克自治州、博尔塔拉蒙古自治州、昌吉回族自治州、巴音郭楞蒙古自治州、克孜勒苏柯尔克孜自治州5个自治州。通常，新疆以天山为界，分为南疆和北疆，北疆为温带大陆性干旱半干旱气候，四季分明，开发较早，经济发展及生态环境均优于南疆；南疆属暖温带大陆性干旱气候，属多民族聚集区，民族文化浓郁。

（二）交通发展状况

交通运输是国民经济的重要组成部分，也是经济发展的基础保障和社会进步的关键标志。西北地区位于亚欧大陆腹地中心，随着西部大开发战略的实施，"一带一路"倡议下道路联通的推进，其交通运输条件得到明显改善，从而大大缩短了西北地区对外经济交流的时空距离，有效改善了其区位条件上的差距。全球经济一体化进程的加快，以及中国以积极姿态融入全球经济体系，使西北地区联系中西亚地区的区位优势日益凸显，从而有力地促进了西北地区的周边贸易。

甘肃位于西北地区的中心区域，是中原地区联系内陆乃至中西亚地区的桥梁和纽带，是举世闻名的古丝绸之路必经之地。当前主要铁路干线有陇海线、兰新线、包兰线、兰青线、干武线、宝成线，宝中线、西平线，形成了以陇海兰新为主干，其余支线交错分布的鱼刺状分布格局；2015年年底，甘肃省铁路营运里程达到了4245公里，其中快速铁路达到860公里，铁路网密度达到了91公里/万平方公里。[①] 公路主要包括京藏公路、青兰公路、连霍公路、福银公路、兰海公路等10条国家高速公路；G109、G211、G212、G213、G215、G227、G310、G312、G316等9条普通国道及兰州机场高速公路、兰郎高速公路等多条重要省级高速公路；全省公路总里程达到14万公里，公路网密度达到32.75公里/百平方公里。[②] 民航开辟了以兰州为中心，通往北京、天津、上海、南京、杭州、广州、成都、西安、昆明、乌鲁木齐、敦煌、庆阳等全国主要城市及省内主要旅游胜地的航空网；新建金昌金川机场、张掖军民合用机场、甘南夏河机场等，兰州中川机场和庆阳机场的扩建工程完成，机场体系正在进一步完善。[③] 总之，甘肃将成为横跨亚欧大陆桥的中转站，西部物流集散基地，为中国商品开拓欧洲市场提供更为便捷的条件。

陕西省地扼东西，兼跨南北，战略地位一直以来都十分重要。近现代，随着陇海—兰新铁路的建成通车，中国东西部的物资、技术和文化交流更加频繁，陕西正处于逐步形成的海兰新经济地带中的重要一环。除陇海铁路外，陕西省已经建成的铁路干线包括郑西、西宝、大西、宝兰等高速客运专线，以及宝成、宝中、宁西、西康、襄渝等普速铁路线，使陕西成为沟通西北与西南、华中地区经济技术交流和物资交流的中转环节；2015年年底，铁路营业总里程达4900公里，在中国各省市中居于前列。陕西省重要的公里干线包括西宝高速、西康高速、西铜高速、京昆高速公路、包茂高速、青银高速、福银高速、沪陕高速等，2015年年末，陕西省公路总里程达17万公里，密度为82.7公里/百平方公里。2016年西安航空运输市场持续健康发展，实现运输起降290194架次，旅客吞吐量36994359人次，货邮233779.3吨。总之，陕西由于其所处的重要地理位置及现代交通运输业的高速发展，为陕西经济的快速发展提供了有力保障，加上陕西丰富的能源资源、旅游文化资源和比较雄厚的科

---

① 《甘肃省"十三五"综合交通发展规划》，2017年2月10日，甘肃省交通运输厅网站 http://www.gsjt.gov.cn/glgh/9043.html

② 《甘肃省"十三五"综合交通发展规划》，2017年2月10日，甘肃省交通运输厅网站 http://www.gsjt.gov.cn/glgh/9043.html

③ 甘肃省人民政府办公厅关于印发《甘肃省"十三五"综合交通发展规划》的通知，2017年2月10日，http://www.gansu.gov.cn/art/2017/2/8/art_4786_299601.html

技实力，在"一带一路"倡议的引领下，经过艰苦努力，陕西的经济必将持续高速发展。

青海位于中国经济版图的边远地带，但在中国与中亚经济板块中，青海却处于中心位置。历史上，青海是古丝绸之路和唐蕃古道的必经之地，是连接中国与漠北、西域、印度等地进行商贸交流、文化交流的重要中转站。目前，青海已建成的铁路有兰青铁路、青藏铁路、兰新铁路第二双线，规划建设中的铁路还有川青铁路、格敦铁路、格库铁路、西张铁路、成西铁路、柳格铁路、哈木铁路等，这些重要铁路工程，建成后不仅可以为青海共建丝绸之路经济带提供完善的交通网络，还可能改变西北传统交通格局。公路方面，过境国道主要有109国道、214国道、215国道、227国道、315国道等。2015年年末，青海省内实现西宁至六州州府通高速公路，全省公路里程达到7.56万公里。青海民用航空已开通西宁至北京、西安、广州、重庆、深圳、拉萨、南京、沈阳、呼和浩特、青岛、格尔木、成都、武汉、上海、杭州、乌鲁木齐等地的航班。青海现有西宁曹家堡机场、格尔木机场、玉树巴塘机场等，"一主六辅"的民用机场格局逐步形成。

新疆维吾尔自治区地处欧亚大陆腹地，与8个国家陆路相接，因此，新疆已成为中国大陆进入中亚地区的重要门户。铁路建设加快推进，新疆主要的铁路干线有兰新铁路、南疆铁路、喀和铁路、精伊霍铁路、奎北铁路等，在建的有哈额铁路、库俄铁路、哈罗铁路、格库铁路、阿富准铁路、南疆铁路至兰新铁路联络线、新疆博州支线、克塔铁路铁厂沟至塔城段、乌鲁木齐新客站及相关工程、乌鲁木齐铁路枢纽乌西至乌北联络等；2014年，兰新铁路第二双线全线贯通，新疆铁路迈向高铁时代；截至2016年年末，新疆铁路营业里程达5868公里。公路建设方面，新疆境内主要的公路干线有连霍高速（G30）、京新高速（G7）、吐和高速（G3012）、乌奎高速（S115）、乌昌快速（S114）、吐乌大高等级公路（G216）、奎塔高速（G3015）、麦喀高速（S310）、奎克高速（G3014）、喀伊高速（G3013）等，新藏公路等重要国家边防公路整治也全面完成。截至2015年年底，全疆公路总里程达到17.6万公里，高速公路通车里程达到4316公里，除和田以外的所有地州市政府所在地以及兵团师部驻地都已经实现了高速公路全覆盖。[①] 民航机场建设方面，"十二五"末全疆民用运输机场达到22个（含在建），新疆也为国内拥有机场数量最多的省份。目

---

① 《新疆综合交通运输"十三五"发展规划，新疆维吾尔自治区交通运输厅》，2017年2月10日，甘肃省交通运输厅网站 http://www.xjjt.gov.cn/article/2015-11-23/art84330.html。

前，乌鲁木齐机场实际运营航线106条，与12个国家、21个国际城市和48个国内城市实现机场通航；其中乌鲁木齐地窝堡国际机场已经成为中国第四大国际航空港，2016年，旅客吞吐量达20200767人次。[1] 总之，随着新疆交通的不断发展和完善，新疆将发挥越来越重要的作用，成为外资企业进入中亚市场的前沿地或基地。

宁夏回族自治区地处中国西部的黄河上游地区，具有古老悠久的黄河文明。宁夏境内主要铁路干线有包兰铁路、宝中铁路、干武线、太中银等；截至2015年年末，宁夏铁路营业里程达1289.5公里。宁夏境内有109国道，307国道，211国道，309国道，110国道，312国道等6条国道，还有青银高速、京藏高速、福银高速、青兰高速、定武高速、银古高速等多条高速公路，2015年年底，全区公路总里程达到3.3万公里。宁夏当前已建成机场有银川河东国际机场、中卫香山机场、原六盘山机场等，河东机场位于银川市东南，从这里有民航班机可直达北京、香港、上海、广州、深圳、南京、沈阳、天津、昆明、重庆、武汉、烟台、成都、西安、太原、乌鲁木齐、武汉、济南、杭州、郑州、青岛、长沙、敦煌等城市，2016年旅客吞吐量达6341479人次。

三、资源禀赋

经济发展离不开生产要素供给，每个区域的这种生产要素的供给能力通常称为该区域的资源禀赋，它是区域经济发展中最重要因素之一，对于区域产业布局、经济结构等都有着重要的甚至是决定性的影响和基础性作用。总体来看，西北地区有着比较丰富的土地、能源和矿产资源，资源组合和匹配条件比较好，储量也比较大，具有非常大的开发价值和开发潜力，其土地、煤炭、石油、天然气、有色金属和盐湖资源等在全国占有重要地位，因此，西北地区也是保障我国经济持续稳定快速发展的重要战略性后备基地之一。[2]

（一）能源资源

西北地区是中国能源资源相对丰富的区域，也是我国重要的能源基地，表5-1是西北五省区所具有的主要能源，数据表明西北地区石油、天然气、煤

---

[1] 《新疆综合交通运输"十三五"发展规划》，2017年2月10日，新疆维吾尔自治区交通运输厅网站 http://www.xjjt.gov.cn/article/2015-11-23/art84330.html

[2] 李炎、何继想：《资源配置与区域文化产业发展》，《同济大学学报（社会科学版）》，2015年第26期，第39~46页。

炭等能源资源的储量在全国占有绝对优势,西北五省区中,三种主要能源资源的储量分别占全国总储量的34.04%、37.99%和15.07%。分省区来看,新疆的石油、天然气、煤炭储量均居于西北五省区之首位,储量分别为60112.7万吨、10202.0亿立方米及158.7亿吨,油气勘探开发潜力巨大,发展潜力及远景均十分可观;陕西省居于第二位,石油、天然气、煤炭储量分别为38445.3万吨、7587.1亿立方米和126.6亿吨,陕西省能源资源主要分布在陕北和渭北;甘肃省石油、天然气集中分布在河西玉门和陇东长庆两油区,煤炭资源集中分布于庆阳、华亭、靖远和窑街等矿区,三者的基础储量分别为24109.8亿吨、272.0亿立方米和32.5亿吨;青海省油气资源主要分布在柴达木盆地西北部,该省也是全国四大气区之一,2015年青海省石油、天然气、煤炭储量分别为7955.8万吨、1396.9亿立方米和12.5亿吨;宁夏的石油、天然气等资源主要分布在宁夏东部地区,但大多属中小型油(气)田,煤炭预测储量为2020多亿吨,居全国第六位,有含煤地层分布的面积约占宁夏国土总面积的1/3,主要有贺兰山、宁东、香山和固原四个含煤区。[①]

表5-1 西北五省区主要能源资源基础储量

地区	石油(万吨)	天然气(亿立方米)	煤炭(亿吨)
陕西	38445.3	7587.1	126.6
甘肃	24109.8	272.0	32.5
青海	7955.8	1396.9	12.5
宁夏	2370.6	272.9	37.4
新疆	60112.7	10202.0	158.7
西北	132994.2	19730.9	367.7
全国	349610.7	51939.5	2440.1
占全国比重	38.04%	37.99%	15.07%

此外,西北地区还有丰富的太阳能、风能等可再生的新能源资源。其中,甘肃省风能资源的总储量约为2.4亿千瓦,风力资源位居全国的第5位,可利用和季节可利用区面积约为17.7万平方公里,因此河西的瓜州素被冠以"世界风库"之名;甘肃也是中国太阳能最为丰富的三个区域之一,各地年太阳总

[①] 宁夏回族自治区简介,2019年11月18日,360百科 https://baike.so.com/doc/6121250-6334400.html

辐射值大约为 4800～6400 兆焦/平方米。[①] 青海省也蕴藏着极为丰富的光能资源，柴达木地区更是著名的阳光地带，年日照时数为 3533.9 小时；青南高原的中西部、柴达木盆地，以及青海湖周围和海南台地南部地区风能资源十分丰富，全年风能可用时间在 5000 小时以上。[②] 新疆风能约占全国风能资源总储量的 20.8%，位居全国第 2 位，具有重要的开发价值，太阳能资源也十分丰富，这些都是西北地区实现经济转型跨越发展重要的支撑要素。

（二）矿产资源

西北地区部分矿产资源比较优势突出，由表 5-2 可以看出，西北地区的铁矿、锰矿、铬矿等黑色金属矿产，以及铜矿、铅矿、锌矿等有色金属矿产在全国均占有重要地位，分别占全国总储量的 7.5%、4.0%、45.1%、14.9%、15.5% 和 17.2%。当前，甘肃已探明储量的矿产有 81 种，镍、钴、硒、铂族等金属矿产储量均居全国首位；新疆发现的矿产有 138 种，其中金、铬、镍、铜、盐类矿产、稀有金属、建材非金属等储量丰富。陕西省已探明的矿产资源储量潜在价值约 42 万亿元，占到全国的 1/3，主要包括多种黏土类及盐类矿产、建材矿产、有色金属、黑色金属、贵金属，以及各类非金属矿产。宁夏主要优势矿产有石膏、石灰岩、石英岩及黏土，金属矿产较稀少。青海省已发现各类矿产 127 种，矿产保有储量潜在价值 17 万亿元，占全国的 13.6%，盐湖类矿产资源储量丰富，且在全国占有重要地位。可见，西北地区矿产资源丰富，是我国国民经济发展的重要战略后备基地之一。

表 5-2 西北五省区主要矿产资源基础储量

地区	铁矿（亿吨）	锰矿（亿吨）	铬矿（亿吨）	铜矿（亿吨）	铅矿（亿吨）	锌矿（亿吨）
陕西	4.0	288.4	—	20.0	36.6	97.4
甘肃	3.3	259.0	141.2	138.6	82.5	316.7
青海	—	—	3.7	20.6	48	104.5
宁夏	—	—	—	—	—	—

[①] 岳立、赵婷：《甘肃省碳足迹动态变化研究》，《石家庄经济学院学报》，2012 年第 3 期，第 50～53 页。

[②] 康玲、马长虎、王文虎，等：《立足青海资源优势 大力发展清洁能源》，《青海统计》，2017 年第 8 期，第 19～30 页。

续表

地区	铁矿（亿吨）	锰矿（亿吨）	铬矿（亿吨）	铜矿（亿吨）	铅矿（亿吨）	锌矿（亿吨）
新疆	8.3	562.4	44.7	226.7	102.6	188.3
西北	15.6	1109.8	189.6	405.9	269.7	706.9
全国	207.6	27626.2	419.8	2721.8	1738.8	4102.7
占全国比重	7.5%	4.0%	45.1%	14.9%	15.5%	17.2%

表5-3反映的是当前西北五省区的优势资源、主导产业和在此基础上形成的产业集群。从表5-3中可以看出，西北五省区的能源资源禀赋优势比较明显，以此为依托，形成了西北五省区的主导产业，因此，能源禀赋是西北地区社会经济发展的基础所在。当前，我国西北地区各省份的重化工业发展均呈现良好的态势，并逐步形成一定规模的产业集群，这与该区的资源优势密不可分。尤其是新中国成立初期，国家对西北地区投入的倾斜，加上西北地区突出的资源禀赋条件，使得西北地区的经济一度取得飞速发展，同时初步形成了一批在全国占据重要位置且极具战略意义的特色产业基地，这为后续西北地区城镇建设及经济发展奠定了坚实的基础，为西部大开发等战略实施提供了前提和保障。

表5-3 西北五省区的优势能源、主导产业和产业集群[①]

省区	优势能源	主导产业	产业集群
陕西	煤炭、石油、黑色有色金属、非金属	采煤业、钢铁业、化工业、机械制造业、电子信息业、家电业	装备制造业产业集群，生物医药产业集群，陕北煤化工和油气及盐化工产业集群，软件产业集群，渭南果业产业集群等
甘肃	黑色有色金属、非金属、煤炭、石油	冶金业、石油化工业、机械制造业、军工产业、建材业、电力产业、航空航天产业	石化产业集群，有色金属产业集群，食品产业集群，机电产业集群等

---

① 周一欣：《西北地区工业产业结构趋同问题研究》，兰州大学博士学位论文，2012年5月。

续表

省区	优势能源	主导产业	产业集群
青海	石油、盐	石渍开采业、冶金业、电力产业、建筑业	盐化工产业集群,油气化工延伸产品与盐湖资源相结合的精细化工产业集群,有色金属冶炼产业集群,高原特色农产品产业集群
宁夏	煤炭、非金属矿	煤炭业、电力产业、石渍化工业、有色金属冶炼业、轻纺	能源化工产业集群,有色金属产业集群,枸杞种植、加工产业集群,马铃薯淀粉加工产业集群
新疆	煤炭、石油、天然气、金属矿	石油化工业、天然气开采业、采煤业	石油、石化产业集群,煤电、煤化工产业集群,优质棉加工产业集群,矿产资源深加工产业集群

（三）水资源

甘肃省水资源主要分属黄河流域、长江流域，以及黑河、石羊河等内陆河流域。全省水资源总量约为 $2.95 \times 10^{10} m^3$，其中地表水资源量为 $2.86 \times 10^{10} m^3$，地下水资源量为 $8.7 \times 10^8 m^3$，人均水资源量为 $1.2 \times 10^3 m^3$。甘肃省河流年总径流量为 $4.16 \times 10^{10} m^3$，具有居全国第 10 位的水力资源，其蕴藏量约 $1.7 \times 10^7 kW$，其中能够利用开发的水力资源为 $1.1 \times 10^7 kW$，每年可发电 $4.9 \times 10^{10} kW \cdot h$，因此，甘肃省总体具有优越的水资源开发条件。

陕西省水资源总量为 $4.2 \times 10^{10} m^3$，水系分属黄河、长江两大流域，其多年平均降水量为 702.1mm。陕西省水资源量介于 $1.68 \times 10^{10} \sim 8.4 \times 10^{10} m^3$ 之间，丰水年和枯水年水资源量比值大于 3.0。水资源的分布在空间上和时间上都存在严重的不均衡现象：年降水量的 60%~70% 集中分布在 7—10 月份，通常会引发洪涝灾害，且使春夏两季旱灾频发；在空间上，属于长江流域的秦岭以南地区水资源丰富，以占全省 36.7% 的国土面积拥有全省 71% 的水资源量；然而，属于黄河流域的秦岭以北地区水资源相对匮乏，63.3% 的国土面积仅占全省的 29% 水资源量。[1]

宁夏水资源总量相对较小，其大气降水、地表水和地下水都十分匮乏，且

---

[1] 《水资源》，2016 年 12 月 28 日，陕西省人民政府网 http://www.shaanxi.gov.cn/shenqing/szy/163.htm

时空分布不均。黄河干流在宁夏的过境流量为 $3.25\times 10^{10}\,m^3$，能够为宁夏提供 $0.4\times 10^{10}\,m^3$ 的水资源量。其水力资源蕴藏量约为 $2.0\times 10^6\,kW$，但是绝大部分分布在宁夏北部的引黄灌区，中部山区严重缺水，南部地区属于半干旱半湿润气候区，发育的河系相对较多。[①]

青海省水资源相对丰富，拥有黄河、通天河（长江上游）、扎曲（澜沧江上游）、湟水、大通河等 270 多条水量丰沛的河流，其中有 108 条河流水力资源量在 $1\times 10^4\,kW$ 以上，且河流流经之处具有较大且集中的落差。目前已有 178 处水电站坝，总装机容量 $2.2\times 10^7\,kW$，位居全国第 5 位和西北地区首位。青海省境内的河流流量达到 $0.5\,m^3/s$ 的干支流有 217 条，累计总长度约 $1.9\times 10^4\,km$。[②]

新疆拥有 500 多条冰川积雪孕育的河流，大多位于天山南北两侧，其中塔里木河、伊犁河、额尔齐斯河、玛纳斯河、乌伦古河、开都河等 20 多条河流为新疆地区的较大河流。众多河流的发育，形成了沿岸大面积的绿洲。另外，新疆拥有总面积达 9700 平方公里的湖泊。新疆境内冰川广布，据统计共有 1.86 万余条较大冰川，占全国冰川面积的 42%。

（四）土地资源

陕西省土地类型复杂多样，山地、丘陵、平原、川地、沙地、沼泽等均有广泛分布，但土地资源总体上表现出山地多而川原少的特点。第二次全国土地调查数据显示，陕西省耕地、园地、林地、草地面积分别为 $4.0\times 10^6\,hm^2$、$0.85\times 10^6\,ha$、$1.1\times 10^7\,ha$ 和 $2.9\times 10^7\,ha$，全省土地资源中，海拔 800 米以下的川原仅占总面积的 10%。陕西省的地带性土壤主要有栗钙土、黑垆土、褐土、黄褐土和棕壤等，但是在长期耕种和侵蚀的作用下，已演变为复杂多样的农业土壤。[③]

青海省土地总面积 $7.2\times 10^5\,km^2$，居全国第四位；全省耕地、草地、林地、园地及未利用地面积分别为 $5.5\times 10^5\,hm^2$、$4.0\times 10^7\,hm^2$、$2.7\times 10^6\,hm^2$ 和 $2.8\times 10^7\,hm^2$，其中，可利用牧草分布最为广泛，占国土总面积的 56.2%。

[①]《宁夏回族自治区资源概况》，2009 年 12 月 17 日，中国网 http://www.china.com.cn/aboutchina/zhuanti/09dfgl/2009-12/17/content_19081129_3.htm

[②]《地理和自然状况》，2016 年 11 月 9 日，青海省人民政府网 http://www.qh.gov.cn/dmqh/system/2015/06/02/010166083.shtml

[③] 陕西土壤类型及特征，2019 年 11 月 18 日，百度文库 https://wenku.baidu.com/view/66d085ea9b6648d7c1c7468a.html

青海省土地资源利用现状及类型结构主要表现出畜牧业用地面积大、农业耕地少、林地比重低的总特点。[①] 而除此之外，分布于柴达木盆地和青南高原的土地资源，大部分因为自然条件恶劣、海拔较高而难以开发利用。

甘肃省国土资源总面积为 $4.3 \times 10^5 \ km^2$，在全国居于第 7 位。甘肃省的土地资源主要表现出山地多、平地少的总特点，全省山地和丘陵占总面积的 3/4 以上，全省土地利用率仅为 56.93%。甘肃省耕地、林地和草地面积分别为 $5.4 \times 10^6 \ hm^2$、$6.1 \times 10^6 \ hm^2$ 和 $1.4 \times 10^7 \ hm^2$，其中，甘肃省草地资源面积占 33.38%，因此，甘肃也是中国主要的畜牧业基地之一。

新疆国土总面积 $1.7 \times 10^6 \ km^2$，其面积约占全国总面积的 1/6。其中农用地、建设用地、未利用地面积分别为 $6.3 \times 10^7 \ hm^2$、$1.3 \times 10^6 \ hm^2$ 和 $1.0 \times 10^8 \ hm^2$，分别占土地总面积的 37.89%、0.75% 和 61.36%。农林牧宜用土地面积为 $6.3 \times 10^7 \ hm^2$，占全国的 1/10 以上，还有 $1.5 \times 10^7 \ hm^2$ 的后备耕地资源，在全国居于首位。新疆还是全国五大牧区之一，"三山"（阿尔泰山、昆仑山、天山）和"两盆地"（塔里木盆地、准噶尔盆地）周围有大面积优良牧场，牧草地总面积 $5.1 \times 10^7 \ hm^2$，居全国第三位。[②]

（五）动植物资源

青海省共有陆栖脊椎动物 270 余种，占全国的 12.5%，珍贵的稀有动物有：棕熊、雪豹、藏羚羊、白唇鹿、岩羊等。青海的野生植物约有 2000 多种，主要有雪莲、冬虫夏草、甘草等。新疆的野生动植物超过了 4000 种，品质优异物种也比较多。另外，新疆作为多种果树的原始起源中心和次生中心，果树和天然药物资源丰富，比如：麻黄、雪莲、罗布麻等分布广泛，品质极好。甘肃境内有野生动物 650 余种，其中，大熊猫、麝、金丝猴等稀有珍贵动物就达 90 余种，野生植物种类繁多，比较名贵的有发菜、蕨菜、木耳等，此外还有当归、大黄、党参等药材品种 9500 多种，在全国居于领先位置。陕西现在还有野生动物达 600 余种，其中珍稀动物达 69 种，金丝猴、大熊猫、朱鹮、羚牛等被列为国家一级保护动物。有野生种子植物 3300 多种，占全国的 10% 左

---

① 青海（中华人民共和国省级行政区），2019 年 11 月 18 日，百度百科 https://baike.baidu.com/item/青海/31638

② 西部 12 省、自治区、直辖市简介，新浪博客 http://blog.sina.com.cn/s/blog_57b8aebb0100oxb8.html

右。中华沙棘、猕猴桃、富硒茶、绞股蓝等资源极具开发价值。[①] 宁夏境内现在有野生动植物共约 2267 种，属国家保护的珍贵稀有动物达到 54 种，占到全区野生动物种类的 12.3%，其中中华秋沙鸭、黑鹳、金钱豹等 9 种为国家一类保护动物，贺兰山是宁夏野生动植物主要栖息地和生长地。宁夏野生植物中，国家重点保护植物有中甘草、麻黄、沙芦草、沙棘、沙冬青、裸果木和胡杨等。

四、历史人文

西北地区具有悠久的历史和灿烂的文化，区内少数民族众多，历史人文资源灿烂丰富。该区既有维吾尔族、哈萨克族、回族、藏族、裕固族、保安族、东乡族等浓郁的民族风情，又有众多的历史文化名城和文物古迹。同时，在长达数千年中国与中亚、西亚及其广大地区的政治、经济、文化交往中，中国西北地区始终处于最前沿，历史的积淀也最为深厚。西北地区在推进"一带一路"建设中，更应充分发挥西北地区独有的民族跨境而居、信仰相同、风俗相近、语言相通、历史交往渊源深厚等独具特色的民族和人文优势。

甘肃自古以来就是各民族繁衍生息的地方。甘肃少数民族与其他省区少数民族的风俗习惯、宗教信仰、历史文化传统有很多相同的地方。当前，55 个民族聚居在甘肃 45 万平方公里的土地上，形成了甘肃开放而独特深厚的人文优势，为甘肃创建全国华夏文明保护、传承和创新示范区奠定了雄厚的基础。另外甘肃境内有 230 多处景区、景点和文物古迹遗址。厚重的敦煌文化、丝路文化、黄河文化等资源享誉中外，每年都吸引着成千上万的中外游客到甘肃旅游、探险和观光。

陕西是中华民族及华夏文明的重要发祥地之一。80 万年前这里就有蓝田猿人居住生活。历史上长达 1000 余年的时间里，先后有十余个政权在陕西地域内建都，留下了丰富的历史文化遗存。陕西省作为我国历史上建都朝代最多、时间最长的省份，长期成为中国政治、经济、文化中心，为我们留下了大量可贵的历史文化遗产，省会西安更是被誉为我国著名的"六大古都"之一。[②] 2000 多年以前的古"丝绸之路"即以古长安（今西安）为起点，也使得

---

① 《陕西省概况》，2009 年 11 月 27 日，中国网 http://www.china.com.cn/aboutchina/zhuanti/09dfgl/2009-11/27/content_18966676.htm

② 2011 年西安市概况，2011 年 11 月 2 日，百度文库 https://wenku.baidu.com/view/2c8268728e9951e79b8927f0.html

陕西成为全国历史上对外开放的发源地和中西商贸早期的集散地。目前，立足于优越的历史人文资源，陕西已建成以秦风、唐韵为主题形象的临潼旅游景区；以全国红色旅游和北方区域旅游首选目的地为特色的延安旅游景区；以奇险山岳观光、历史宗教文化、休闲健身娱乐为一体的华山旅游景区；以安置佛指骨舍利而称为佛教圣地的皇家寺庙法门寺旅游景区；以国家公园为品牌的秦岭生态旅游景区；以历史文化、地方文化、民俗文化为特色的国家历史文化名城韩城古城旅游区。随着历史的发展和文化的积淀，陕西省形成了古朴独特的民俗民风和民间艺术，其中代表性的有户县农民画，西府的泥塑、彩绘、草编、木版和年画，蒲城的焰火，安塞的腰鼓，以及陕北的秧歌等，而剪纸艺术等更为突出。[1]

青海地处长江黄河源头，被誉为华夏文明的摇篮，研究表明，青海的开发历史在6000年以上。青海文化具有多元性特点，只是由于自先秦以来，先后有羌族、鲜卑族、蒙古族、汉族等民族繁衍生息于这一区域，形成了丰富的民族风情和习俗，也形成了该区域独特的宗教文化。青海有旧、中、新石器时代的古文化遗址，宗教建筑群十分丰富，部分宗教遗存有着非常高的宗教地位和影响力，此外，历代的文物古迹、动物和宗教岩画、独特的民歌"花儿"、民间佛教绘塑"热贡艺术"、藏族卷轴画唐卡、酥油花和民间刺绣艺术等都具有极高的文化和艺术价值[2]，这些都是青海历代人民智慧的结晶，依托藏族文化及高原风光，形成了吸引中外游客的高原旅游品牌。

新疆古称西域，用全球化的视角来审视新疆，它地处欧亚大陆腹地，亚洲的中心，具有特殊性，所以自古以来东西方人种、文化、民族在这儿交汇，因此新疆自古以来就是多民族活动的重要区域。新疆自然和人文景观都十分丰富，在《中国旅游资源普查规范》的资源分类中，新疆至少拥有68种基本类型中的56种，居全国首位。新疆也是一个多民族聚居区，其具有浓郁独特民族风情的人文景观深受中外游客的喜爱。在新疆5000多公里的古丝绸之路的南、北、中三条干线上，留存着众多古城池、古墓葬、千佛洞、古屯田遗址等人文景观，其中，交河故城、高昌故城、楼兰遗址、克孜尔千佛洞、香妃墓等

---

[1] 刘媛洁：《陕西文化资源在美术教育中的开发利用》，《飞天》，2011年第22期，第105～106页。

[2] 青海（中华人民共和国省级行政区），2018年11月18日，百度百科 https://baike.baidu.com/item/青海/31638

蜚声中外，被誉为"世界古城博物馆"，极具历史艺术和科学研究价值。[①] 古老的西域文化，举世闻名的陆上丝绸之路，东、西方文明成果交汇的大动脉，使新疆成为世界文明交流的枢纽，孕育了灿烂的西域文明并影响至今，这是独一无二的文化优势。

宁夏是中华远古文明的发祥地之一，它处于"丝绸之路"东段北道的重要节点，历史上曾是东西部交通贸易的重要通道。研究表明，3万年前就有人类在宁夏繁衍生息，1038年李元昊在宁夏建立西夏王朝，并形成了独特的西夏文化。宁夏主要少数民族有维吾尔族、回族、哈萨克族、东乡族、保安族和撒拉族等，他们信奉的主要是伊斯兰教。宁夏境内有非常多的历史遗迹，标志性的有中国最早发掘的旧石器时代文化遗址水洞沟，以及中国现存最密集的帝王陵区，被世人称为"东方金字塔"的西夏王陵，此外还有位于北方游牧文化与中原文化的交融地带六盘山风景区等。

五、生态环境

西北地区地处欧亚大陆的内陆腹地，它的自然环境非常严酷，干旱少雨，水资源严重匮乏，土地盐碱化，沙漠广布，植被稀疏，动植物生存环境恶劣等就是它的基本特征。2016年年末，青海省总共有11个自然保护区，面积共约2177万公顷，森林覆盖率达6.3%，国家重点公益林管护面积超过496万公顷，天然林保护面积超过367万公顷。[②] 甘肃省自然保护区达到60个，还有国家地质公园10个，地质遗迹保护区36个，森林面积507.45万公顷，覆盖率为11.28%；宁夏有14个自然保护区，分为自然生态系统类和自然遗迹类两个类别，2016年累计完成营造林121万亩，全区的森林覆盖率达到了12.63%；新疆维吾尔自治区区级以上的自然保护区共有29个，总面积达1963.75万公顷，2016年完成造林面积21.60万公顷，森林覆盖率为4.9%。陕西省有林业自然保护区52个，林业自然保护区面积1100千公顷，占国土面积5.3%。2016年林地保有量12367.9千公顷，森林覆盖率达43.06%。

虽然西北各省区开展退牧还草、退耕还林等多项生态工程，但由于西北地区本身的自然生态环境脆弱，加上日益频繁的人类活动，导致西北地区的生态

---

① 刘晓亮、金海、刘东伟：《新疆热点旅游区空间结构研究》，《绵阳师范学院学报》，2011年第30期，第105~111页。

② 《青海省2016年国民经济和社会发展统计公报》，2017年3月15日，中国统计信息网http://www.tjcn.org/tjgb/29qh/34861_7.html

环境呈现出局部好转、但整体恶化的趋势，生态环境问题日益严峻。主要表现在以下几个方面：

（一）水土流失日益严重

黄土高原是西北地区水土流失最为严重的区域，该区域水土流失面积占黄土高原上中游面积的三分之二。黄土丘陵和黄土高原沟壑区侵蚀模数为每平方公里 0.5 万~1 万吨，部分地区甚至高达 2 万~3 万吨。黄土高原东区和西区是水土流失最为严重的地区，其中东区面积约 12 万 km^2，年平均产沙量为 14 亿吨；西区面积约 3 万 km^2，年平均产沙量约 2 亿吨。

（二）土地沙漠化加剧

沙漠化问题在我国西北地区由来已久，西北五省区沙漠化土地都有大面积的分布。陕西北部以及宁夏东南部的荒漠草原区和狼山—贺兰山—乌鞘岭以西的大部分地区都存在严重的土地沙漠化问题。风沙肆虐的环境问题对当地人类的生存和发展带来巨大的灾害。近年来，由于人类活动的加剧和受全球气候变化等因素影响，一些地区植被覆盖率降低、草场退化等一系列沙漠化问题加剧。沙漠化问题研究专家的报道显示，目前西北地区的沙漠化土地面积仍然以 $3000km^2$/年的速度增加。

（三）土壤次生盐渍化日益蔓延

土壤盐渍化及其蔓延与气候干燥、蒸发强烈、地势低洼、排水困难、地下水位高等自然因素，以及管理不善等外部因素密切相关。西北地区的盐渍化面积目前已达到 200 多万公顷，是全国总的土地盐渍化面积的 1/3。根据宁夏 1979—1985 年的第二次土壤普查资料，12 个市县的引黄灌溉区耕地面积中 41.5％的耕地具有严重的盐渍化问题。新疆也是土地盐渍化问题较为严重的区域之一，其盐渍化面积现已达 2181.4 万公顷，占全国盐渍化总面积的 22％，是全国最大的盐渍土壤分布区。此外，土壤和水资源还受到工业三废以及农业发展中农药和化肥的污染。西北地区的工业长期依赖能源、原材料和化工工业，再加上先前管理制度的不完善，粗放式的经营和开发对本土地区人类的生存和生活造成了非常严重的影响。

六、科技创新

随着全球经济的快速发展，区域科技创新能力和创新水平已成为区域经济获得竞争优势的决定因素。然而由于历史、地理等主客观原因，西北地区在经济、文化、科教等方面均处于相对落后的地位，尤其在科技创新能力方面，远远落后于东南沿海地区。高等院校和科研机构是区域科技创新的主体机构，能够培育各级各类人才，在提高区域人力资本质量、驱动科学技术革新、提升科技文化创新水平等方面具有重要价值，为地区的发展提供了科技成果和智力支撑。

2016年，西北五省的高等教育得以长足的发展。其中，甘肃省研究生教育在校人数达3.12万人，普通本专科教育在校生人数45.72万人；青海省研究生教育在校人数达3508人，普通本专科教育在校生人数7.46万人；新疆研究生教育在校人数达1.92万人，普通本专科教育在校生人数31.99万人；陕西全省共有高等学校96所，在校学生107.63万人，研究生招生3.42万人。甘肃省拥有5个国家级工程中心、22家国家认定企业技术中心，鉴定1276项省部级以上科技成果；获得奖励149项；授予专利权7975件等。青海省鉴定470项省部级以上科技成果，比2015年增加25项；专利授权1357件，比2015年增加140件；签订技术合同986项，成交金额56.9亿元。宁夏拥有3个国家级工程技术中心，3个国家重点实验室，4个省部级重点实验室，15个自治区级重点实验室，3个国家重点培育基地，14个国家级企业技术中心等。新疆拥有53个重点实验室、120个研究与开发机构、465个高新技术企业、7个科技兴新众创基地、16个科技企业孵化器，全年获得专利授权7116项，登记技术合同504项，技术合同成交金额3.99亿元。陕西省2016年全年地方登记的科技成果共3220项，签订各类技术合同21033项，合同成交总额802.74亿元；2016年全年受理专利申请量共有约6.96万件，其中发明专利2.26万件，实用新型专利2.71万件，外观设计专利1.99万件；专利授权量总计4.85万件，其中授权发明7.50万件，实用新型1.71万件，外观设计2.39万件。[①]

七、人力资本

人力资本是促进经济发展的关键性资本之一，而人口素质则是衡量人力资本的重要因素。2015年，全国小学学龄儿童入学率为99.88%，西北地区除陕

---

① 《陕西省2016年国民经济和社会发展统计公报》，2017年3月15日，中国统计信息网 http://www.tjcn.org/tjgb/27sx/34860_2.html

西和宁夏省外，其余三省区小学学龄儿童入学率相对偏低，甘肃省为99.83%，青海省99.8%，新疆为99.85%。西北地区人均受教育年限、普通高等教育在校学生数等低于东部地区，且部分少数民族聚居区学龄儿童入学率偏低、文盲率较高，并且由于医疗、卫生条件限制，部分偏远地区地方性疾病多发，严重影响了劳动者的劳动能力。可见，西北地区人口素质还有待进一步提高，人力资本结构有待进一步优化。同时，由于西北地区经济发展水平落后，基础设施建设落后，科研经费有限，收入水平较低，人才管理机制不健全等，导致大量人才流失，这又进一步加剧了区域之间的人力资本不均衡。因此，提高劳动力素质，改变留人难的困境，也是西北地区亟待解决的问题。

第六章　西北地区经济发展实证分析

经济转型是打破原有的发展思维、发展路径、发展格局，从较低质量较低效益且矛盾重重的经济状态，转型为更高质高效且协调发展的优化经济状态的过程。不同国家或区域，其经济转型的基础和优势不同，经济发展中的矛盾点和关键制约因素不同，决定了其不同的转型内容、转型方向、转型路径等，对西北五省区经济发展的实证分析是明确其基于全面建成小康社会推进经济转型跨越发展的必要条件。

一、经济规模与经济增速

2010年，陕西、甘肃、青海、宁夏、新疆的经济总量分别为10123.48亿元、4135.86亿元、1350.43亿元、1689.65亿元、5437.47亿元，其中经济总量最高的为陕西，达到10123.48亿元，最低的青海为1350.43亿元，仅相当于陕西的13.34%。近年来，在中国西部大开发战略、"一带一路"倡议等的支持下，西北地区经济持续较快发展，与中国平均发展水平的差距逐步缩小。2016年西北五省区经济发展平均增速达到7.8%。2016年，陕西、甘肃、青海、宁夏、新疆的经济总量分别为19165.39亿元、7152.04亿元、2572.49亿元、3150.06亿元、9617.23亿元，其中经济总量最大的仍为陕西，地区生产总值达到19165.39亿元，最低的仍为青海，为2572.49亿元，相当于陕西的13.42%。

从地区生产总值增长的倍数来看，从2010年至2016年增加倍数最大的是青海，达到1.90倍，增长倍数最小的为甘肃，为1.73倍，各省区增长的倍数差别不大，表明各省区的发展速度比较均衡。除甘肃和新疆外，其余三个省份的地区生产总值增长倍数均高于全国平均水平，说明甘肃和新疆地区生产总值的增长状况与国内其余省份还有一定差距，见表6-1。

表 6-1　西北五省（区）地区生产总值比较

地区	地区生产总值（亿元）							2010—2016地区生产总值增长倍数
	2010	2011	2012	2013	2014	2015	2016	
陕西	10123.48	12512.3	14453.68	16205.45	17689.94	18021.86	19165.39	1.89
甘肃	4135.86	5020.37	5650.26	6330.69	6836.82	6790.32	7152.04	1.73
青海	1350.43	1670.44	1893.54	2122.06	2303.32	2417.05	2572.49	1.90
宁夏	1689.65	2102.21	2341.29	2577.57	2752.1	2911.77	3150.06	1.86
新疆	5437.47	6610.05	7505.31	8443.84	9273.46	9324.8	9617.23	1.77
全国	413030	489301	540367	595244	643974	689052	744127	1.80

从地区生产总值增长速度来看，2010—2016 年，西北地区的地区生产总值年均增速呈现逐年下降的趋势，但一直高于全国平均水平。从 2010—2016 年地区生产总值增速的平均值来看，陕西省增速最快，其次为青海，而新疆、甘肃、宁夏的经济增速略低，但仍高于全国平均值 2 个百分点以上。按年份来看，2010—2012 年，地区生产总值增速最高的为陕西省，增速最高达到 14.5%，2013 年，其增速与新疆持平，2014—2015 年，新疆地区生产总值增长速度继续领跑西北五省，至 2016 年，宁夏地区生产总值增速变为最高，见表 6-2。

表 6-2　西北五省（区）地区生产总值增长速度比较

地区	地区生产总值增速（%）							平均值
	2010	2011	2012	2013	2014	2015	2016	
陕西	14.5	13.9	12.9	11	9.7	7.9	7.6	11.1
甘肃	11.5	12.5	12	10.8	8.9	8.1	7.6	10.2
青海	15.3	13.5	12	10.8	9.2	8.2	8	11.0
宁夏	13.4	12	11.5	9.8	8	8	8.1	10.1
新疆	10.6	12	12	11	10	8.8	7.6	10.3
全国	10.6	9.5	7.9	7.8	7.3	6.9	6.7	8.1

经济快速增长给人民生活水平的提高提供了有力的支撑，到 2015 年，西北地区人均地区生产总值有了显著提高，人均地区生产总值均在 25000 元以上，其中陕西、青海、宁夏及新疆的人均地区生产总值突破 40000 元。人均地区生产总值最高的为陕西，达到 47626 元，人均值最低的为甘肃，为 26165

元。与全国人均地区生产总值的49992元相比较，西北地区人均地区生产总值均低于全国人均地区生产总值，这种差距造成了西北地区消费水平低于全国平均水平，见表6-3。

从时间序列的变化上看，2012—2015年，陕西、宁夏、青海人均地区生产总值的年均增长率均高于全国水平，甘肃和新疆略低。甘肃省人均地区生产总值由2010年的16172元上升到2015年的26165元，占全国人均地区生产总值的比重略有下降，由52.38%下降到2015年的52.34%。同时，甘肃人均地区生产总值与全国的差距也在逐年拉大，六年来甘肃人均地区生产总值增加了9993元，全国增加了19116元，是甘肃增幅的1.91倍，差距由2010年的相差14704元拉大为2015年的23827元。2010年，甘肃省人均地区生产总值与西北地区其他省份的差距相对较小，与陕西、宁夏、青海、新疆分别相差10961元、10688元、7943元和8862元；但2015年，甘肃省人均地区生产总值与陕西、宁夏、青海、新疆的差距更加拉大，分别相差21461元、17640元、15087元和13871元，可以看出甘肃的人均地区生产总值差距与全国及西北地区其他省份之间的差距在持续拉大，区域内部的差距日益明显，见表6-3。

表6-3 2010—2015年西北五省（区）人均地区生产总值及占全国的比重

地区	人均地区生产总值（元）			人均地区生产总值占全国的比重（%）	
	2010	2015	年均增长率（%）	2010	2015
甘肃	16172	26165	10.10	52.38	52.34
陕西	27133	47626	11.91	87.88	95.27
宁夏	26860	43805	10.28	86.99	87.62
青海	24115	41252	11.33	78.10	82.52
新疆	25034	40036	9.85	81.08	80.08
全国	30876	49992	10.12	100.00	100.00

可以看出，近六年来，尽管西北各地区经济得到快速发展，经济实力得到显著加强，但与全国相比，仍存在一定距离，且西北五省区之间的经济发展也不平衡。

二、经济发展动力

(一) 固定资产投资

在推进经济转型跨越发展的过程中，西北地区实现了经济的平稳发展，作为拉动经济增长的最重要因素之一，固定资产投资确实发挥了非常重要的拉动作用，投资质量和投资效益都得到了进一步的提高。2016年，西北地区在经济转型跨越发展战略的推动下，进一步扩大投资规模，特别是重点推进农业农村经济发展、加快新型工业化发展步伐、强化民生工程和基础设施建设等，谋划实施了一系列重大发展项目，投资结构不断优化，明显促进了西北地区投资的较快增长，为推动西北地区经济转型跨越发展做出了积极的贡献。

从固定资产投资总规模来看，2010—2015年来，西北五省（区）不断加大投资规模。甘肃固定资产投资由2010年的3158.34亿元增至2015年的8754.23亿元，年均增速约18.52%。2015年，宁夏完成固定资产投资3505.45亿元，相当于2010年的2.43倍。青海固定资产投资由2010年的1016.87亿元增至2015年的3210.63亿元，年均增长21.12%。2010—2015年，陕西固定资产投资由7963.67亿元增至18582.24亿元，年均增速为15.17%，增长了2.33倍。2015年，新疆固定资产投资10813.03亿元，与2010年相比，增长了近3.16倍，年均增速为21.13%。可以看出，6年来，西北各省区投资规模不断扩大，其中投资规模增长最快的为新疆和青海，其次是甘肃，陕西和宁夏的投资规模增长倍数较低，见表6-4。

表6-4 西北五省（区）全社会固定资产投资总规模比较

地区	2010（亿元）	2015（亿元）	年均增速（%）	倍数
甘肃	3158.34	8754.23	18.52	2.77
陕西	7963.67	18582.24	15.17	2.33
宁夏	1444.16	3505.45	15.93	2.43
青海	1016.87	3210.63	21.12	3.16
新疆	3423.24	10813.03	21.13	3.16

从三次产业投资结构看，2010年以来，为贯彻落实国家宏观调控政策，着力调整优化产业结构，加快转变发展方式，投资增长的质量、结构和效益明

显提升。西北各省、自治区为推动经济转型跨越发展，根据各地的实际情况，大力发展本地经济，第一、二、三产业投资均呈增长态势，但各省份之间及各产业之间的增速存在差异。其中甘肃由2010年的2.99∶51.32∶45.69转变为2015年的6.2∶39.82∶53.98，第一产业、第三产业的投资呈稳定增长，第二产业投资比重有所减少。陕西由2010年的2.81∶45.92∶51.27转变为2015年的6.61∶38.68∶54.71，第一产业、第三产业投资比重明显上升，第二产业明显下降。宁夏由2010年的1.49∶53.82∶44.69转变为2015年的4.13∶50.09∶45.78，第一产业、第三产业投资比重略有上升，而第二产业相应的略有下降。青海2010年的投资比重为3.19∶51.27∶45.54，转变为2015年的4.43∶46.35∶49.22，第二产业比重下降，第一、三产业比重上升，第一产业上升幅度小于第三产业；新疆由2010年的3.24∶51.66∶45.10转变为2015年的3.48∶48.16∶48.36，第二产业投资比重下降，第一、三产业投资比重上升。可以看出，2010年，甘肃、青海、宁夏三省第一产业投资规模较小，但甘肃和宁夏投资呈快速增长，而青海、新疆第一产业投资增长较慢，陕西省第一产业投资规模是西北五省区中最大的，增长也比较明显；西北五省区第二产业投资比重均呈下降趋势，但下降的程度有差异；第三产业均呈增长趋势。说明6年来，在国家宏观政策引导下，随着产业结构的调整，西北地区三次产业的投资结构正逐步进行调整，见表6-5。

表6-5　2010—2015年西北五省区三次产业固定资产投资规模比较　单位：亿元

地区	第一产业 2010 投资规模	第一产业 2010 比重（%）	第一产业 2015 投资规模	第一产业 2015 比重（%）	第二产业 2010 投资规模	第二产业 2010 比重（%）	第二产业 2015 投资规模	第二产业 2015 比重（%）	第三产业 2010 投资规模	第三产业 2010 比重（%）	第三产业 2015 投资规模	第三产业 2015 比重（%）
甘肃	84	2.99	534.89	6.2	1441.4	51.32	3434.9	39.82	1283.2	45.69	4656.81	53.98
陕西	212.8	2.81	1205.55	6.61	3475.8	45.92	7051.59	38.68	3881.2	51.27	9973.9	54.71
宁夏	19.5	1.49	147.6	4.13	706.3	53.82	1790.6	50.09	586.5	44.69	1636.14	45.78
青海	26.7	3.19	139.22	4.43	430.7	51.27	1457.3	46.35	382.5	45.54	1547.66	49.22
新疆	99.3	3.24	366.33	3.48	1583.4	51.66	5068.99	48.16	1382.4	45.10	5090.12	48.36

（二）消费

消费是社会再生产过程中的最终环节，它通常是指用社会产品来满足人们各种需要的过程，消费是恢复人们劳动力和劳动力再生产必不可少的条件，也是拉动经济增长的"三驾马车"之一。有研究表明，当前西北地区经济增长的主要动力是固定资产投资和资源开发，但随着人类认识水平的提升，消费的作用越来越引起重视。

从图6-1可以看出，近10年来，西北五省（区）的社会消费品零售总额均呈现上升趋势，其中，上升趋势最明显的是陕西省，且其规模远远高于其他省份，从2006年的1542.4亿元上升到2015年的6578.1亿元，规模变为10年前的4.26倍，与其他省份之间的差距越来越大。2006年，社会消费品零售总额排名第二位的是新疆，总量为733.2亿元，比排名第三的甘肃省高出3.7亿元，但是，这一格局逐步发生改变。2009年，甘肃省社会消费品零售总额第一次超过新疆，排名第二。近年来，甘肃省采取多项措施扩大内需，增加消费，2015年甘肃省社会消费品零售总额达到2907.2亿元，高出新疆301.2亿元。2006—2015年，甘肃省社会消费品零售总额增长3.99倍，新疆增长3.78倍。而排名第四、五位的宁夏和青海社会消费品零售总额的规模和增长趋势均比较一致，2006年宁夏和青海的消费品零售总额分别为202.5亿元和182.6亿元，相差19.9亿元，2014年二省区之间的差距最大达到116.4亿元，但2015年，这一差距又有所减小，变为98.6亿元。2006—2015年，宁夏和青海社会消费品零售总额分别增长3.90倍和3.55倍。仅从增长倍数来看，同期全国消费品零售总额增加3.80倍，陕西、甘肃、宁夏均高于这一水平，并且在西北五省（区）内部，除陕西省增速较快外，其余四省的增速差距不大。

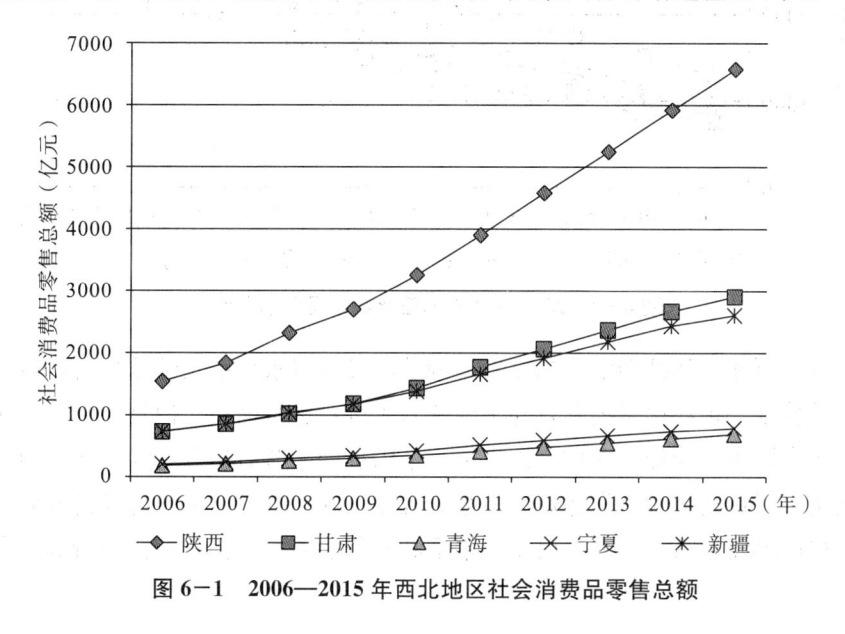

图6-1　2006—2015年西北地区社会消费品零售总额

从居民消费水平来看（图6-2），近10年来，西北五省（区）的居民消费水平均呈上升趋势，与全国平均居民消费水平的发展趋势基本一致。其中，上升趋势最明显的是青海省，从2006年的4229元上升到2015年的15167元，规模是10年前的3.59倍。增速居于第二位的是宁夏，2006年宁夏居民消费水平为5070元，2015年达到17210元，增长3.39倍。2015年宁夏也成为西北五省区中人均消费水平最高的省区。从2006—2015年，新疆居民消费水平增长3.30倍，增速排在第三位，但2015年新疆居民消费水平位居西北五省区的第四名，较为落后。从总量来说，陕西省人均消费水平在西北五省区中仅次于宁夏而排在第二位，但其增速低于宁夏，2006年陕西省居民消费水平为4742元，2015年达到15363元，增长3.24倍。同期，全国居民收入水平由6416元增长到19397元，虽然增长倍数低于西北五省区，但其数额远高于西北五省区。由此可以看出，西北地区居民消费水平低，远远落后于全国平均水平。

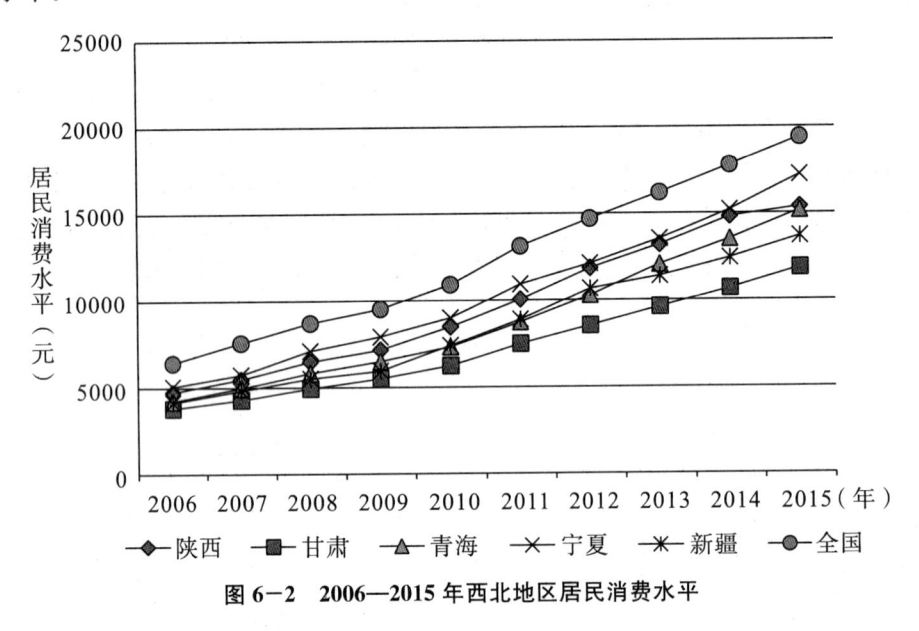

图6-2　2006—2015年西北地区居民消费水平

综上所述，从社会消费品零售总额及居民消费水平增长倍数来看，西北地区的消费水平正在逐步提升，与全国的差距也在逐步缩小，但是，由于西北地区经济发展水平较低，人均收入水平在全国也处于落后位置，导致西北地区居民消费水平远远落后于发达地区，今后五省（区）应尽全力促进经济发展，使城乡居民增收致富，提高居民生活水平和消费能力，为促进社会消费提供有力保障。

（三）净出口

进出口贸易是一个国家或地区国际收支中经常项目的重要组成部分，是影响该国家或区域国际收支的重要因素。净出口通常又称为贸易差额或者余额，指出口价值和进口价值之间的差额。当出口大于进口时，称为顺差；当净出口为负时则称为逆差。当前，进出口贸易已成为我国经济新的增长点，对于我国进一步开拓国际市场，提高经济效益具有十分重要的作用。

2006—2015年，中国和西北五省（区）的净出口值均呈现波动状态，从数额来看，中国净出口值一直为正，即全国的出口总额大于进口总额，一直保持贸易顺差。总体来看，2006—2008年，中国的净出口差额呈现在波动中逐渐增加的趋势，2006—2008年，数额由177520百万美元上升到298123百万美元，之后有所下降，2011年达到最低值154897.9百万美元，之后一直稳步增加，至2015年达到最大值593903.7百万美元。同期，西北五省（区）中一直保持贸易顺差的仅有宁夏一省，净出口额在29350～1349320千美元之间变化，总量和变化幅度均很小。波动较小的还有青海省，2006—2015年10年中，有6年净出口额为负值，最大也仅达到142361千美元。甘肃省同期的净出口额均为负值，即甘肃省出口总额远小于进口总额，表明甘肃省商品的国际竞争力弱，在对外贸易中长期处于不利地位。2006—2015年中，陕西省有6年的净出口额为正，且最大净出口额达到3107215千美元，在西北五省（区）中居于第二位。西北五省（区）中，净出口额波动最大的是新疆，2006—2010年，净出口额均为正值，但最大值出现在2008年，达到11984444千美元，之后逐渐降低，2011年后均为负值，2013年后虽然呈现上升趋势，但依旧没能摆脱贸易逆差的状况，如图6-3所示。

总体来看，西北地区在对外贸易中未形成明显优势，2006—2015年中，有6年的净出口一直为负，这一状况一直未得到有效缓解，说明西北地区在国际贸易中处于不利地位。就西北地区进出口总额占全国的比重来看，2008年最高仅达到4.32%，这也说明西北地区对全国对外贸易净出口差额贡献率低。因此，今后发展中，西北地区应挖掘自身优势，积极提高商品在国际贸易中的竞争力，利用边境线长、与中西亚国家毗邻等优势，积极摆脱不利地位。

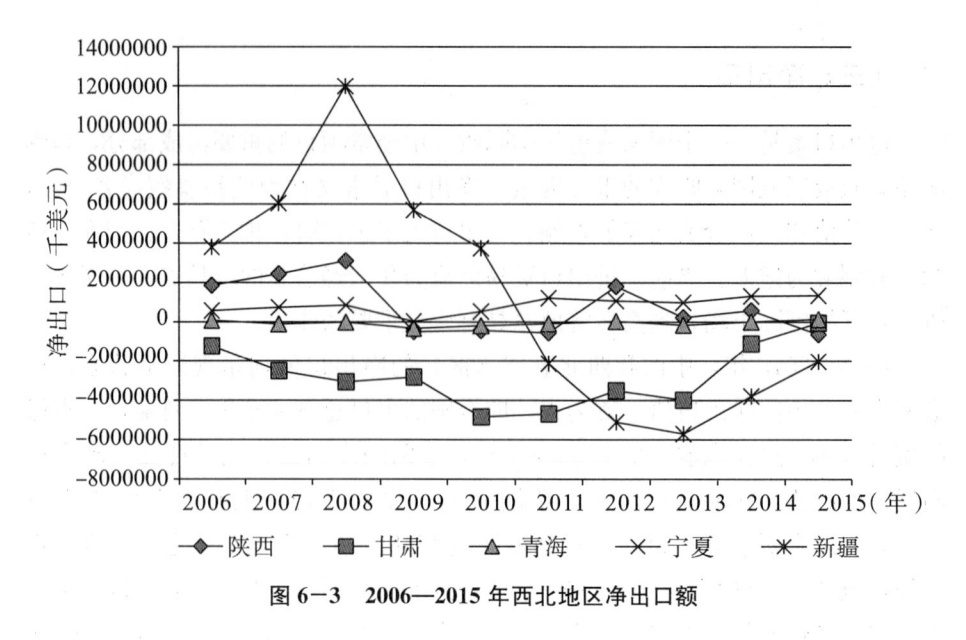

图 6-3 2006—2015 年西北地区净出口额

三、三次产业结构

(一) 三次产业结构变动分析

近年来,在国家各项经济和社会发展政策的引导下,西北地区的各项事业稳步推进,产业结构不断优化升级,经济发展水平也快速提升。以 2005 年、2010 年、2016 年为例,西部大开发及丝绸之路经济带建设给西北地区带来的机遇,加上该地区本身有良好的资源条件,西北地区经济取得了快速发展,产业结构整体渐趋合理。

对产业结构的比较研究,首先要关注产业发展的阶段和产业结构变动情况。从静态来看,三次产业以及产业内部的比例要相互适应,这不仅是经济增长和发展的结果,而且是经济进一步增长和发展的条件,因而他们之间的比例关系的协调不仅要符合经济运行过程的内在要求,又要适应经济整体的发展要求。[①] 图 6-4 是 2005—2016 年西北五省(区)三次产业增加值的比较。

从横向来看,西北五省(区)第一产业、第二产业、第三产业增加值均呈现稳步上升趋势,其中,陕西省的第一产业、第二产业、第三产业增加值均是

---

① 韩德超:《产业协调发展与工业结构升级研究》,华中科技大学博士学位论文,2009 年。

最高的，新疆次之，甘肃居于中间位置，宁夏和青海三次产业增加值均比较低。从增幅来看，第一产业增幅最大的是陕西省，增长了3.9倍，也有赖于这几年陕西实施的单产提高工程及设施农林牧业的发展，使陕西省的第一产业增加值大幅增加，其他四省的第一产业增幅低于陕西省，但是增加值均在3倍以上。十二年间，西北五省区的第二产业均有相当的发展，五省区第二产业增加值增幅最大的是宁夏，其次是陕西省，分别增长了5.2倍和5.1倍以上。宁夏依托宁东能源化工基地等载体，推进现代煤化工示范项目建设，大力发展循环经济，延伸现代产业链，使得宁夏第二产业迅速发展。陕西省在西北地区具有科研、人才、技术、自然资源等优势，已在原有工业的基础上形成软件、装备制造、生物医药、煤油气盐化工等一批成规模的特色产业集群，壮大了陕西第二产业的力量。[①] 在此期间，青海的第二产业增加值也有了4.7倍左右的增长，但产业规模较小，新疆和甘肃第二产业增加值的增长幅度较低。西北五省区中陕西省第三产业增加值的增速也是最快的，十二年间增长了5.8倍，这有赖于陕西省丰富多样的自然文化旅游资源，宁夏第三产业增加值增幅居于第二位，增长了5.7倍，原因是这几年宁夏通过大力发展金融、电信、旅游业等产业，使得宁夏的第三产业得到迅速发展。随着"一带一路"建设的推进及青海省通达性的不断提高，青海省的第三产业也得到快速发展，从2005—2016年，增加值提高了5.1倍。甘肃和新疆的第三产业增加值在十二年间均增长了4.7倍左右。

从区域内部的发展差距来看，2005年第一产业增加值最高的陕西与最低的青海之间相差444.65亿元，2010年这一差距扩大到943.71元，2016年达到1472.65元。这种差距在第二产业和第三产业中仍然存在，且差距均呈逐年扩大的态势。这说明尽管各省区的三次产业增加值都在增长，但由于发展基础与发展速度存在巨大差异，导致西北地区内部三次产业增加值的差异仍然在逐步拉大，如图6-4～图6-6所示。

[①] 张培:《西北五省产业结构比较分析》,《新疆社会科学（汉文版）》,2009年第6期,第23～26页。

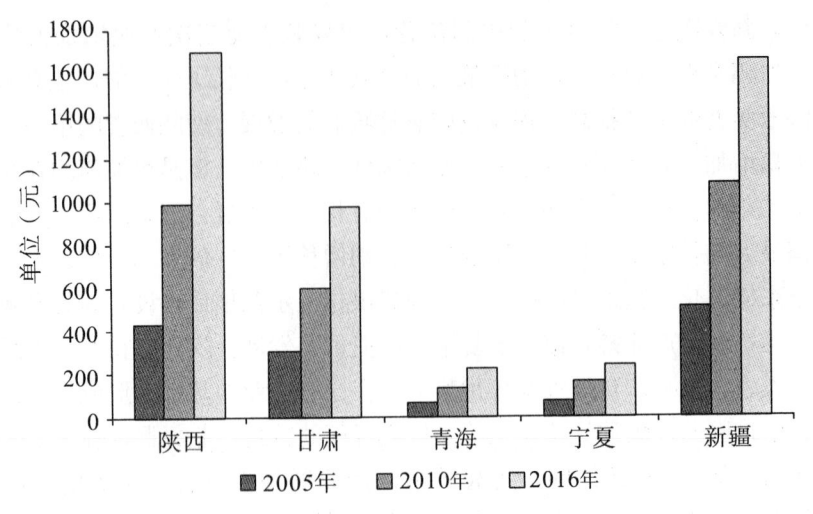

图 6-4　2010—2016 年西北五省（区）第一产业增加值变动情况

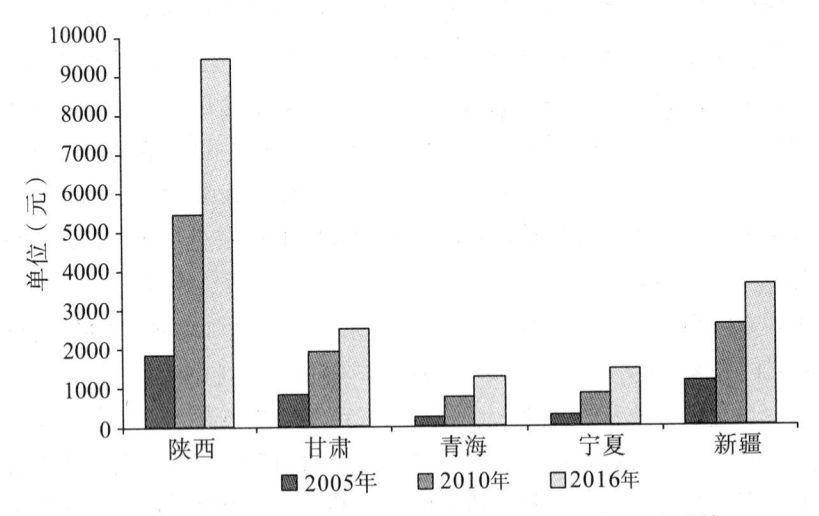

图 6-5　2010—2016 年西北五省（区）第二产业增加值变动情况

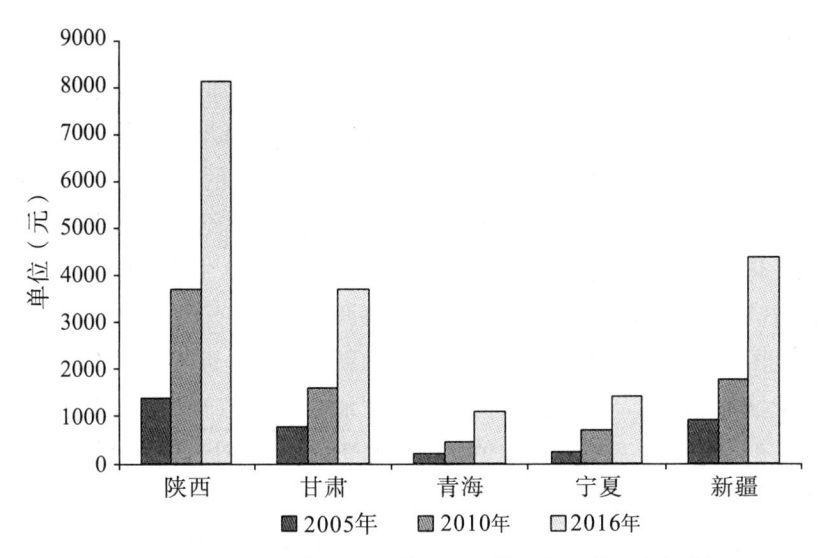

图 6-6 2010—2016 年西北五省（区）第三产业增加值变动情况

从三次产业结构比重变化看，2010—2016 年西北地区第一产业增加值比重总体呈现下降趋势，除了甘肃和新疆以外，第一产业占国内生产总值的比重都降到 10% 以下，但这并不意味着西北五省（区）工业化发展水平取得了长足发展，并达到较高水平，实现了产业结构高度化。相反，这是因为西北地区很多地方自然条件恶劣，缺乏发展农业的基本条件而导致。另外，西北地区农业组织化程度较低、农业创新能力较弱等因素也是农业增加值在地区生产总值中所占比重较低的原因。

2010—2016 年，第二产业增加值比重除甘肃呈逐年下降的态势外，其余省区均表现出先上涨后下降的趋势，其中，新疆和宁夏在 2011 年第二产业增加值比重达到最大，陕西和青海最大值出现在 2012 年；第三产业增加值比重虽略有波动，但总体均呈不同幅度的增加。说明西北地区产业结构在不断地优化，但当前仍然处于以第二产业发展为主的阶段，虽然第三产业近年来有迅速提升，但当前第二产业仍然是拉动我国西北地区经济增长的主要力量。

产业结构升级与完善的一个重要标志就是第三产业在地区生产总值中所占比重的不断提高。目前，发达国家的第三产业在地区生产总值中所占的比重大都达到 70% 以上，我国第三产业在国内生产总值中所占的比重也已经达到 51.6%，这一比例也高于西北各省（区），说明西北地区第三产业在地区生产总值中所占的比重总体较低[1]，反映了西北地区产业结构总体水平较低，仍需

---

[1] 赵斌：《中国西北地区主导产业选择研究》，北京交通大学博士学位论文，2011 年。

进一步优化。

从全国看，2010—2016年第一产业、第二产业增加值所占比重下降，第三产业比重稳步上升，符合产业结构高级化的规律。西北地区各省区第一产业比重下降，第二产业比重在2012年之后均呈不同幅度的下降，第三产业比重虽然略有波动，但总体趋势在上升，说明西北地区产业结构渐趋合理，产业结构向高级化发展，但与全国相比，仍存在明显差距。如甘肃、新疆第一产业增加值比重高于全国第一产业增加值比重，陕西、青海、宁夏第二产业增加值比重高于全国的第二产业增加值比重，甘肃和新疆也仅是近年来才略低于全国的第二产业增加值比重。不论是全国还是西北地区，第三产业增加值比重均呈上升趋势，但全国的第三产业增加值比重均高于西北五省区，且上升幅度大于陕西、青海和宁夏。这表明，近年来西北五省区通过努力调整产业结构，促使产业结构朝着高级化方向发展，形成了以第一产业为基础、第二产业为主导、第三产业居重要位置的产业结构，见表6-6~6-10。

表6-6 2010—2016年甘肃三次产业增加值比重与全国的对比　　　　单位:%

年份	第一产业增加值比重 甘肃	第一产业增加值比重 全国	第二产业增加值比重 甘肃	第二产业增加值比重 全国	第三产业增加值比重 甘肃	第三产业增加值比重 全国
2010	14.55	10.18	48.19	46.86	37.27	42.97
2011	13.52	10.12	47.36	46.78	39.12	43.10
2012	13.81	10.09	46.02	45.31	40.17	44.60
2013	13.48	10.01	44.75	43.89	41.77	46.09
2014	13.18	9.17	42.79	42.64	44.03	48.19
2015	14.06	8.88	36.74	40.93	49.20	50.19
2016	13.61	8.60	34.84	39.80	51.55	51.6
变化幅度	-0.94	-1.58	-13.35	-7.06	14.28	8.63

表6-7 2010—2016年陕西三次产业增加值比重与全国的对比　　　　单位:%

年份	第一产业增加值比重 陕西	第一产业增加值比重 全国	第二产业增加值比重 陕西	第二产业增加值比重 全国	第三产业增加值比重 陕西	第三产业增加值比重 全国
2010	9.86	10.18	53.92	46.86	36.22	42.97
2011	9.85	10.12	55.17	46.78	34.98	43.10
2012	9.48	10.09	55.88	45.31	34.64	44.60

续表

年份	第一产业增加值比重 陕西	第一产业增加值比重 全国	第二产业增加值比重 陕西	第二产业增加值比重 全国	第三产业增加值比重 陕西	第三产业增加值比重 全国
2013	9.51	10.01	55.54	43.89	34.95	46.09
2014	8.85	9.17	54.78	42.64	36.38	48.19
2015	8.8	8.88	51.5	40.93	39.7	50.19
2016	8.8	8.60	49	39.80	42.2	51.6
变化幅度	−1.06	−1.58	−4.92	−7.06	5.98	8.63

表6−8 2010—2016年青海三次产业增加值比重与全国的对比　　　单位:%

年份	第一产业增加值比重 青海	第一产业增加值比重 全国	第二产业增加值比重 青海	第二产业增加值比重 全国	第三产业增加值比重 青海	第三产业增加值比重 全国
2010	9.99	10.18	55.14	46.86	34.87	42.97
2011	9.51	10.12	57.45	46.78	33.04	43.10
2012	9.38	10.09	57.94	45.31	32.67	44.60
2013	9.88	10.01	57.32	43.89	32.80	46.09
2014	9.38	9.17	53.54	42.64	37.07	48.19
2015	8.6	8.88	50	40.93	41.4	50.19
2016	8.6	8.60	48.6	39.80	42.8	51.6
变化幅度	−1.39	−1.58	−6.54	−7.06	7.93	8.63

表6−9 2010—2016年新疆三次产业增加值比重与全国的对比　　　单位:%

年份	第一产业增加值比重 新疆	第一产业增加值比重 全国	第二产业增加值比重 新疆	第二产业增加值比重 全国	第三产业增加值比重 新疆	第三产业增加值比重 全国
2010	19.84	10.18	46.60	46.86	32.64	42.97
2011	17.32	10.12	50.04	46.78	35.18	43.10
2012	17.54	10.09	47.29	45.31	36.19	44.60
2013	17.39	10.01	46.42	43.89	40.99	46.09
2014	16.61	9.17	42.40	42.64	37.07	48.19
2015	16.7	8.88	38.2	40.93	45.1	50.19
2016	17.1	8.60	37.3	39.80	45.6	51.6
变化幅度	−2.74	−1.58	−9.3	−7.06	12.96	8.63

表6-10 2010—2016年宁夏三次产业增加值比重与全国的对比　　单位:%

年份	第一产业增加值比重 宁夏	第一产业增加值比重 全国	第二产业增加值比重 宁夏	第二产业增加值比重 全国	第三产业增加值比重 宁夏	第三产业增加值比重 全国
2010	9.75	10.18	50.70	46.86	39.55	42.97
2011	8.93	10.12	52.21	46.78	38.85	43.10
2012	8.60	10.09	49.80	45.31	41.60	44.60
2013	8.69	10.01	49.32	43.89	41.99	46.09
2014	7.88	9.17	48.80	42.64	43.32	48.19
2015	8.2	8.88	47.4	40.93	44.4	50.19
2016	7.6	8.60	46.8	39.80	45.6	51.6
变化幅度	-2.15	-1.58	-3.9	-7.06	6.05	8.63

从三次产业结构变动来看,近7年来,西北五省区中,陕西、青海、宁夏的三次产业的增加值主要呈"二三一"结构,甘肃和新疆表现出由"二三一"向"三二一"转化的趋势。综合来看,这一时期产业结构的变动总体上呈现出以下规律:第一产业、第二产业比重各省区都有所下降,第三产业比重变化各省区略有差别,但基本呈现上升趋势。与全国平均水平相比较,西北地区的第一产业、第二产业比重下降幅度和三产发展速度均较为缓慢。五省(区)间横向比较,经过2010—2016年的产业结构调整,甘肃和新疆的第一产业增加值比重依然远高于全国平均水平,说明这两省区产业结构调整的效率不高,效果不明显,同时,也从侧面反映农业在甘肃和新疆的经济发展中的基础性地位非常牢固,难以动摇,陕西、宁夏、青海三省的产业结构调整的步伐基本上与全国平均状况一致。随着近年来西北各省区重化工业投入的增加及生产效率的提高,导致西北地区工业增加值占地区生产总值的比重普遍较高,陕西、青海和宁夏三省区的工业增加值占地区生产总值的比重依然是三次产业中最高的。西北五省区中,甘肃省第二产业增加值所占比重变幅最大,其工业增加值占地区生产总值的比重由2010年的48.19%下降到2016年的34.84%,降低了13.35%,虽然有产业结构加快调整的因素,但很重要的是第三产业实现了加速发展。7年间,五省区的第三产业增加值所占比重变动各有差异,其中甘肃省由于对科技创新的重视,在兰白科技示范区、兰州新区等科技创新主阵地的建设和引领下,全省科技实力不断增强,高新技术产业不断发展,从而带动了甘肃第三产业增加值所占比重的大幅度提升;其次是新疆,同期第三产业增加

值占地区生产总值的比重从2010年的32.64%上升到了2016年的45.6%，这两个省也是西北五省区中三产比重超过二产的省份，宁夏、陕西和青海三省区三产比重上升幅度相对较小，主要是由于这三个省区的第二产业的比较优势更为明显，同时，也表明这三个省区在这7年产业结构不断调整的过程中，第三产业的发展缺乏高新技术的引领和带动，产业高级化的进程比较慢，从而使整个西北地区产业高级化程度表现出滞后状态。

（三）产业结构相似度分析

资源禀赋是产业发展的要素，也是产业发展赖以生存的基础，不同地区拥有不同的资源禀赋，利用地区比较优势发展经济才会产生比较利益。因此，不同地区的产业发展应该各具特色，产业结构也应该各有差异。对西北五省（区）产业结构相似度的分析，也是从这个角度考察西北五省区产业结构的特点，我们采用产业结构相似系数来表示西北五省（区）的三次产业的结构相似度，其计算公式为：

$$\rho(\sum_{k=1}^{3} x_{ik} \times x_{jk}) / \sqrt{(\sum_{k=1}^{3} x_{ik}^2 \times \sum_{k=1}^{3} x_{jk}^2)}$$

式中：ρ为产业结构相似度系数；x_{ik}和x_{jk}分别为k产业在i和j地区产业结构中所占的比例；当$\rho=1$，表示两个对比区域的产业结构完全一致，当$\rho=0$时，表示完全不一致。根据西北五省区2016年三次产业结构比计算西北五省区间产业结构的相似系数[①]，见表6-11。

表6-11 2016年西北五省区产业结构相似度系数

	全国平均水平	陕西	甘肃	青海	宁夏	新疆
全国平均水平	1.0000					
陕西	0.9799	1.0000				
甘肃	0.9946	0.9629	1.0000			
青海	0.9820	0.9999	0.9654	1.0000		
宁夏	0.9901	0.9980	0.9749	0.9986	1.0000	
新疆	0.9882	0.9748	0.9938	0.9761	0.9801	1.0000

[①] 张培：《西北五省产业结构比较分析》，《新疆社会科学（汉文版）》，2009年第6期，第23~26页。

从表 6-11 中数据看出，西北五省区的产业结构状况与全国平均状态下的三次产业结构高度相似，其中甘肃和宁夏两省的三次产业结构与全国平均水平更为接近，相似度系数分别为 0.9946 和 0.9901，即使与全国平均水平差别最大的陕西省，相似系数也高达 0.9799；西北五省区内部的三次产业结构的横向比较中也存在这种趋同的现象。从省际横向比较来看，陕西和青海的三次产业结构相似度最高，相似系数达到了 0.9999，产业结构差距最大的甘肃与青海两省的相似度系数也达到了 0.9654，表明西北五省区间三次产业结构的相似度非常高。

通过上述分析得出：西北五省区甚至国内相当一部分地区的产业发展具有明显的趋同化现象。对西北五省区而言，产业结构趋同有利有弊，有利的一面是：五省区在地缘上比较邻近，虽然均处于西北内陆地区，但在区域自然条件、资源环境及经济发展方式、发展程度等方面均存在一定的差异，依据各区域的比较优势，可制定出西北五省区相关产业的合作发展战略。但同时存在的弊端是：产业结构的高度同构化容易导致产业布局在空间上的重复引进和生产，造成产能过剩及恶性竞争等不良后果，最终导致各类资源能源的浪费和投资的低效，也不利于企业核心竞争力的形成，以及区域间产业的协同发展和规模经济的实现。

总之，在当前开放的市场经济的条件下，西北五省区应该如何利用好各省区在自然资源、劳动力、资金方面的比较优势，并取得产业效益的逐步提升，如何因地制宜地调整产业结构，确立适合本区域的主导产业发展方向，建立区域间协同发展且符合五省区特色优势的合理的产业结构，是今后西北地区产业发展的重要问题。

（三）产业结构偏离度与比较劳动生产率（CLP）分析

一个部门的劳动效率的高低，不仅能反映该部门资源配置是否达到最优，部门投入和产出能否达到最佳效率，甚至还能从一定程度上反映一个部门社会增加值创造能力的大小。本研究以产业结构偏离度和比较劳动生产率（CLP）为指标，描述西北五省区的产业劳动效率。

产业结构偏离度是劳动力比重与产值比重的差，产业结构偏离度＝劳动力比重－产值比重，偏离度越小，说明劳动效率越高。比较劳动生产率（CLP）是产值比重与劳动力比重之比，即比较劳动生产率＝产值比重/劳动力比重，CLP 越高，说明劳动效率越高。为了使研究更客观，我们综合使用这两个指标得出比较结果。① 表6–12是2015年全国与西北五省区的产业结构偏离度和比较劳动生产率（CLP）值。

表6–12 西北五省区产业结构偏离度和比较劳动生产率

指标		陕西	甘肃	青海	宁夏	新疆	全国平均水平
一产	产值比重（%）	8.8	14.06	8.6	8.2	16.7	8.88
	劳动力比重（%）	45.37	57.06	35.8	44.15	44.08	28.3
	CLP	0.24	0.33	0.32	0.23	0.61	0.46
	产业结构偏离度	36.57	43.00	27.20	35.95	27.38	19.42
二产	产值比重（%）	51.5	36.74	50	52.9	38.2	40.93
	劳动力比重（%）	19.26	16.11	23.0	18.21	15.16	29.3
	CLP	2.67	2.28	2.17	2.90	2.52	1.40
	产业结构偏离度	−32.24	−20.63	−27.00	−34.69	−23.04	−11.63
三产	产值比重（%）	39.7	49.2	41.4	44.4	45.1	50.19
	劳动力比重（%）	35.37	26.83	41.2	37.64	40.76	42.4
	CLP	1.12	1.83	1.00	1.18	1.11	1.18
	产业结构偏离度	−4.33	−22.37	−0.20	−6.76	−4.34	−7.79

依据表6–12中西北五省区的指标数据与全国平均水平数据进行比较：

首先从产业结构偏离度指标分析。西北五省区的第一产业的产业结构偏离度值均为正值，从数值来看，西北五省区产业结构偏离度均高于全国平均水平，从侧面可以反映西北五省区农业劳动力资源十分丰富，相对过剩问题较为突出；西北五省区的第二产业的产业结构偏离度值均为负，呈负向偏离，偏离度都高于全国平均水平；西北五省区第三产业的产业结构偏离水平差别较大，但均呈现负向偏离，除甘肃省以外，其余四省的偏离程度均正向于全国平均水平。再看CLP指标，就第一产业来看，除新疆外，其他四省均低于全国水平；而第二产业中，五省区的CLP值均较高，处于全国平均水平之上；第三产业中，仅有甘肃CLP值高于全国平均水平，其余四省均处于全国平均值之下。

综合结构偏离度和CLP两个指标来看，西北五省区中从属于第一产业的

---

① 张培：《西北五省产业结构比较分析》，《新疆社会科学（汉文版）》，2009年第6期，第23~26页。

劳动力规模高于全国的平均水平，这也从侧面反映出西北地区第一产业劳动效率普遍偏低的事实；而五省区第二产业的劳动效率均比较高，高于全国平均水平；除甘肃外，其余省区第三产业的劳动效率都低于全国平均水平。最终的结果表明：西北五省区农业劳动人口偏多，但农业生产效率低，重化工业等能源密集型产业发达，工业劳动生产率相对较高，第三产业发展滞后，多为低端产业，缺乏高新技术引导，产值效率较低。

总体上，西北五省区中从事第一产业生产的劳动者占劳动总人数的30%~50%，但这些劳动力创造的农业产值仅占各省区生产总值的10%左右，西北五省区三间横向比较来看，新疆的第一产业以44.08%的农业劳动人口创造了16.7%的地区生产总值，劳动效率相对较高，且产业偏离度较小，这是由于新疆人均农业资源富足，随着多年的发展已形成一批有特色的农副产品产业集群。陕西、甘肃、宁夏三省区的第一产业效率均低于全国平均水平，其中甘肃第一产业正向结构偏离度最大，偏离度达43，高于全国平均水平23.58个百分点，突出反映了甘肃省第一产业的劳动力分布较多，但劳动效率不高的特点；五省区第二产业的劳动效率均比全国平均水平高，说明西北五省区的重工业在全国具有一定的影响力，其对地区发展的影响较为突出。五省区的第二产业的结构均呈现出较大的负向偏离，负向结构偏离度最大的是宁夏，偏离度为-34.69，最小的是甘肃为-20.63，而全国平均的偏离度为-11.63，即西北五省区结构偏离幅度均高于全国的平均水平，此外，第二产业中，CLP值最低的青海为2.17，也高于全国的CLP平均值，综合这两个指标来看，宁夏资源能源丰富，是我国北方新兴的重要的重化工业基地，近年来随着各类投入的增加，第二产业劳动效率不断提高，而甘肃第二产业的生产能力和劳动效率都相对较低，其他三省处于两者之间；五省区第三产业的劳动效率差异较大，其中青海第三产业的劳动效率最低，产值比重与劳动力比重相当，CLP值低于其他四省和全国平均水平，陕西、宁夏和新疆三省区的第三产业结构偏离度为负值，CLP值低于全国平均水平，甘肃的第三产业劳动效率处在五省区中的第一，略高于全国平均水平，说明甘肃省第三产业发展速度和质量较好。

（四）三次产业结构变动效益分析

产业结构对西北地区经济发展有着非常重要的影响，本研究主要采用偏离份额分析法（shift-share-method）来定量分析和评价产业结构的变动对于西北地区经济总量变化的影响。这一方法的基本研究思路是：以一定时期内全国国内生产总值为基础，分别测算西北五省区按照全国平均水平国内生产总值增长率可能形成的假定份额，并且将这一假定份额同各区域实际增长额进行比较。① 各省区假定国内生产总值增长率的水平与实际国内生产总值增长率的水平差额就是各省区相对全国平均增长水平来说产生的偏离。具体指标以及计算公式如下：

$$G_j = N_j + P_j + D_j$$

$$N_j = \frac{E_t}{E_0} \cdot e_{j0} - e_{j0}$$

$$P_j = \sum_{i=1}^{3} \left(\frac{E_{jt}}{E_{i0}} - \frac{E_t}{E_0} \right) \cdot e_{j0}$$

$$D_j = e_{jt} - \sum_{i=1}^{3} \left(\frac{E_{it}}{E_{i0}} \cdot e_{ij0} \right)$$

$$(P+D)_j = P_j + D_j$$

偏离率＝偏离量/GDP 实际增长额

式中：G_j 为 j 区域经济增长总量，N_j 为 j 区域增长分量；P_j 为 j 区域产业结构偏离量；D_j 为 j 区域结构偏离量；$(P+D)_j$ 为 j 区域总偏离量；E 为 GDP 全国平均水平；e_j 为 j 区域国内生产总值；i 为第 i 个产业（$i=1, 2, 3$）；0 为基期（年）；t 为报告期（年）。计算值为正说明结构素质和区位素质都比较好，促进总量增长较快；相反，呈负值则说明结构素质和区位素质较差，影响了总量增长。本研究以 2010 年和 2016 年作为考察期，以此两年的当年价格作为计算国内生产总值及三次产业增加值的价格标准，计算的各项指标见表 6－13。

表6－13 西北五省区三次产业结构偏离——份额分析

	陕西	甘肃	青海	宁夏	新疆
经济总增长量（亿元）	9041.91	3016.17	1222.06	1460.41	4179.76
总偏离量（亿元）	926.63	－299.27	139.52	105.94	－179.08
总偏离率（％）	10.25	－9.92	11.42	7.25	－4.28
结构偏离量（亿元）	－434.80	－111.60	－69.76	－23.98	－315.54
结构偏离率（％）	－4.81	－3.70	－5.71	－1.64	－7.55
区位偏离量（亿元）	1361.43	－187.66	209.27	129.92	136.46
区位偏离率（％）	15.06	－6.22	17.12	8.90	3.26

---

① 张培：《西北五省产业结构比较分析》，《新疆社会科学（汉文版）》，2009 年第 6 期，第 23~26 页。

根据SSM计算方法，分别得到西北五省区的区域经济增长总量、总偏离量、产业结构偏离量和区位偏离量，见表6-9。首先各省区的经济总增长量均为正值，说明2010—2016年西北各省区的经济发展水平均有不同程度的提高，地区生产总值数额从最低的青海1222.06亿元到最高的陕西9041.91亿元不等。其次，陕西、青海、宁夏的经济增长总偏离量为正值，表明这三个省区国内生产总值的实际增长额高于按全国比例的增长量，即2010—2016年陕西、青海、宁夏的经济发展均超过了全国平均水平，而甘肃和新疆总偏离量为负值，低于按全国比例的增长量。从偏离幅度来看，总偏离量最大的是陕西省，宁夏偏离幅度最低。在以上分析的基础上，结合总偏离率，可以更好地从整体上比较和评价2010—2016年各省区经济发展的状况：西北五省区的经济发展总量存在较大差距，总偏离率大于10%的省份有陕西和青海二省，其余均在10%以内。可见，西北地区内部经济发展不均衡。

为了进一步分析这十年间促成西北地区经济快速增长的原因，我们从五省区的区位因素和产业结构两方面进行分析。从五省区的产业结构偏离量来看，西北五省区产业结构偏离量均为负值，说明与全国平均水平相比，西北地区产业结构不尽合理，亟待进一步优化调整，总体表现为地区经济发展滞后。从区位偏离量为来看，除甘肃外，其余四省区均为正值，说明陕西、青海、宁夏、新疆四个省区的经济增长主要依赖于各省区的区位优势，优越的区位优势能支持地区经济的发展。其中，陕西省区位优势最为明显，青海居第二位，新疆和宁夏位列三、四位；而甘肃在产业结构和区位因素方面都呈劣势。另外值得注意的是青海和新疆二省区，7年间青海区位正偏离总量都超过正向偏离率达到了17.12%，远远高于全国平均水平和西北地区其他三省区，区位优势都比较突出，但负向的结构偏离-5.71%，冲减了区位的巨大优势；而新疆结构偏离率达到-7.55%，为西北五省中产业结构升级的速度最为滞后的省区，整体的经济水平在很大程度上受到影响，虽然区位偏离率为正，但不足以抵消前者带来的影响，导致总偏离量为负值。这也反映出西北五省区近7年内经济结构调整的效益较低，与其应该达到的水平有很大的差距。

综合上述，在近7年内，西北五省区的经济发展水平快速提高，但影响西北五省区经济发展的区位因素和结构因素依然存在，各省区的结构效益均为负值，且产业结构偏离度均呈大幅度的负向偏离，说明西北地区社会经济的发展并不是由结构因素的变迁实现的，进而证明虽然这7年间西北地区产业结构不断进行优化调整，但取得的效果并不理想，对经济发展没有产生明显的推动作用，但随着"丝绸之路经济带"建设、西部大开发、加快向西开放发展等的推

（五）三次产业内部结构比较

第一产业是国民经济的基础产业，通常，第一产业内部结构又可细分为农业（种植业、其他农业）、林业、牧业和渔业。见表6-14，西北五省区第一产业内部，农业和牧业增加值较大，而林业和渔业增加值很小，这反映出西北地区耕地、草原面积较大，在种植业和牧业方面具有一定优势。

从农业增加值来看，2010年，新疆农业增加值最高为812.36亿元，陕西居于第二位，为684.87亿元，甘肃居于第三位，农业增加值为441.3亿元，宁夏和青海农业增加值相对较低；2015年，农业增加值排在首位的是陕西省，达到1178.6亿元，超过排在第二名的新疆31亿元，其余省份农业增加值均有提高，但总体格局保持不变。2010—2015年，陕西省农业增加值涨幅最高，为493.73亿元，新疆以335.24亿元排名第二，甘肃紧随其后，增长了312.5亿元，宁夏和青海以65.17亿元和30.5亿元居于四、五位。

从牧业增加值看，2010年西北五省区中牧业增加值最高的陕西省达到233.7亿元，新疆为217.96亿元，甘肃略低，为123.9亿元，青海和宁夏分别为74.86和34.93亿元，分居四、五位；2015年，除新疆取代陕西居于首位之外，其余省区的排名均未改变；从增幅来看，新疆最大，宁夏最小，总体来说各省区牧业增加值均呈缓慢增长的趋势。

从林业和渔业增加值看，西北五省区林业增加值和渔业增加值的基数均很小，因此，从2010—2015年增加的数额也比较低。

表6-14 2010—2015西北五省区第一产业内部结构变动　　单位：亿元

指标	区域	2010年	2011年	2012年	2013年	2014年	2015年
农业增加值	陕西	684.87	841.6	944.1	1060.7	1157.1	1178.6
	甘肃	441.3	498.04	580.7	657.8	705.1	753.8
	青海	55.1	61.33	69.5	81.8	85.3	85.6
	宁夏	110.53	126.54	135.9	151.5	154.1	175.7
	新疆	812.36	844.8	979.9	1052.6	1130.1	1147.6

续表

指标	区域	2010年	2011年	2012年	2013年	2014年	2015年
林业增加值	陕西	22.37	26.9	37.2	43	46.8	47
	甘肃	7.81	7.57	9.3	10.6	12	12.9
	青海	2.53	2.79	2.9	3.6	4.2	4.5
	宁夏	3.08	3.31	3.4	3.5	3.6	4.1
	新疆	18.69	19.99	22.5	25.2	25.7	27.7
牧业增加值	陕西	233.7	297.4	322.9	347.2	349.7	358.8
	甘肃	123.9	143.47	158	174.9	182.2	185.8
	青海	74.86	88.35	101.3	118.3	124.8	116.6
	宁夏	34.93	41.44	44.8	50.7	53.6	51.9
	新疆	217.96	241.53	281.5	349.7	374.4	374.5
渔业增加值	陕西	4.72	6	0.1	10.1	11.3	13.3
	甘肃	0.8	1.1	8.3	1.4	1.5	1.5
	青海	0.08	0.15	1.2	1	1.7	2.2
	宁夏	3.1	3.94	0.4	5.1	5.7	6.1
	新疆	5.45	6.06	5.1	7.3	8.4	9.3

从农业、林业、牧业和渔业占第一产业的比重来看（图6-7~图6-10），第一产业产值中，农业增加值比重主要集中在两个区间，其中，陕西、甘肃、宁夏、新疆的农业增加值比重均在70%左右，除甘肃呈稳步增加的趋势外，其余三省有小幅波动，总体比较平稳，而青海农业增加值比重远远低于这四个省份，一直在40%左右的小范围内波动变化。可见，青海由于高寒的自然环境，农业基础相对薄弱，因此农业增加值所占比重较低。与此相反，青海省的牧业增加值的比重远高于其他省份，达到55%左右，高于其他省份近30个百分点，可见，青海的牧业占有重要地位。林业增加值和渔业增加值比重均比较小，比重最高的省份也未达到3%，可见，西北地区林业和渔业对国民经济的贡献较低。

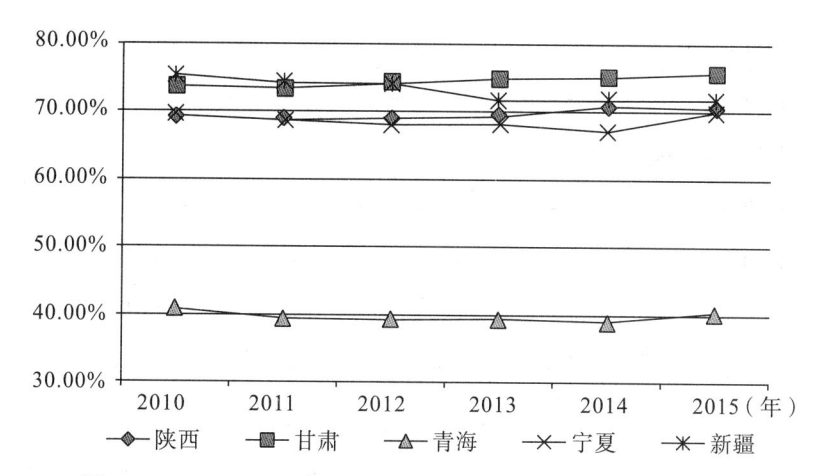

图 6-7 2010—2015 年西北地区第一产业内农业增加值所占比重

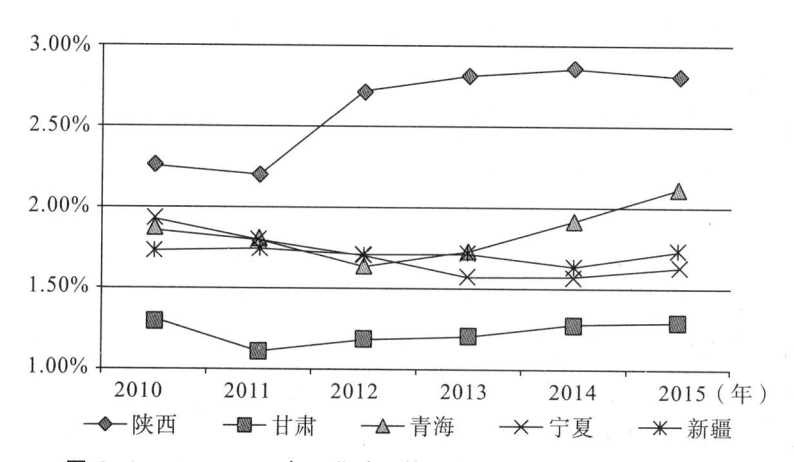

图 6-8 2010—2015 年西北地区第一产业内林业增加值所占比重

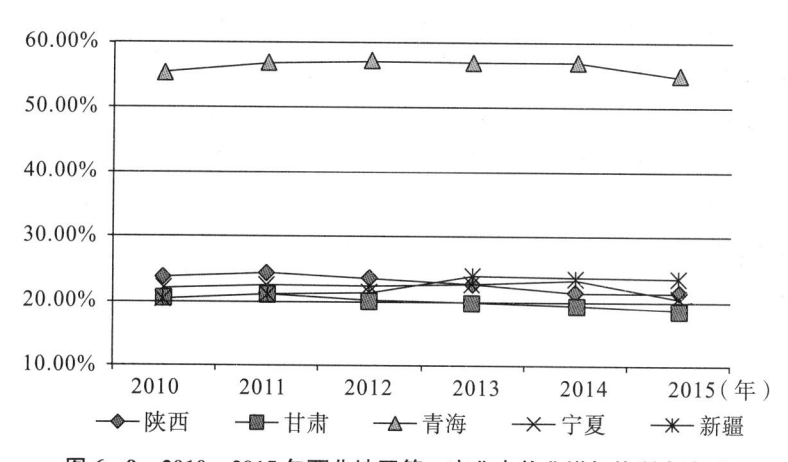

图 6-9 2010—2015 年西北地区第一产业内牧业增加值所占比重

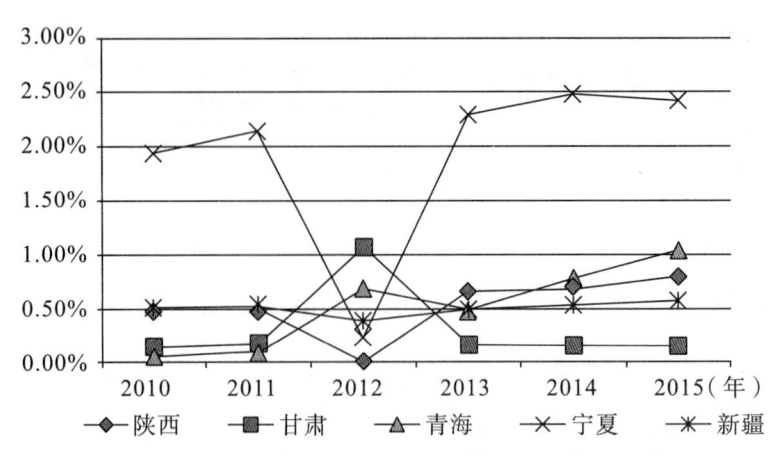

图 6-10 2010—2015 年西北地区第一产业内渔业增加值所占比重

第二产业是传统产业中对第一产业和本产业提供的产品（原料）进行加工的产业部门。依照"三次产业分类法"可以将二次产业细分为采矿业，制造业，电力，燃气及水的生产和供应业，建筑业。但统计年鉴中，通常将第二产业粗略划分为工业和建筑业，为便于比较分析，本部分研究中主要以工业和建筑业作为研究对象。

从工业增加值来看，2010 年，陕西工业增加值最高为 4558.97 亿元，是第二位新疆的 2.1 倍多，甘肃居于第三位，工业增加值为 1602.87 亿元，宁夏和青海工业增加值相对较低，均低于 1000 亿元；2015 年，工业增加值排在首位的仍然是陕西省，达到 7344.62 亿元，是排在第二名的新疆的 2.7 倍，两者之间的差距有所扩大；其余省份工业增加值均有不同程度的提高，但总体格局保持不变。2010—2015 年，陕西省工业增加值涨幅最高，为 2785.65 亿元，新疆以 579.32 亿元排名第二，宁夏和青海以 336.67 亿元和 280.22 亿元居于三、四位，甘肃虽然总量仍居于中间位置，但 6 年间仅增长了 175.23 亿元，工业发展动力不足。2010 年，西北五省区中，建筑业增加值最高的陕西省达到 887.13 亿元，新疆为 430.76 亿元，甘肃略低，为 382.1 亿元，宁夏和青海分别为 184.86 和 130.98 亿元，分居四、五位；2015 年，西北五省区建筑业产值的排名均未改变；从增幅来看，陕西省最大，达到 893.72 亿元，青海最小，为 182.83 亿元，各省建筑业增加值均稳步增加，见表 6-15。

表 6-15 2010—2015 西北五省区第二产业内部结构变动   单位：亿元

指标	区域	2010年	2011年	2012年	2013年	2014年	2015年
工业增加值	陕西	4558.97	5857.92	6847.41	7507.34	7993.39	7344.62
	甘肃	1602.87	1923.95	2070.24	2155.22	2263.2	1778.1
	青海	613.65	811.73	895.89	912.68	954.27	893.87
	宁夏	643.05	816.79	878.63	933.12	973.53	979.72
	新疆	2161.39	2700.2	2850.06	2925.74	3179.6	2740.71
建筑业增加值	陕西	887.13	1077.67	1226.46	1452.79	1645.65	1780.85
	甘肃	382.1	453.88	529.85	607.37	681.34	730.88
	青海	130.98	163.45	196.45	238.97	280.43	313.81
	宁夏	184.86	239.36	280.74	327.11	368.37	399.98
	新疆	430.76	525.7	631.5	750.33	867.54	959.03

从工业和建筑业占第二产业的比重来看（图6-11、图6-12），西北五省区工业增加值比重均呈下降的趋势，横向看工业增加值比重由大到小依次是陕西、新疆、青海、甘肃和宁夏，五省区工业增加值比重主要分布70%~85%之间，五省区之间差距较小，由此可见西北地区五省区的工业在国民经济中占有十分重要的地位。与此相反，西北五省区建筑业增加值比重均呈上升趋势，甘肃和新疆的建筑业增加值比重升高的幅度略高于其他三省，达到10%以上，其他三省均低于10%，可见，西北地区工业比建筑业对国民经济的贡献明显要大。

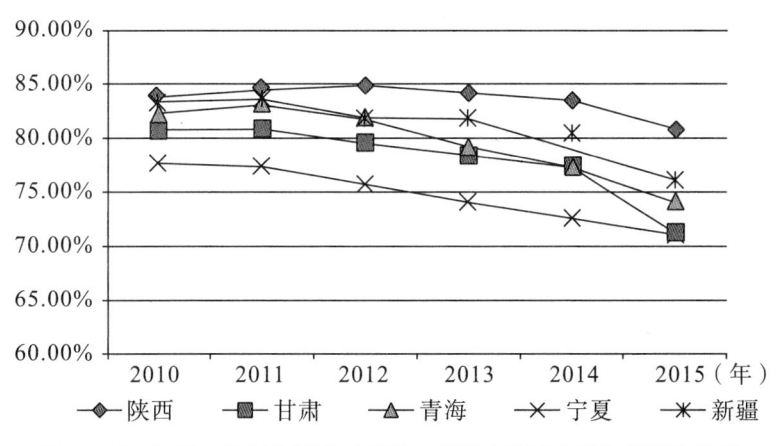

图 6-11 2010—2015 年西北地区第二产业内部工业增加值所占比重

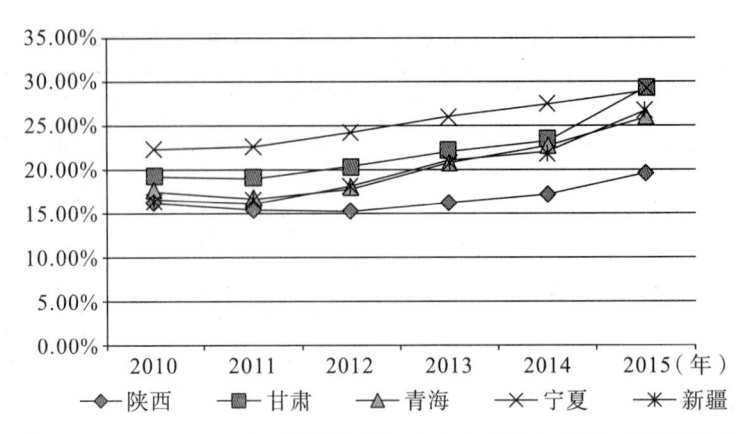

图 6-12　2010—2015 年西北地区第二产业内部建筑业增加值所占比重

第三产业即服务业，包括：批发和零售业，交通运输、仓储和邮政业，住宿和餐饮业，信息传输、软件和信息技术服务业，金融业，房地产业，租赁和商务服务业，科学研究和技术服务业，水利、环境和公共设施管理业，居民服务、修理和其他服务业，教育，卫生和社会工作，文化、体育和娱乐业等。[①]

为便于收集数据和统计分析，将通常统计年鉴中第三产业所包括的主要项目：批发和零售业，交通运输、仓储和邮政业，住宿和餐饮业，金融业，房地产业及其他行业六类作为本部分主要研究对象进行分析，见表 6-16。

表 6-16　2010—2015 西北五省区第三产业内部结构变动　　　单位：亿元

指标	区域	2010 年	2011 年	2012 年	2013 年	2014 年	2015 年
批发零售业增加值	陕西	856.65	1036.35	1166.9	1289.6	1413.16	1504.04
	甘肃	272.13	351.97	398.52	440.31	491.68	508.00
	青海	81.44	93.70	109.44	139.08	150.64	154.78
	宁夏	89.50	109.99	124.66	133.77	139.07	136.97
	新疆	276.28	371.90	426.65	559.01	550.67	523.58
交通运输仓储邮政业增加值	陕西	474.60	552.54	617.39	611.11	675.66	713.02
	甘肃	227.18	280.33	319.66	267.18	280.73	274.65
	青海	61.26	67.53	71.87	74.23	81.70	90.55
	宁夏	145.17	174.10	196.49	198.39	198.92	200.66
	新疆	222.47	256.72	357.9	386.97	480.44	536.06

---

① 邢琪：《北京市第三产业升级与协调发展研究》，首都经济贸易大学博士学位论文，2014 年。

续表

指标	区域	2010年	2011年	2012年	2013年	2014年	2015年
住宿餐饮业增加值	陕西	218.16	266.92	312.27	338.51	365.85	432.02
	甘肃	97.40	123.61	141.68	159.64	178.23	196.37
	青海	16.30	18.93	21.39	34.42	37.30	43.27
	宁夏	31.00	37.15	42.67	44.16	47.74	51.31
	新疆	68.06	77.87	108.39	130.43	142.85	155.62
金融业增加值	陕西	384.75	432.11	551.2	738.52	948.93	1082.37
	甘肃	100.54	145.05	184.43	294.18	364.84	443.12
	青海	54.53	62.56	83.73	145.23	175.21	220.87
	宁夏	97.87	134.18	167.48	206.34	230.16	256.38
	新疆	225.20	288.77	360.40	473.57	536.94	563.8
房地产业增加值	陕西	315.95	398.03	450.12	518.6	579.44	695.53
	甘肃	110.02	134.25	146.32	218.39	234.14	244.82
	青海	25.41	29.05	31.41	46.21	48.96	53.59
	宁夏	60.53	79.01	87.51	104.05	114.28	97.05
	新疆	143.44	176.22	194.38	286.29	281.56	285.38
其他行业增加值	陕西	1438.82	1669.86	1911.77	2222.93	2432.01	2796.19
	甘肃	729.23	928.58	1079.00	1308.54	1403.49	1618.86
	青海	231.94	268.41	306.45	323.65	355.78	434.09
	宁夏	278.38	327.49	363.71	408.35	450.39	538.02
	新疆	831.24	1073.64	1255.46	1463.20	1659.26	1961.96

首先，从批发和零售业增加值来看，2010年，陕西批发和零售业增加值最高为856.65亿元，新疆和甘肃差距不大，分别为276.28和272.13亿元，分别居于第二、三位，宁夏和青海批发和零售业增加值相对较低；2015年，这一格局基本未变，批发和零售业增加值排在首位的依然是陕西省，达到1504.04亿元，几乎是排在第二、三名的新疆和甘肃的三倍，宁夏和青海仅相当于陕西的1/10。2010—2015年，陕西省批发和零售业增加值的增长最多，为647.39亿元，宁夏最低，仅增长47.47亿元，差距十分巨大。

其次，2010年，西北五省区中，交通运输、仓储和邮政业增加值最高的陕西省达到474.6亿元，甘肃为227.18亿元，新疆略低，为222.47亿元，宁夏和青海分别为145.17和61.26亿元，分居四、五位，2015年，除新疆取代甘肃居于第二位之外，其余省份的排名均未改变；从增幅来看，新疆最大，陕西次之，二者涨幅均大于200亿元，其余三省涨幅均小于100亿元。

再次，住宿和餐饮业增加值上升最快的也是陕西省，6年间升高213.86亿元，其余四省区均低于100亿元；金融业、房地产业与批发和零售业增加值的变化情况类似，陕西省一马当先，甘肃和新疆居于二三位，但与陕西有较大差距。

从总体来看，陕西省无论第三产业发展基础还是发展势头，在西北五省区中都具有不可动摇的领先地位，甘肃和新疆有一定发展，但发展规模仍逊色于陕西省，青海和宁夏由于其基数较小，虽然也在不断发展，但从总量来看，与其余省份还有不小的差距。

从批发和零售业，交通运输、仓储和邮政业，住宿和餐饮业，金融业，房地产业及其他行业分别占第三产业的比重来看（图6-13～图6-18），西北五省区批发和零售业，交通运输、仓储和邮政业增加值比重均呈现下降的趋势，金融业增加值比重呈现显著的上升趋势，其余行业部门表现为波动变化的状态。分开来看，批发和零售业增加值所占比重最高的是陕西省，宁夏最低，新疆、青海、甘肃处于二者之间；交通运输、仓储和邮政业增加值所占比重最高的是宁夏，历年比重均在15%以上，其余四省历年比重均在15%以下；住宿和餐饮业增加值比重加大的是陕西和甘肃省，比重在5%以上，其余三省区较为接近，比重均在5%以下；2013年之前，金融业所占比重最大的是宁夏，之后被青海取代，甘肃最低。房地产业比重较高的是陕西省，宁夏在2013及2014年曾超过陕西，2015年又有所下降，甘肃和新疆比重交替变化，一直居于第三、四位，宁夏比重最低；其他行业由于包括的内容丰富，其所占比重也相对高于前面五项，可以看出，2013年之前该项比重最大的是青海省，2013年之后被甘肃省取代，陕西和宁夏该项比重相对较低。可见，西北地区第三产业各部门的增加值绝对量持续增加，而所占比重有增有减，它们对国民经济的贡献并不是持续增加的，因此需要进一步增加各项投入，促进西北地区第三产业发展。

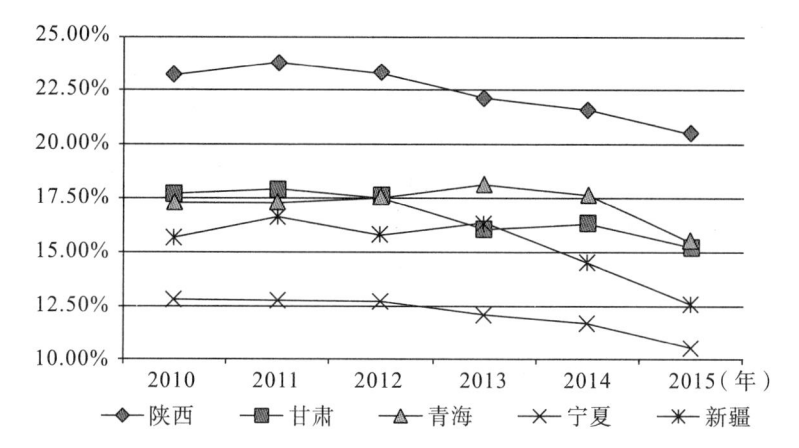

图 6-13 2010—2015 年西北地区批发零售业增加值占第三产业的比重

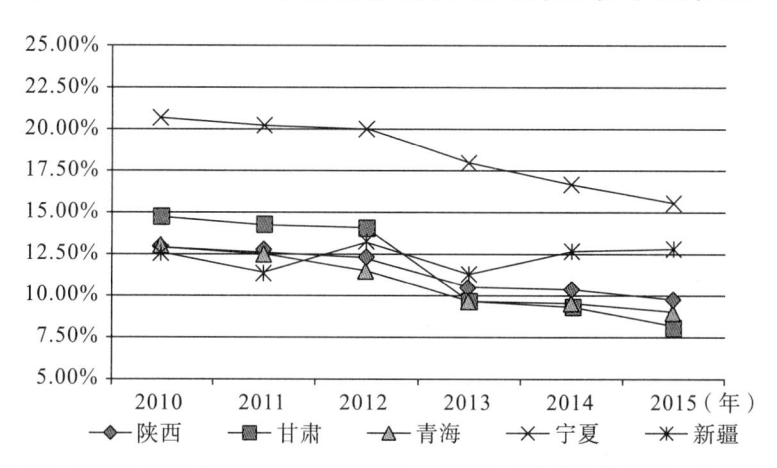

图 6-14 2010—2015 年西北地区交通运输、仓储邮政业增加值占第三产业的比重

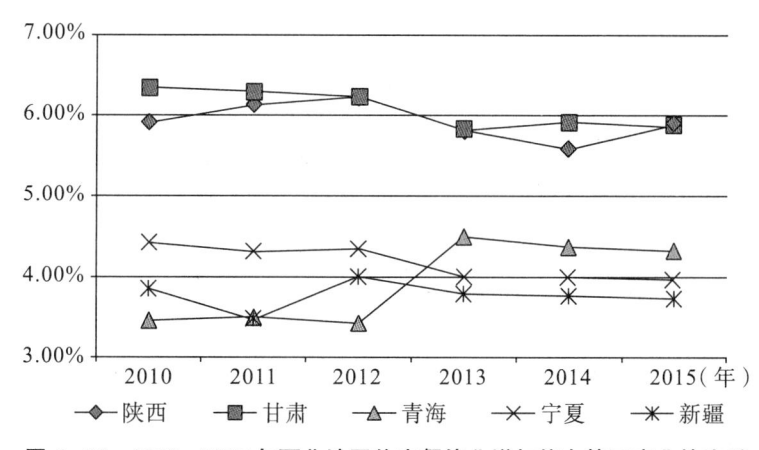

图 6-15 2010—2015 年西北地区住宿餐饮业增加值占第三产业的比重

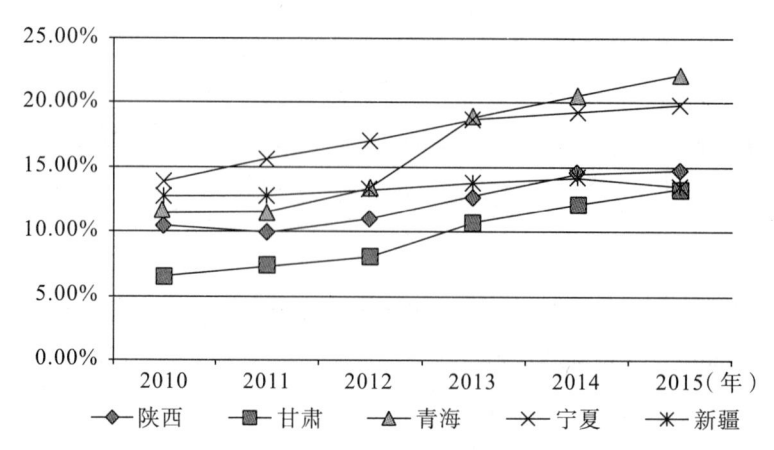

图 6-16　2010—2015 年西北地区金融业增加值占第三产业的比重

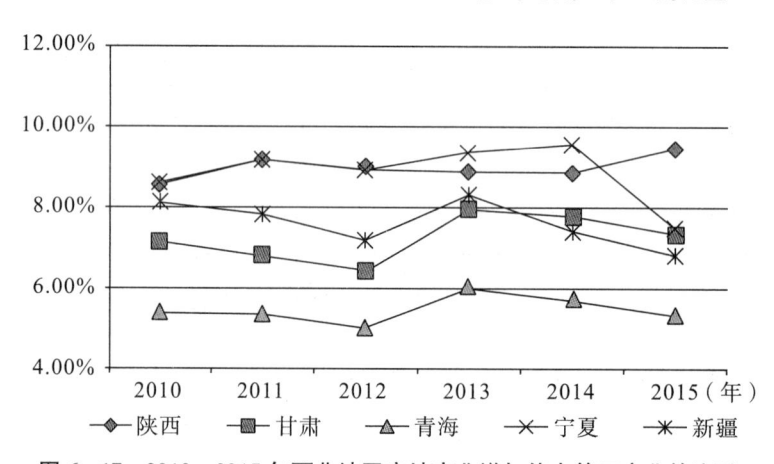

图 6-17　2010—2015 年西北地区房地产业增加值占第三产业的比重

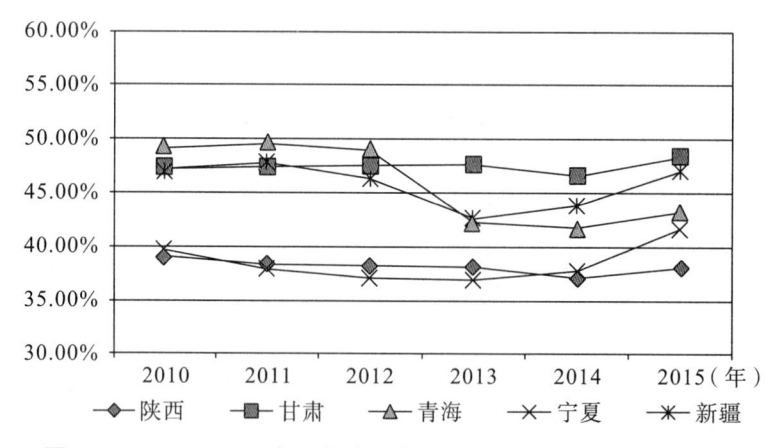

图 6-18　2010—2015 年西北地区其他行业增加值占第三产业的比重

四、经济发展代价

能源资源是一国社会经济发展的重要物质基础，在推动社会进步和提高人民生活水平中发挥着巨大的作用。随着社会的不断进步，人们对各种能源的需求量也越来越大。与此同时，伴随着各类资源能源的开采和利用，环境污染和生态破坏日益严重，这将对人类生存和发展带来极大的威胁，因此，当前资源危机和环境问题已成为阻碍人类社会经济发展的重要瓶颈。目前，合理开发能源资源、密切关注环境保护问题，确保资源、环境与社会经济的可持续发展，越来越受到关注。而将经济发展中能源资源的投入及产生的环境代价货币化，是研究社会经济可持续发展的重要手段之一。本部分主要评估 2015 年西北地区各个省区经济发展中资源耗费情况以及发展产生的环境代价，见表 6-17。

表 6-17 2015 年西北地区能源消费量及废弃物排放量

	指标	陕西	甘肃	青海	宁夏	新疆
资源代价	煤炭消费量（万吨）	18373.61	6557.06	1508.12	8907.37	17359.28
	焦炭消费量（万吨）	970.06	614.92	249.21	488.53	748.59
	原油消费量（万吨）	2101.10	1446.50	154.33	477.12	2489.49
	汽油消费量（万吨）	249.51	158.20	44.96	36.08	254.50
	煤油消费量（万吨）	34.48	5.86	0.01	0.02	27.98
	柴油消费量（万吨）	465.71	335.60	114.53	122.75	637.14
	燃料油消费量（万吨）	25.51	4.97	0.03	50.83	1.76
	天然气消费量（亿立方米）	82.69	26.04	44.38	20.65	145.84
	电力消费量（亿千瓦小时）	1221.73	1098.72	658.00	878.33	2160.34
	农业用水总量（亿立方米）	57.90	96.20	20.90	62.00	546.40
	工业用水总量（亿立方米）	14.20	11.60	2.90	4.40	11.80
环境代价	废水排放总量（万吨）	168122	67071.51	23662.83	32024.56	99952.06
	二氧化硫排放量（吨）	735017.2	570621.4	150766	357596.2	778330.3
	氮氧化物排放量（吨）	627366.2	387271.5	117855	367633.9	736504.8
	烟（粉）尘排放量（吨）	603648.9	295439.9	246020	229909.5	595916.7
	固体废弃物产生量（万吨）	9330	5824	14868	3430	7263

用2015年各类资源的消耗量乘以其单价，就能得到经济发展所耗费的资源成本，用各种废弃物的数量乘以处理单位质量的废物所需的成本即可以得到治理经济发展中产生的废物所需的代价，两者之和即为社会经济发展的资源环境代价，通过计算，得到的西北地区各省区经济发展的环境代价及其占地区生产总值的比重见表6-18。

表6-18 2015年西北地区经济发展的资源环境代价

指标	陕西	甘肃	青海	宁夏	新疆
资源环境代价（亿元）	1808.74	1431.06	1184.36	1083.46	2941.94
占地区生产总值比重（%）	10.04	21.07	49.00	37.21	31.55

从经济发展的资源环境代价总量来看，西北地区各个省份的成本值都在1000亿元以上，占地区生产总值的比重也都在10%以上。可见，西北地区经济的发展对资源的依赖和对环境的影响均比较大，经济增长方式比较粗放。分省区来看，青海省经济发展耗费的资源环境代价占地区生产总值的比重最大，但青海省地处青藏高原东缘，生态环境脆弱，如此巨大的资源环境投入必然对区域生态环境带来不良后果。随着近几年宁东工业基地的发展，宁夏经济发展中资源环境的投入有所增加，2015年，宁夏资源环境代价占到其地区生产总值的37.21%；新疆也是一个能源资源大省，依靠丰富的自然资源投入取得了经济的快速发展，但资源环境代价占地区生产总值的31.55%，说明这两省区资源利用效率均比较低，今后需进一步优化产业结构，提高发展的资源环境效率。甘肃省资源环境代价占地区生产总值的21.07%，说明甘肃省经济发展也是与以大量投入资源、劳动力并以生态环境恶化为代价取得的，要使区域经济与资源的环境生态系统协调发展，其经济增长模式应从数量型转向质量型。西北五省区中陕西省经济发展的资源环境代价占地区生产总值的比值最小，但也超过10%，说明陕西省经济发展的模式也比较粗放，科技等生产要素投入产出水平不高。

总体上来看，由于经济发展模式粗放，且西北地区生态基底脆弱，导致西北地区经济发展的环境代价较大。当前，世界范围内掀起的绿色经济发展浪潮是人类积极探索和改善人与自然关系的重要形式。我国也将生态文明上升到国家意志和国家战略的高度，并强调以绿色发展的模式应对各种资源和生态危机。西北地区环境容量小、生态脆弱，但近年来经济增长发展较快，以往的粗放型发展模式与我国发展生态文明建设的战略思想相悖，坚持绿色发展将是新时期社会经济发展的具体方向和实现路径。

五、经济福利水平

（一）财政收入

从图 6-19 中可以看出，2010—2016 年西北五省区财政收入整体呈逐年上升的趋势，其中新疆维吾尔自治区和宁夏回族自治区在 2015—2016 年经济增幅较 2010—2014 有较大的提升，甘肃省和青海省平稳向上发展，陕西省财政收入增长在 2011 年增长较快，在 2016 年较 2015 年偏低，但仍位居五省之首。

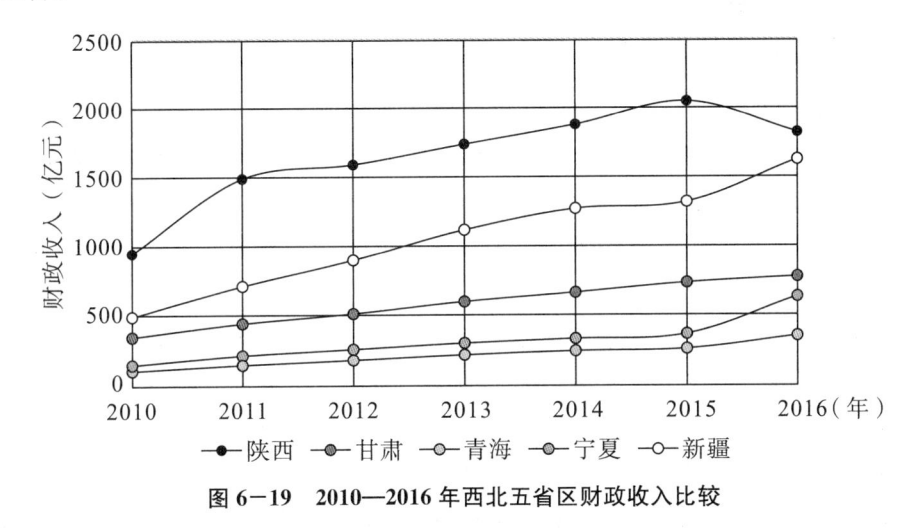

图 6-19　2010—2016 年西北五省区财政收入比较

从图 6-8 中可以看出，2010—2016 年西北五省区财政收入整体呈逐年上升的趋势，其中新疆维吾尔自治区和宁夏回族自治区在 2015-2016 年经济增幅较 2010—2014 年有较大的提升，甘肃省和青海省平稳向上发展，陕西省财政收入增长在 2011 年增长较快，在 2016 年较 2015 年偏低，但仍位居五省区之首。

就 2015—2016 年的数据看，陕西出现财政收入负增长，增幅为 -10.97%，而宁夏增幅最高，达 72.12%，青海财政收入增幅次之，为 34.75%，新疆紧随其后，为 23%，甘肃财政收入增幅为 5.77%。但就财政收入的绝对值来看，甘肃、青海、宁夏三省区与陕西、新疆仍有较大的差距。不过五省区 2016 年财政收入与 2010 年相比均有很大的提高，陕西、甘肃、青海、宁夏、新疆增加的倍数分别为1.91、2.23、3.27、4.19和3.27,可见五省区财政收入均有很大的提升。

2010—2016年,陕西、甘肃、青海、宁夏、新疆五省区的财政收入平均值分别为1655.95亿元、590.67亿元、221.58亿元、328.85亿元和1072.67亿元,说明西北地区内部财政收入差异性仍然很大。在此期间,陕西、甘肃、青海、宁夏和新疆五省区的财政收入平均增长速度为13.10%、14.46%、22.32%、28.72%和22.44%,全国财政收入平均增长水平为13.83%。从数据看出,青海、宁夏、新疆三省区的增长速率远高于全国水平,甘肃略高,陕西略低于全国平均水平,五省区财政收入整体发展趋势平稳良好。随着西部大开发战略和"一带一路"倡议的提出和实施,预计五省区财政收入将会进一步增长。

(二)城乡居民人均可支配收入

2010—2016年陕西、甘肃、青海、宁夏和新疆五省区城镇居民人均可支配收入逐年提升,并且区域之间的差异越来越小,例如陕西和新疆两省区,2010年城镇居民人均可支配收入分别为15695元和13644元,但到2016年,两省区城镇居民人均可支配收入差异仅为200元,不过地区差异性仍然不容忽视。

2010—2016年,西北五省区城镇居民人均可支配收入相对全国水平,一直处于滞后状态(图6-20)。陕西、甘肃、青海、宁夏和新疆五省区城镇居民人均可支配收入平均为22472.57元、19223.57元、19884.57元、21513.29元和20478.43元,相比较全国平均值26661.57元,五省区均低于该数,也在一定程度上反映了五省区经济较其他省区差距较大。但就2010—2016年城镇居民人均可支配收入平均增幅来看,陕西、甘肃、青海、宁夏和新疆五省区分别为10.47%、11.78%、11.61%、10.02%和12.96%,均高于全国平均增幅9.91%。由此可以看出,西北五省区的经济基础薄弱,但是发展态势良好。另外,需要注意的是,甘肃和宁夏两省区的城镇居民人均可支配收入和全国水平的差距在逐渐拉大。

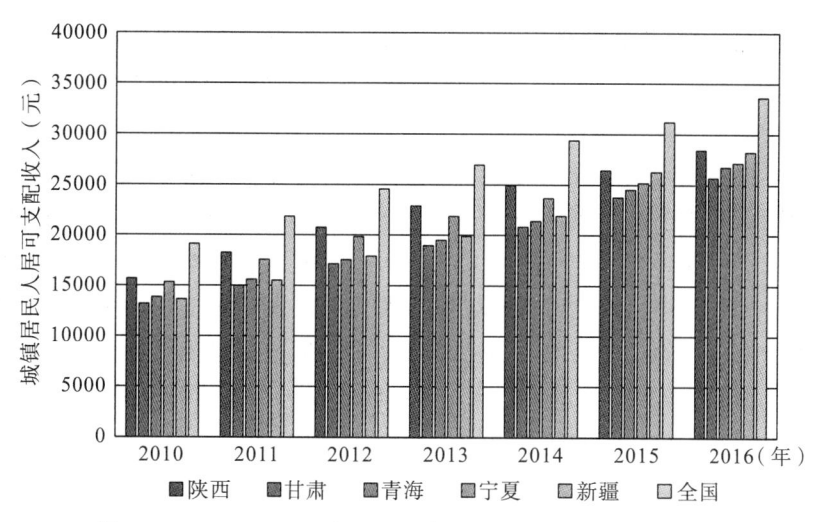

图 6-20　2010—2016 年西北五省区城镇居民人均可支配收入

2010—2016 年，虽然陕西、甘肃、青海、宁夏和新疆五省区的农村居民人均可支配收入逐年递增（图 6-21），但是与全国平均水平仍然有一定的差距，并且西北五省区之间的差异以及与全国农村居民人均可支配收入的差距越来越大。从西北五省区自身发展状况来看，2016 年陕西、甘肃、青海、宁夏和新疆五省区农村居民人均可支配收入分别是 2010 年的 2.29 倍、2.18 倍、2.42 倍、2.11 倍和 2.19 倍，五省区均有很大的提升。但甘肃和宁夏两省区在 2010 年就落后于其他省区，在经过 5 年的发展之后，和其他三省区依旧有着不小的差距。

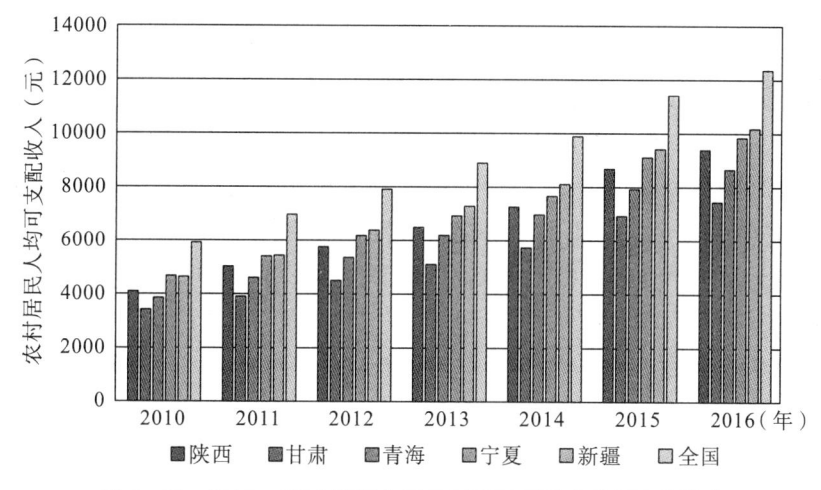

图 6-21　2010—2016 年西北五省区农村居民人均可支配收入

从发展速度来看，陕西、甘肃、青海、宁夏和新疆五省区在2010—2016年的平均增速为14.90%、13.92%、14.45%、13.28%和14.04%，均高于全国平均增速13.10%。

2016年五省区城镇居民人均可支配收入是同省农村的2.7倍以上，陕西、甘肃、青海三省更是达到了3倍以上，而全国城镇居民人均可支配收入也是农村的2.72倍，说明城镇与农村居民人均可支配收入非常不平衡，差距很大。

2010—2016年，西北五省区城镇与农村居民人均可支配收入均低于全国平均水平（图6-22），但增长态势良好，平均增长速度高于全国城镇与农村居民人均可支配收入平均增长速度。五省区农村居民人均可支配收入与城镇居民人均可支配收入的差距随着时间的变化越来越大。

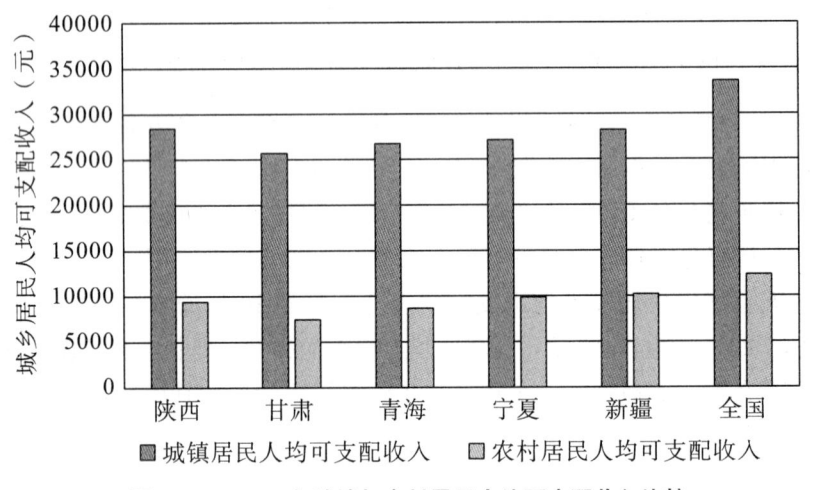

图6-22 2016年城镇与农村居民人均可支配收入比较

无论是财政收入，还是城镇居民人均可支配收入和农村居民人均可支配收入，五省区相较全国均有不小的差距，反映出来的是五省区经济欠发达，本质上是由于地理位置以及文化、经济的吸引力和资源不及中东部地区，但五省区在2010—1016年经济增长的态势良好。因此要发展出各自地区的特色产业，通过不断地革新产业链，吸引外部的投资进一步发展，才能够慢慢地缩小与其他省区的差距。同时，也要加大对农村的支持力度，遏止住城镇居民人均可支配收入和农村居民人均可支配收入差距越来越大的势头，使经济健康稳定的发展。

六、经济的外向度

通常情况下，我们用经济外向度这一指标来反映一个地区开放型经济发展的规模和水平，即该地区的对外经济联系。一般情况下，不仅包括该区域各项资本、产品的输出和输入，还包括服务、技术等的流动。因此，一个地区经济外向度的提高通常是地区生产产品、服务流动、资本流动、技术流动等方面综合作用的结果。计算时常用进出口总额与地区生产总值的比值来表示。经济外向度可以反映一个地区的经济与国际经济联系的紧密程度，从而从侧面衡量一个区域的开放规模和发展水平。

首先从西北地区进出口总额来看（表6-19），2010年，西北地区进出口总额最大的省份是新疆，其进出口总额大约是排名第二的陕西的2倍，但是到了2015年，陕西的进出口总额超过了新疆，成为西北五省区进出口总额最大的省份。2010年陕西与甘肃的进出口总额相差不足300亿元，但是自2012年以后，陕西进出口总额出现跳跃式发展，到了2015年，陕西进出口总额一跃成为西北五省区进出口总额最大的省份，是甘肃的6倍多，是青海的50倍多，是宁夏的8倍多。说明在这6年的发展过程中，陕西在对外贸易方面有了非常大的提升，其经济外向度也是逐年增加的，而西北五省区的其余四省区都处于下降或停滞不前的状态。2010年至2015年，全国进出口总额的平均增长率为4.3%，陕西为19.21%，甘肃为-11%，青海为-7%，宁夏为6%，新疆为5%，即陕西进出口增长率显著高于全国水平和西北其他省份，宁夏、新疆也略高于全国水平，但是甘肃和青海表现为负增长，显著低于全国水平。

表6-17 2010—2015年西北五省区进出口总额 单位：亿元

	2010	2011	2012	2013	2014	2015
陕西	792.28	909.62	958.85	1252.25	1700.84	1860.86
甘肃	500.14	505.56	452.19	423.71	323.52	271.74
青海	55.38	49.20	51.32	53.00	38.09	36.81
宁夏	173.79	181.44	168.74	161.54	246.51	211.06
新疆	1446.19	1932.18	2122.73	2326.67	2388.85	1685.88
全国	201722.15	236401.95	244160.20	258168.90	264241.77	245502.93

再从经济外向度来看（图6-23），2010—2015年，西北五省区经济外向度显著偏低于全国水平（35.6%~48.8%），新疆是西北五省区中进出口总额和经济外向度最高的省份，其经济外向度最高达到30%，而其余四个省份都显著偏低，经济外向度不足20%，可见西北地区总体经济外向度较低，对外贸易水平落后，而西北五省区经济发展程度相对较低是导致这种现象的原因之一。2010—2015年，全国和西北五省区进出口总额逐年递增，而全国经济外向度却逐年下降，新疆、甘肃经济外向度也表现出了显著下降的趋势，青海、宁夏年际波动较小，只有陕西表现出了较为明显的增长趋势。

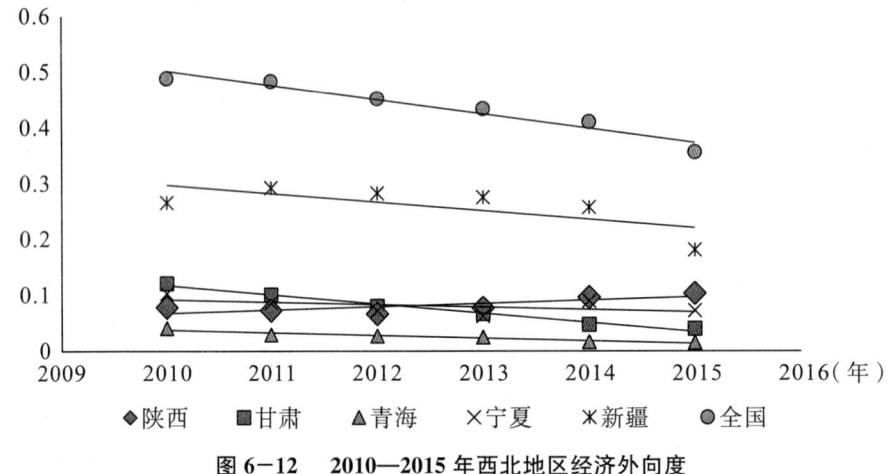

图6-12 2010—2015年西北地区经济外向度

根据以上对西北五省区经济外向度和进出口总额的分析，我们发现，虽然全国经济外向度2010—2015年有所下降，但是进出口总额处于增长趋势，说明全国经济对国际经济的依赖度在逐步减少，新疆经济外向度和进出口总额与全国的变化趋势相同，说明新疆在增加进出口总额的同时也减小了对国际经济的依赖性；陕西省的进出口总额和经济外向度都有显著的增加趋势，说明陕西省逐年提升了对外贸易水平，同时也增加了受国际经济发展趋势影响的程度；宁夏和青海的经济外向度基本波动不前，但是宁夏进出口总额处于增长态势，而青海处于负增长态势，说明宁夏在扩大地区生产总值的同时，对外贸易水平也在逐步提升；而青海对外贸易减小趋势显著；甘肃的经济外向度和进出口总额都在逐步减小，说明甘肃在近6年的经济发展中，外向型经济发展进展缓慢，国际市场竞争力不强。未来，西北地区应加强开放发展力度，提升地区特色产品及优势产品的国际竞争力，使西北地区对外经济活力进一步提升。

七、经济的竞争力

随着经济的发展，区域之间的竞争日趋激烈。要使区域获得竞争优势，以达到加快区域发展的目标，经济决策者必须从更高和更新的层次来制定区域发展战略。区域经济竞争力是能支撑一个区域持久生存和发展的力量，是一个区域为其自身发展对资源的吸引力和市场的争夺力，它是区域的经济实力及发展潜力的综合反映。区域经济竞争力主要体现在一个地区集散资源、创造财富、提供服务以带动辐射周边地区的能力等多个方面，因此，衡量区域经济竞争力应该进行多角度、综合性分析。本研究中，为了衡量西北地区的经济竞争力，并与全国其他省区进行比较，我们采用区域综合竞争力、产业竞争力、国际竞争力、基础设施竞争力、创新竞争力和城市竞争力来综合反映，所采用的评价指标体系见表6-20。

表6-20 区域经济竞争力评价指标体系

一级指标	二级指标
综合实力竞争力	全省生产总值GDP（亿元）
	社会固定资产投资（亿元）
产业竞争力	第三产业占GDP比重（%）
国际竞争力	外贸进出口总额（亿美元）
基础设施竞争力	货物周转量（亿吨公里）
	旅客周转量（亿人公里）
	邮电业务总量（亿元）
创新竞争力	高等教育在校人数（万人）
	科研经费支出（亿元）
城市竞争力	城镇居民人均可支配收入（元）
	农村居民人均可支配收入（元）
	人口总数（万人）
	城镇人口占总人口比重（%）

本研究选取多指标的评价体系来测度区域经济竞争力，由熵值法来确定各指标的权重，进而进行计算。熵值法是一种客观赋权方法，能够克服多指标变量人为确定权重的主观性，它通过计算指标的熵值法，根据指标的相对变化程

度对系统整体的影响来决定指标的权重，相对变化程度大的指标具有较大的权重，所给出的指标权重值比层次分析法和专家经验评估法有更高的可信度，此方法现广泛应用于统计学各领域，具有较强的研究价值。具体步骤为：

（1）本书均采用正向指标，标准化公式为

$$X'_{ij} = X_{ij}/X^*_{j\max}$$

其中，X_{ij} 为第 i 个区域第 j 项指标的指标值，X'_{ij} 为其标准化值，$X^*_{j\max}$ 为指标 j 的理想值。

（2）计算第 j 项指标下第 i 个区域指标值的比重 p_{ij}：

$$p_{ij} = X'_{ij}/\sum_{i=1}^{m} X'_{ij}$$

（3）计算第 j 项评价指标的熵值 e_j：

$$e_j = -1/\ln m \cdot \sum_{i=1}^{m} p_{ij} \ln p_{ij}$$

（4）计算第 j 项评价指标的权重 w_j：

$$w_j = (1-e_j)/\sum_{j=1}^{n}(1-e_j)$$

（5）计算第 i 个区域的经济竞争力：

$$S_i = \sum w_j * X'_{ij}$$

为便于分析，将评价结果以条形图展示（图6-24），分析可知，西北五省区区域经济竞争力在全国范围内来看，均处于比较靠后的位置。其中，新疆经济竞争力最强，在全国省区（不含港、澳、台）中排名第15位，评价值为0.1903，不及广东省的三分之一。西北地区竞争力排名第二位的是陕西省，评价值为0.1794，在全国排名第17位。甘肃、宁夏和青海三省区域经济竞争力居于全国倒数，分别是27位，29位和30位，甘肃、宁夏、青海的区域竞争力评价值分别为0.0680、0.0280和0.0220，仅相当于第一名广东省的3%～10%。全国省区（不含港、澳、台）经济竞争力评价值的均值为0.2117，高于西北地区的所有省份。因此，在未来发展中，要不断完善西北地区基础设施建设，提升区域科技创新能力，继续优化产业结构，采取多种措施来提高居民收入水平，进一步提升西北地区经济竞争力。

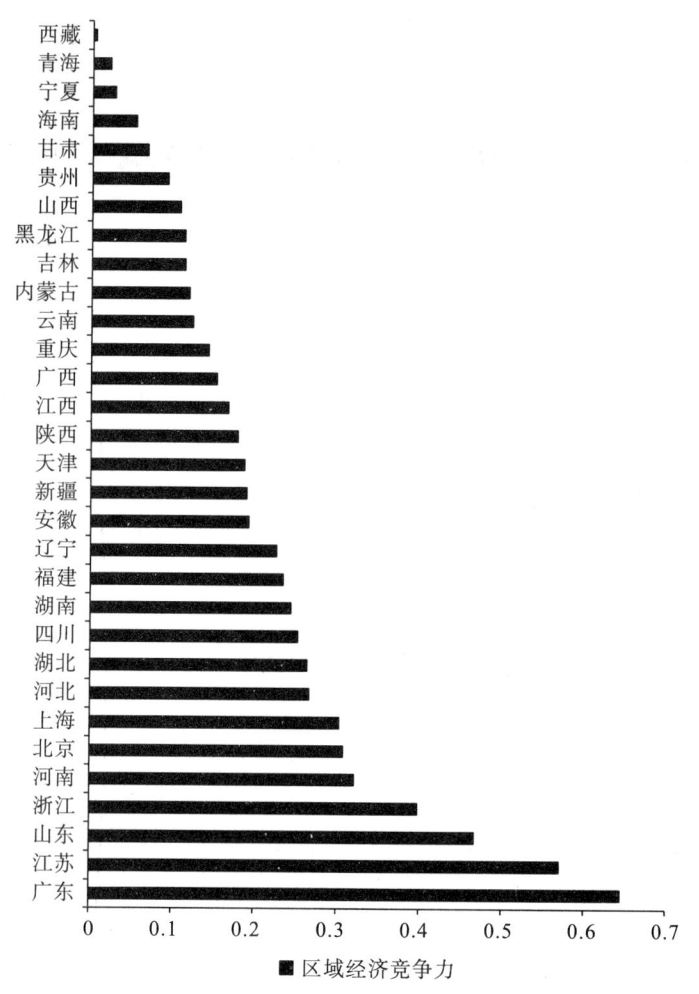

图 6-24　2015 年全国各省（市、区）（港、澳、台除外）经济竞争力

总的来看，虽然近些年西北地区经济发展取得了来之不易的成绩，但西北地区经济发展仍存在经济基础整体薄弱、经济结构失衡固化、经济依赖投资驱动、体制机制仍不健全、创新驱动能力偏弱、资本供给仍然不足、人力资本结构性短缺、基础设施欠账较多、省区间发展不平衡等突出问题，这些长期积累的矛盾亟待破解，加快经济转型发展势在必行。[①]

[①] 刘进军、罗哲：《西北地区经济转型跨越发展的实证分析》，《甘肃行政学院学报》，2017 年第 5 期，第 78~90 页。

第七章　国内外经济转型跨越发展的实践与经验

一般社会发展的历史规律是遵循原始经济→农业经济→工业经济初级阶段→工业经济高级阶段→知识经济（信息经济）的演化进程。从世界经济现代发展史来看，利用后发优势实现经济转型跨越发展一直是后发国家追求的目标，后起国追赶先行国，以及后进地区追赶先行地区的成功案例比比皆是，为我们提供了有益的经验借鉴。

一、国外经济转型跨越发展典型案例

在农业经济时代，中国、印度、埃及等国处于世界经济领先地位，荷兰、葡萄牙、西班牙等国相对较为落后。16—17世纪，因航海技术的发展，荷兰、西班牙、葡萄牙等国社会经济发展超过中国、印度、埃及等国，跃居世界前列。18世纪60年代后，由于第一次工业革命的发展，英国取代荷兰、西班牙、葡萄牙等国处于世界经济发展领先地位。19世纪70年代以后，引来了第二次工业革命发展，美国变成世界上最强大的国家。第二次世界大战以后，日本大力发展本国工业，采用了世界顶尖级科技，成为强大的工业化国家。亚洲"四小龙"依靠30年的高速增长实现了工业化。印度紧抓信息技术革命的重大历史机遇，着力培育信息技术人才，积极发展信息技术和信息产业，逐步成为世界著名的软件大国。

（一）美国模式

美国在发展中有着很强的机遇意识，它虽然没有赶上19世纪40年代在欧洲兴起的第一次工业革命，却及时抓住了19世纪70年代的第二次工业革命，由此带来了深刻的产业变革，经济结构和经济效率发生翻天覆地的变化，到了19世纪末20世纪初，美国的工业产值已经位居世界首位。20世纪40年代第三次工业革命在美国出现，之后美国一直处于世界科技发展的前列。

19世纪20年代，美国人均GDP仅为英国人均GDP的73.3%，但19世纪70年代就上升为75.3%。此后，由于美国政治相对稳定，国内资源丰富，市场广阔，欧洲移民大量涌入为它提供了资本、劳动力、先进技术和生产经验，爱迪生将美国率先带入电气时代，国家对发明和创新提供了较好的制度性保障，西部地区加快开发，又免受战争之害，美国经济开始腾飞。19世纪末20世纪初，美国已经成为工业经济发展速度最快的国家。1870—1913年美国GDP年均增长3.9%，同期英国GDP年均增长1.9%。1894年美国成为世界上以重工业为主导的工业产量最大的工业化国家。20世纪初至第二次世界大战结束，自由竞争使美国迎来了黄金发展时代，大批垄断性公司和财团出现。之后垄断所造成的问题也陆续暴露，美国政府通过反垄断干预经济，以看得见的手和看不见的手共同作用于经济的混合模式发展经济，第二次世界大战作为美国历史新的转折点，在战后美国开始在政治、经济、科技、军事等方面都成为世界第一强国而主导世界。

（二）德国模式

德国的工业化较英美等国起步较晚，经济发展也较为落后。但是在19世纪30年代中期以后，德国仅仅用了大约半个世纪就基本完成工业化进程，由落后的农业国转变为世界先进的工业化国家。19世纪末，德国工业产值接近于英国的水平；而到了20世纪初期，其工业产值就超过了英国，仅次于美国，居于欧洲第一位，世界第二位。德国之所以能够实现跨越发展，其中的一个关键因素是在顺应市场经济发展规律的基础上，依靠政府的强力干预和调控予以实现。这主要表现在：它通过成立投资银行、发行政府债券、建立股份制公司、采取激励奖励和政策优惠等措施，以最快的速度有效整合国内外包括人才、技术、社会游资等等资源和要素，强力发挥规模效应；基于丰富的煤铁资源优先发展重工业，以及以铁路为主的交通网络；建立规范统一的国内市场体系，统一度量衡、货币以及对外的保护性关税，着力减轻企业税费成本；重视提升人力资本，建立世界首个研究型大学和科学研究团体，鼓励科技研发活动，强调普及大众教育；主动建立基本符合资产阶级要求的两院制议会制度，为工业革命创造与之相适应的积极的人文思想和社会环境；对外"和平"，对内统一，并正确认识和面对军国主义和法西斯的危害，及时而迅速地完成了前两次工业革命。①

(三) 日本模式

第二次世界大战后,日本开始大力发展自己的工业。19世纪50年代初,日本人均GDP仅仅占美国的19.6%,可是1953年后,日本经济开始起飞并快速增长,1953年到1992年期间,日本的GDP年均增长率达到6.5%,成为同时期美国GDP增长率的2倍。到1992年日本GDP达到美国的90.1%,人均GDP已迅速追上美国。这十年日本的经济发展模式成为当时全世界经济发展中备受瞩目的奇迹,表现在:日本给自己的定位是快速追赶欧美国家,大力发展重工业和化工业。第二次世界大战后,日本的重工业基础薄弱,同时供给水平严重不足,经济水平远远落后于欧美国家,因此,日本开始奋力发展重工业和化学工业,试图成为一个先进的工业化国家。在此过程中,日本政府对经济加强干预,但是政府绝不参与经济活动。日本政府干预经济的许可认可权就达1万多项,干预经济活动的范围和力度远远大于欧美。20世纪90年代,相比于美国政府对GDP控制的6%来说,日本政府对GDP的控制达到40%。日本还非常重视先进技术的引进。引进先进生产技术是经济快速发展的重要途径,如果仅仅依靠自己开发技术则需要漫长的时间和巨额资金投入,对于日本这个亟待快速发展的国家而言是不合适的。20世纪60年代,日本已经把欧美半个世纪发明的先进生产技术引进到本国的生产中,产业结构发生重大变革,实现了以重工业化和化学工业化为主的产业结构,供给、外汇和资金均出现过剩状态。日本一跃成为世界第二大经济强国。日本还实行以出口为主导的对外贸易政策增加外汇。日本对国内所需资金并不担心,但引进外国先进生产技术和设备所需大量外汇,因而日本采取鼓励出口价格低廉的轻工业产品换取外汇的政策。统筹金融以保证追赶所需要的巨额资金,实行"人为的低利率",筹措充足且低成本的资金。

(四) 东亚模式

20世纪80年代,整个东亚地区的经济基本是以高速增长为主,因而被总称为"东亚模式"。"东亚模式"是东亚各个国家和地区在吸收"日本模式"的实践经验基础上,从自身实际出发因地制宜发展而形成的"追赶型"经济模

---

① 栗彦卿:《以体制机制创新引领郑州跨越式发展》,《产业与科技论坛》,2011年第10期,第30~35页。

式。这两种模式在本质上有很大差异。首先，他们的起始条件不同。日本在实行"追赶"型经济政策时本身已有80年的资本主义发展史，然而却是一个资本主义的后进国家。而东亚其他国家或地区是发展中国家或地区，商贸流通发展基础非常薄弱，大多是以落后的农业国或地区追赶先进发达的工业国和地区。其次，东亚各国或地区的技术水平比较落后，对国外技术的依赖度大，引进和吸收能力非常有限，"东亚模式"的最初目标是依靠廉价劳动力发展劳动密集型工业，后来也取得了成功。再次，东亚各国或地区自我积累资金的能力较弱，主要依赖外国资本；而日本经济发展所需要的资金主要源于本国积累。另外，日本是出口导向型经济，对国外市场的依赖度大，出口创汇是为了进一步引进先进技术和设备增强发展能力，而东亚各国采取出口导向型经济，主要是为了还外债和支付直接投资的红利。

特别是20世纪60年代以来，"亚洲四小龙"的中国香港、中国台湾、韩国和新加坡，花了30年时间追赶欧美国家。他们采取的主要措施为"出口导向"战略，即通过吸引跨国公司投资来促进自身的出口，进而带动整个经济的发展和工业化进程。1950年，中国香港、中国台湾、韩国和新加坡是当时世界上经济比较落后的低收入国家和地区，其人均GDP分别为222美元、95美元、78美元和434美元。但到了1994年，其人均GDP已经分别达到21650美元、12000美元、10000美元和23360美元。他们仅用40年的时间就跨入了发达国家和地区的行列。

而印度独立后因为采取了激进的闭关锁国政策，错过了第三次科技革命浪潮。进入20世纪90年代，印度利用全球信息技术革命的机遇，以高科技人才培养和高新技术开发研究为起点，紧抓全球电子商务发展的契机，每年培养的计算机人才能够达到7万人，其中1500人能达到世界级水平，在软件开发和服务出口方面形成了较强的竞争力，软件产品大多出口到美国、欧洲等地。美国的百事可乐、可口可乐、通用电器、捷运公司甚至五角大楼都采用印度的软件。1991年后的很长时期里，印度经济增长速度一直保持在6%以上，最高时甚至还曾经达到9%，一跃而成为世界上经济增速最快的五个国家之一，并被看作是经济转型跨越发展成功的典型。世界上大多数工业化国家都经历了重化工业阶段的积累，而印度成功跨越的实践表明：重化工业阶段并不是必须经历，而是可以跨越甚至直接绕过的。

二、国外经济转型跨越发展的启示

在世界经济发展史上，经济后起之秀以较短的时间追赶先行者，并后来居上的案例屡见不鲜。上述国家及地区转型跨越发展既有共性规律，也有个性特点，给我国西北地区经济转型跨越发展以深刻的启示。

（一）充分发挥科学技术对经济转型跨越发展的杠杆作用

始终坚持把发展科学技术置于经济发展战略的核心地位，重视技术创新和技术引进，重视科学研究和教育水平的提高，充分发挥科学技术在经济转型阶段的杠杆作用。19世纪中叶，日本曾是经济发展水平较为落后的国家。20世纪利用第二次科技革命的机遇，顺利实现了经济的跨越发展，成功追赶上了英国。20世纪50年代开始，日本通过制定《外资法》，实施"技术立国"发展战略等，很快建立起以重化工业为主导的工业结构，出口商品质量和规模不断提高，极大地提高了产业在国际市场上的核心竞争力；20世纪90年代后，日本在实施多年的"技术立国"战略基础上，又提出了"科学技术创造立国"的重大发展战略，特别是将独创性和基础性的科学技术研究作为重点发展方向，加快构建科学技术结构，筑牢科学技术基础，由此经济增速大大提高，并最终成为世界经济大国。1995年日本人均国内生产总值占英国的比重已经由1965年的50%提升到200%，占美国的比重也由1965年的25%提升到136%。[①]

（二）重视通过培育和发展新兴产业推动经济赶超发展

顺应时代发展潮流，重视培育和发展新兴产业带动经济实现赶超。美国、德国、日本、韩国、新加坡和印度等国家和地区的发展经验表明，想要实现经济整体赶超发达国家，必须发展新兴产业。美国依靠电力、钢铁等重化工业赶超了英国，日本和"亚洲四小龙"凭借电子产品生产、汽车和家用电器等制造业加速赶超；德国带动其他部门技术进步的主要方式是靠化工和电气部门的技术革新；印度则是依靠信息技术产业加速发展。可以看出，新兴产业是当时世界上成长最快的产业，也是上述国家和地区优先选择发展的产业。新兴产业的快速发展促进了经济社会生活的重大变革，同时也带来了巨大的市场需求，成

---

① 李永周：《后发优势与我国信息产业跨越式发展》，《中国软科学》，2002年第3期，第20~24页。

为这些国家发展的重要机遇。

（三）注重园区主导下的产业集聚发展效应和企业孵化器建设

注重产业发展的集聚效应，努力发展产业园区，加强企业发展的孵化器建设。1951年斯坦福大学创办了斯坦福研究园，随着园区的发展而成为世界知名的"硅谷"，各国据此开始竞相学习和模仿，大量高新技术产业科技园陆续兴建和加快发展。除此之外，美国还建设了128号公路高技术产业地带、北卡罗来纳三角研究园等。日本建立了九州硅岛和筑波科学城。20世纪80年代后期，印度确定了以计算机软件为重点的发展战略，并在班加罗尔建立了第一个计算机软件技术开发园区。印度政府为了吸引足够的外资，对国内外企业实行较为宽松的优惠政策，放宽中小企业引进计算机技术的各种束缚，特别是采取允许外商控股等激励政策，世界上许多著名的信息产业公司纷纷在印度建设研究中心和生产基地。[1] 通过不断的努力，印度成为世界上软件业增长最快的国家，软件业年增长率达50%～60%，目前，印度已成为世界上第二大软件出口国，仅次于美国。

（四）利用开放战略积极融入和共享全球经济一体化成果

重视对外开放，参与国际经济一体化程度较高。20世纪60年代开始，亚洲"四小龙"重点发展劳动密集型产业，实施"出口导向战略"，在较短的时间里实现了经济的较快发展。1998年金融危机后，亚洲"四小龙"利用发达国家向发展中国家转移劳动密集型产业的机会，积极吸引国外资金，通过与跨国公司的联系获得管理经验、科学技术和销售渠道，不断提高产业发展的水平，获得了出口竞争优势，实现了产业结构由劳动密集型产业向资本和技术密集型产业的转型，成为东亚和东南亚地区经济发展的先锋，实现了经济的转型跨越发展。

（五）重视经济社会转型跨越发展的长效体制与政策保障

国外跨越发展实践表明，发达和完善的市场经济体制与政府适当的政策干预是一国或一个地区经济社会实现跨越发展的必备条件甚至是先决条件。作为后发展的市场规模小且资源有限的国家，日本政府着力培育和发展市场主体，

---

[1] 李永周：《后发优势与我国信息产业跨越式发展》，《中国软科学》，2002年第3期，第20～24页。

对微观经济主体的活动进行强力引导和干预,将国内有限的资源集中在政府选择的领域而非市场自然选择的领域,防止了市场不足条件下对资源的错配和浪费,提高了经济效率。第二次世界大战后,日本保持了近三十年的持续高增长,在20世纪70年代实现了对发达国家的赶超,且这种强劲的发展势头保持到90年代初。[1]

三、国内经济转型跨越发展的典型案例

我国改革开放前20年国民经济总量连续翻番是成功的跨越发展,东部沿海地区特别是经济特区20年的突飞猛进也是跨越发展。进入21世纪以来,全球经济格局的变化、产业梯度转移的趋势、宏观经济形势的转变、信息技术发展的潮流、新能源的革命等,为我国欠发达地区带来了跨越发展前所未有的历史机遇。

(一)东部沿海发达地区跨越发展

在邓小平关于"允许一部分人和一部分地区先富起来、先富带动后富"[2]的理论和政策指导下,我国沿海地区率先实行了改革开放。广东、江苏、山东、浙江身处中国沿海经济带,自然条件良好,地势平坦,气候适宜,有着便于对外联系的出海口岸,交通便利,经济区位条件好,具有较强的产业基础和市场基础。20世纪80年代,国家提出了以创建全国改革开放试验区为目标的沿海倾斜政策,设立沿海港口城市、沿海经济开放区等,加强体制改革试点,实施财政、税收、信贷、外资和外贸等方面的强有力的特殊政策,为这些省份加快发展外向型经济、大量吸引外资、发展高新技术产业、建设出口基地等提供了优越条件。再加上同期,正赶上以西方发达国家为主导的产业结构大调整,资源密集型产业和劳动密集型产业加快向发展中国家转移,因此,沿海这些省份在先进的发展理念和强烈的发展机遇意识下,得以迅速与国际经济接轨,有效吸纳了国外的产业、技术、资金、人才等,吸引外商投资大型企业纷纷落户,经济发展速度和竞争力迅速提升,成为我国对外开放的前沿阵地,成为多年来稳定位于我国经济发展前列的省份,成为中国经济发展的风向标和主

---

[1] 左伟:《美德日市场经济模式的比较研究及启示》,《当代经济管理》,2014年第4期,第92~98页。

[2] 《邓小平在中国共产党全国代表大会上的讲话》,1985年9月23日,中国经济网 http://www.ce.cn/cysc/ztpd/08/gg/1985/dt/200811/24/t20081124_17480299.shtml

要引擎，也带动了全国经济的较快发展。①

1996—2010年，广东、江苏、山东、浙江等省年均经济增长速度均在两位数以上，显示出强劲的增长势头，由此经济总量也快速增大。2008年金融危机以后，东部省区虽然受到国内外经济环境的影响而降低了增长速度，但仍是全国经济的中流砥柱，经济总量分别由1996年的6834.97亿元、6004.21亿元、5883.80亿元和4188.53亿元增加到2015年的72812.55亿元、70116.38亿元、63002.33亿元和42886.49亿元，实现了翻番，经济规模依次列全国31个省区市的前四位（港、澳、台除外），实现了跨越发展。东部沿海地区经济快速发展，带动了我国国民经济总量不断增加，中国国内生产总值也从1996年的7.18万亿元增加到2015年的68.91万亿元。正如世界银行专家鲍威尔所说："中国只用了一代人的时间，取得了其他国家用了几个世纪才能取得的成就。"②中国改革发展的实践进程表明，后进地区只要认清经济发展大趋势，紧抓历史机遇，明确发展目标和方向，挖掘自身优势，获得必要的国家政策支持，立足实际务实创新，完全有可能实现跨越发展。

（二）西部内陆欠发达地区跨越发展

西部地区地域辽阔，自然资源丰富，是我国重要的能源基地、生态屏障和国防战略要地。21世纪初，我国实施西部大开发战略以来，国家除出台了总体规划外，还从财政税收政策、产业结构调整、人才队伍建设、生态环境改善、特色农业发展、旅游业投资、扶贫开发、对外开放等方面出台了支持政策，促进了西部地区基础设施、生态环境、教育文化、卫生医疗、社会保障、信息化建设等的发展，推动了西部经济结构的调整和重点产业、特色产业、主导产业的发展，改善了贫困地区生产生活条件，助推了西部地区的扶贫开发工作，加快了沿边地区的开放发展。而近几年来，伴随着国家区域经济协调发展战略思路的落实，《西部大开发"十三五"规划》的实施，丝绸之路经济带建设的推进，我国西部地区正以更加积极和务实的态度加快发展，在拓展向西开放深度和广度、顺应电子和信息技术普及应用新趋势、全球经济加快转型发展等机遇中，成为后危机时代全国少有的经济高增长区域。

特别是1996—2015年，内蒙古、四川、陕西等省经济增长保持较高速度，

---

① 陈秀山、孙久文：《中国区域经济问题研究》，商务印书馆，2005年6月。
② 杨春贵：《邓小平理论与社会主义的历史命运》，《中国社会科学》，2000年第1期，第62~72页。

显示出较强的发展活力，经济总量也快速增大，分别由 1996 年的 1023.09 亿元、2871.65 亿元和 1215.84 亿元增加到 2015 年的 17831.51 亿元、30053.10 亿元和 18021.86 亿元，实现了翻番，经济规模依次列全国 31 个省区市（港、澳、台除外）的第 24 位、9 位和 22 位，分别提升到 16 位、6 位和 15 位，实现了跨越发展。它们的跨越发展提升了价值链层次，增强了产业竞争力，缩小了自身与东部省区的发展差距，同时，也推动了区域经济合作，为东部地区拓展了发展空间，巩固和发展了新型民族关系，一定程度上带动了西部地区整体的发展。

四、国内经济转型跨越发展的启示

（一）不断解放思想，创新发展理念

思想决定行动，要抢抓发展机遇，立足发展基础，符合时代要求，以批判质疑的态度突破因循守旧的思维，不断解放思想和更新观念，以新的观念推动改革的突破，以新的理念带动发展的速度，把解放思想真正落实在革新观念、创新办法和跨越发展的推动上。比如，内蒙古自治区鄂尔多斯市如果没有观念思维的大转变，就没有传统发展方式的大变革，就不会有率先推出禁牧休牧和划区轮牧的新举措，更不会有"收缩转移、集中发展"的新农村新牧区建设发展新思路；没有思想意识的大解放，就没有"六高"（高起点、高科技、高效益、高产业链、高附加值、高度节能环保）企业的异军突起，就无法形成园区式信息化、集群化的新型工业发展模式；没有理念思路的大解放，就没有打造"一市两区、三个组团"，建设现代化文明城市的新战略构想，就不会使鄂尔多斯市探索出一条老少边穷地区科学发展的成功之路[①]，就不会创造出全国乃至世界多个第一（世界第一条煤直接液化生产线、世界首家利用沙生灌木平茬生物进行直燃发电项目、国内首条利用粉煤灰提取氧化铝生产线、世界最大羊绒制品生产企业、世界最大激光水幕音乐喷泉等）[②]，走在西部欠发达地区的前列。

[①] 《鄂尔多斯市掀起新一轮思想解放热潮》，2008 年 4 月 2 日，腾讯网 http://news.qq.com/a/20080402/001466.htm

[②] 《内蒙古鄂尔多斯市经济社会发展调查：坚持走西部资源富集地区科学发展之路》，《人民日报》，2008 年 11 月 27 日。

（二）立足自力更生，争取政策支持

由于"马太效应"的作用，欠发达地区在发展中既要坚持自力更生，破除等靠要的慵懒思想，又需要积极争取国家政策支持，努力创造更好的发展条件。四川位于丝绸之路经济带和长江经济带的结合部，是长江经济带发展和"一带一路"倡议的纽带，是扩大内陆开放、沿江和沿边开放以及打造西部大开发的战略高地和重要依托，因此与此区位特点相关的国家政策都是其发展的有利条件，由此也获得了快速发展。四川还是西部唯一的国家技术创新工程试点省，2014年，全省高新技术企业2200家，创新型企业达1623家。高新技术产业总产值达到12000亿。发明专利3.2万件。创新投入总量、企业创新能力、创新人才、创新机构和创新成果均居西部第一。绵阳科技城是全国重要的科技创新策源地。攀西地区资源开发利用的潜力巨大，是全国唯一的战略资源创新开发试验区，国家在试验区建立了部省联席会议制度，在财税、科技攻关、资金和生态环保等方面都给予大力支持，这在很大程度上促进了四川战略资源的开发利用。天府新区是四川乃至整个西部地区发展潜力最大的区域和投资环境最优的地区，具有明显的区位优势、良好的生态环境、完备的交通体系、雄厚的产业基础、优越的开放环境和广阔的市场前景等突出优势。天府新区获批为国家级新区，进一步推动四川成为西部地区重要的新兴增长极。[①] 2017年3月《中国（四川）自由贸易试验区总体方案》公布了24条主要任务和政策红利，提出重点在转变政府职能、双向投资、国际贸易、金融开放、创新创业、内陆与沿海沿边沿江协同开放等六方面进行探索，[②] 这将成为四川发展的重要政策红利。

（三）全面深化改革，创新体制机制

破除发展中的体制机制障碍，积极推动有利于增添经济发展动力的改革，积极推动有利于促进社会公平正义的改革，积极推动有利于增强人民群众获得感的改革，积极推动有利于调动广大干部群众积极性的改革[③]，充分释放经济

[①] 《四川的发展是大有潜力的 未来有10个方面的机遇》，2015年3月8日，新浪网 http://sc.sina.com.cn/news/m/2015-03-08/detail-iawzuney0551023-p4.shtml

[②] 《国务院关于印发中国（四川）自由贸易试验区总体方案的通知》，2017年3月31日，中国政府网 http://www.xinhuanet.com//politics/2017-03/31/c_1120733427.htm

[③] 《抓住标志性引领性支柱性的改革任务精准发力 全面深化改革扎实推进》，2017年1月8日，人民网 http://cq.people.com.cn/n2/2017/0108/c367698-29566364.html

发展的动力和活力，是实现区域经济转型跨越发展的关键。多年来，重庆市将全面深化体制机制改革作为经济转型的制度保证，作为解决突出矛盾和问题的根本途径，作为跨越发展的必由之路，以全面深化改革为突破口，明确改革目标，明晰改革思路，聚焦改革重点难点，确定重大领域改革路径，从确定改革优先顺序、主攻方向、推进方式、风险管控、协调配套和具体落实等环节层层把控。2014年起，重庆市每年都围绕全市发展的重点难点问题，确定具有较强引领性和带动性的重点改革专项和重点改革任务。2015年重庆市通过了《重庆市全面深化改革中长期实施规划（2014—2020年）》，明确了这一期间全市各项改革的具体内容、实施路径、时间进度和检验形式，2016年又通过了《重庆市"十三五"新增重要改革举措实施规划（2016—2020年）》，增加了一批重要的改革事项。[①] 一批重点改革任务的稳步推进，如：两江新区推进综合配套改革，实施自贸试验区核心区、中新互联互通示范项目核心区等13项改革试点，促进建成区与新建区互补发展；重庆海关不断推动各类开放平台提档升级，以发展国际多式联运业务、打通渝桂新铁海联运大通道等构建高效便捷的通道，构建高效一体化通关体系；国资委推进混合所有制改革、转变国有资产监管职能、优化国有资本布局结构，推进政府职能转变，构建开放协同的科技创新体系等[②]，全面深化改革的成效逐步显现，改革成果也不断巩固。近十多年来，重庆市经济增速始终处全国前列，显示出较强的发展活力，2014年和2015年重庆市经济增速达10.9%和11%，均处全国第一位。

（四）坚持选贤任能，释放人力资本潜能

人是社会生产力发展诸要素中最活跃、最积极的因素，落实人才优先发展理念，实施人才强省战略，加快推进人才队伍建设是区域发展的重要条件。例如，陕西省把促进人才队伍建设放在关系到全省战略大局的高度来认识，紧紧围绕建设富裕、和谐、美丽的陕西强化人才队伍，编制和落实全省人才发展中长期规划，制定出台一系列行之有效的政策措施，全面深化人才管理体制机制改革，持续加大人才资金投入，实施重大人才工程，积极促进以高技能人才和高层次创新人才为重点的人才队伍，人才发展平台更加优越，人才总量不断扩大，人才结构逐步优化，人才质量更加提升，人才创新创业活力持续激发，他

---

① 《重庆全面深化改革工作综述：关键突破有作为 整体推进见成效》，2017年8月6日，华龙网 http://cq.cqnews.net/html/2017-05/16/content_41633560.htm

② 《贯彻重庆市第五次党代会精神之全面深化改革篇：破除体制机制障碍 释放发展动力》，2017年8月6日，华龙网 http://cq.cqnews.net/cqztlm/2017-06/08/content_41864874.htm

们对经济社会发展的引领创新能力和贡献率不断增强，一批重大科技创新成果纷纷涌现，产学研互促共进程度加深，2015年年末科技进步贡献率达57％，人才对促进陕西经济社会全面较快发展起到了关键作用。陕西省"十三五"人才发展规划提出，要努力把各领域的优秀人才集聚到实现跨越发展的事业中来，到2020年全省人才总量努力争取达到约555万人，专业技术人才总量达到206万人，主要劳动人口受过高等教育的比例达到22％，高层次人才能占到全省人才总量的5.5％，在电子信息、能源化工、装备制造、航空航天、现代农业、哲学社会科学与文化艺术等领域储备一批高素质人才，努力争取使人才对经济增长的贡献率达到40％。[1] 2017年2月陕西省政府还印发了《关于进一步激发人才创新创造创业活力的若干措施》，提出要围绕实施"人才强省"战略和实现赶超目标，深入推进全省人才体制机制改革，最大限度地激发人才创新创业活力。[2]

（五）重视科技引领，增强核心竞争能力

科技创新是有效激发社会生产力新动能的战略性举措，是加快区域经济转型跨越发展的核心和关键，建立以企业为主体、市场为导向、产学研相结合的创新体系已成为各省区加快发展的必然。成都是西南地区的重要中心城市和教育科技中心，创新环境优越，聚集科技人才、资金等创新要素的能力强，已拥有一批一流的科研院所和专业技术人员，科技成果丰硕，研发转化平台优越，创新驱动能力较强，科技进步贡献率较高。如：2015年科技部国家高新区共106个单位的综合排名中，成都高新技术产业开发区的综合实力连续四年排在全国第四，是西部地区唯一列入全国前五的国家级高新区，在前十名中，东部及沿海地区共有七个，中西部地区共有三个，以高新技术和创新能力为支撑的成都高新技术产业开发区的竞争能力可见一斑。科技部火炬中心在通报中指出："成都高新区在从业人员结构、创新创业平台载体建设、创新成果产出效率、技术引进与合作、高技术服务业发展、企业盈利能力、国际化水平、国际知识产权产出、节能降耗、体制机制创新、园区环境建设等方面处于领先水

---

[1] 定军：《陕西出台重磅人才发展规划 力争2020年人才对经济增长贡献率达到40％》，2017年2月10日，21世纪经济报道 http://www.sohu.com/a/125888815_115443

[2] 《中共陕西省委办公厅陕西省人民政府办公厅印发关于深化人才发展体制机制改革的实施意见》，《陕西日报》，2017年2月9日。

平。"① 成都作为全国首批创新型试点城市、首批知识产权示范城市、中国十大创新型城市、中国软件名城等，已培育出一批具有自主知识产权的产品。②成都已是我国中西部地区高新技术企业最密集、产业创新最活跃的城市，是国家信息技术产业基地、生物产业基地和高端装备制造业基地，在科技引领下显示出很强的竞争力。

---

① 《成都高新区综合实力连续四年名列全国第四》，2015 年 1 月 5 日，新华网 http://news.xinhuanet.com/house/cd/2015-01-05/c_1113872808.htm
② 《成都：日新月异的科技之城》，2014 年 12 月 20 日，凤凰网 http://news.ifeng.com/a/20141220/42758718_0.shtml

第八章 西北地区全面建成小康社会进程评析

一、西北地区全面建成小康社会的进程

西北五省区既定的发展目标与全国战略目标相一致，从时间的跨度来说，短期目标是要实现年度发展目标，中期目标是要到2020年全面建成小康社会；长期目标是要在2050年全国基本实现现代化时不拖全国的后腿。党的十八大报告提出2020年要全面建成小康社会，党的十九大报告强调要"确保2020年我国现行标准下农村贫困人口实现脱贫，贫困县全部摘帽，解决区域性整体贫困"[1]，这就要求西北五省区必须着眼于尽快缩小发展的目标差距，加快经济转型发展。

（一）西北地区全面建成小康社会监测与评价

2011年12月19日，国家统计局发布《中国全面建设小康社会进程统计监测报告》（以下简称"报告"），正式对外公布了国家发展目标的进展情况。全面建设小康社会实现程度是一个反映全面小康社会发展程度和衡量小康社会目标实现程度的综合指数，是各监测指标实际值除以标准值，并通过一定的加权计算而综合得出的，其中，综合指数是60，则意味着达到了总体小康，综合指数是100，则意味着实现了全面小康。[2] 统计监测指数所源于的指标体系由经济发展、社会和谐、生活质量、民主法制、文化教育、资源环境等6大类共23个具体指标组成。

"经济发展"包括人均GDP、第三产业增加值占GDP比重、R&D经费支

---

[1] 《习近平：决胜全面建成小康社会 夺取新时代中国特色社会主义伟大胜利——在中国共产党第十九次全国代表大会上的报告》，2017年10月27日，中华人民共和国中央人民政府网站 http://www.gov.cn/zhuanti/2017-10/27/content_5234876.htm

[2] 《中国全面建设小康社会进程统计监测报告（2011）》，2011年12月21日，中国经济网 http://www.ce.cn/xwzx/gnsz/gdxw/201112/21/t20111221_22939484_3.shtml

出占GDP比重、失业率（城镇）和城镇人口比重五项监测指标，主要反映经济方面的发展质量、结构、创新性等。

"社会和谐"包括基尼系数、地区经济发展差异系数、城乡居民收入比、高中阶段毕业生性别差异系数和基本社会保险覆盖率五项监测指标，主要反映社会发展的和谐与共享程度。

"生活质量"包括居民人均可支配收入、人均住房使用面积、恩格尔系数、平均预期寿命和5岁以下儿童死亡率五项监测指标，主要反映居民生活品质提高情况。

"民主法制"包括社会安全指数和公民自身民主权利满意度两项监测指标。

"文化教育"包括文化产业增加值占GDP比重、平均受教育年限和居民文教娱乐服务支出占家庭消费支出比重三项监测指标，主要反映文化教育投入与发展状况。

"资源环境"包括单位GDP能耗、环境质量指数和耕地面积指数三项监测指标，主要反映资源利用以及环境保护情况。[1][2]

报告称，2010年中国全面建设小康社会的实现程度达到了80.1%，比2000年提高了20.5个百分点，平均每年提高2.05个百分点。2010年全国全面实现小康程度为80.1%[3]，甘肃、陕西、青海、宁夏、新疆的全面小康实现程度分别为62.7%、74.6%、62.2%、66.2%、62.2%，见表8-1，分别比全国平均水平低17.4、5.5、17.9、13.9、17.9个百分点。可以看出，除陕西外，甘肃、青海、宁夏、新疆的全面小康实现程度与全国存在较大差距，因此，西北五省区要与全国同步全面建成小康社会就必须实现经济转型跨越发展，就必须加快推进全面建成小康社会的实现。

表8-1　2010年西北五省区与全国全面建设小康社会实现程度对比　　单位：%

	全面小康	经济发展	社会和谐	生活质量	民主法制	文化教育	资源环境
全国	80.1	76.1	82.5	86.4	93.6	68.0	78.2
陕西	74.6	71.1	69.0	79.7	96.0	70.3	67.6

---

[1] 《中国全面建设小康社会进程统计监测报告》，2011年12月19日，国家统计局网站 http://www.ce.cn/xwzx/gnsz/gdxw/201112/21/t20111221_22939484_3.shtml

[2] 国家统计局统计科学研究所：《我国全面小康社会实现程度已达77%》，《中国信息报》，2010年12月22日。

[3] 《中国全面建设小康社会进程统计监测报告》，2011年12月19日，国家统计局网站 http://www.ce.cn/xwzx/gnsz/gdxw/201112/21/t20111221_22939484.shtml

续表

	全面小康	经济发展	社会和谐	生活质量	民主法制	文化教育	资源环境
青海	62.2	60.6	58.9	64.0	83.2	51.6	60.1
宁夏	66.2	61.7	70.0	73.2	88.4	58.7	49.7
新疆	62.2	59.2	60.0	64.6	78.5	50.9	66.9
甘肃	62.7	55.4	57.8	66.0	88.2	51.9	70.3

从西北五省区2010年实现小康的六项分指标看（图8-1），陕西的经济发展、社会和谐、生活质量、民主法制、文化教育和资源环境六项指标的实现程度分别为71.1%、69%、79.7%、96%、70.3%和67.6%。与全国平均实现程度相比，要相差-5、-13.5、-6.7、2.4、2.3、-10.6个百分点，其中陕西经济发展、社会和谐、生活质量、资源环境实现程度均低于全国。与2020年全面建成小康社会目标要求相比，实现程度差距最大的依次是社会和谐、资源环境、生活质量、经济发展、文化教育、民主法制。

宁夏的经济发展、社会和谐、生活质量、民主法制、文化教育和资源环境六项指标的实现程度分别为61.7%、70%、73.2%、88.4%、58.7%和49.7%，与全国平均实现程度相比，要相差-14.4、-12.5、-13.2、-5.2、-9.3、-28.5个百分点，除民主法制及文化教育实现程度与全国差距较小外，其他各项指标实现程度的差距都偏大。与2020年全面建成小康社会目标要求相比，实现程度差距最大的依次是资源环境、经济发展、文化教育、生活质量、社会和谐、民主法制。

甘肃的经济发展、社会和谐、生活质量、民主法制、文化教育和资源环境六项指标的实现程度分别为55.4%、57.8%、66%、88.2%、51.9%和70.3%，分别与全国平均实现程度相差的-20.7、-24.7、-20.4、-5.4、-16.1、-7.9个百分点，其中民主法制及资源环境的实现程度与全国的差距较小，其他各项指标实现程度的差距都较大。与2020年全面建成小康社会目标要求相比，实现程度差距最大的依次是社会和谐、经济发展、生活质量、文化教育、资源环境、民主法制。

青海的经济发展、社会和谐、生活质量、民主法制、文化教育和资源环境六项指标的实现程度分别为60.6%、58.9%、64%、83.2%、51.6%和60.1%，分别与全国平均实现程度相差-15.5、-23.6、-22.4、-10.4、-16.4、-18.1个百分点，青海全面小康实现的各项指标与全国相比均存在较大差距。与2020年全面建成小康社会目标要求相比，实现程度差距最大的依次是社会和谐、生活质量、资源环境、经济发展、文化教育、民主法制。

新疆的经济发展、社会和谐、生活质量、民主法制、文化教育和资源环境六项指标的实现程度分别为59.2%、60%、64.6%、78.5%、50.9%和66.9%，分别与全国平均实现程度相差－16.9、－22.5、－21.8、－15.1、－17.1、－11.3个百分点，新疆全面小康实现的各项指标与全国的差距也都比较大。与2020年全面建成小康社会目标要求相比，实现程度差距最大的依次是社会和谐、生活质量、文化教育、经济发展、民主法制、资源环境。

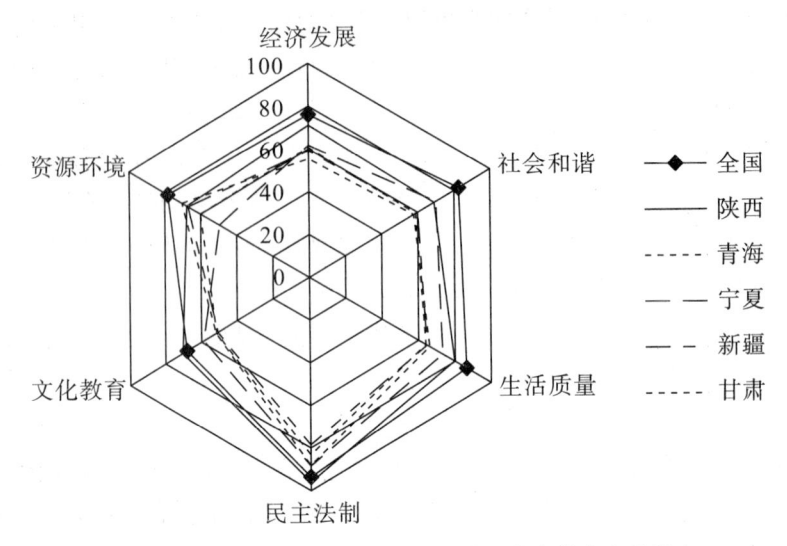

图8－1　2010年西北五省区与全国全面小康社会实现程度

整体上看，2010年西北五省区全面建设小康社会总指数虽然达到60%以上，实现了总体小康，但六大指标的实现程度方面，绝大多数指数均落后于全国平均水平，而且每个省区都存在明显的发展短板，有个别指数与全国平均实现程度或2020年全面建成小康社会目标还有相当的差距。

（二）西北地区全面建成小康社会的现实差距——以甘肃为例

立足于我国经济社会发展的现实基础与发展形势，党的十八大报告明确提出了到2020年全面建成小康社会的宏伟目标。[①] 十八届五中全会明确了中国未来一段时期的发展蓝图，提出了全面建成小康社会新的目标要求，比如：经

---

① 《坚定不移沿着中国特色社会主义道路前进　为全面建成小康社会而奋斗——在中国共产党第十八次全国代表大会上的报告》，2012年11月8日，中国网 http://news.china.com.cn/politics/2012-11/20/content_27165856.htm

济保持中高速增长,在提高发展的平衡性、包容性和可持续性的基础上,2020年国内生产总值和城乡居民人均收入比2010年翻一番,我国现行标准下农村贫困人口实现脱贫,贫困县全部摘帽,解决区域性整体贫困。[1] 立足于全面建成小康社会"五位一体"的总体发展布局,2013年国家统计局又对《全面建设小康社会统计监测指标体系》做了进一步修订,形成了修订后的《全面建成小康社会统计监测指标体系》,内容主要包括经济发展、民主法制、文化建设、人民生活、资源环境等五个方面39个单项指标[2],体现小康社会实现程度的综合指数和分项指数由加权计算得出。根据2013年中央经济工作会议精神,考虑到各省区发展的客观条件的不同,以及生产力发展水平差异下不可能所有地方实现同一水平的小康的现实,国家统计局在确定目标值时考虑了区域差异因素,制定了全国统一标准方案和东中西部地区差异化评价方案等两套方案。在两套方案中,前者确定了全国和各地区统一的目标值,后者考虑到区域发展差异的实际情况,在部分指标上为东中西部地区确定了不同的目标值,比如,GDP和城乡居民人均收入目标值以比2010年翻一番来确定,第三产业增加值占GDP比重、R&D经费支出占GDP比重、互联网普及率、每万人口发明专利拥有量等按东中西三大区域分设目标值。这样,一方面,坚持了全国统一可比的原则,兼顾了各地区对全国经济社会发展的贡献;另一方面,又坚持了实事求是的原则,立足于各地区经济发展基础、资源禀赋等的差异。

"十三五"时期,我国全面建成小康社会进入最后的决胜阶段,西北五省区正以此为宏伟目标,围绕"十三五"规划确定的经济社会发展的各分解目标,以"四个布局"和"五大发展理念"为引领加快规划的实施和推进。为了掌握其全面建成小康社会的实现程度,找出发展差距和薄弱点,以便于有针对性地在剩余几年中加快补齐短板,确保如期全面建成小康社会,我们以甘肃省为例,对2014年全面建成小康社会进程进行了统计监测,得出如下结论:

1. 甘肃省全面建成小康社会综合指数提高幅度不断增大

全国统一方案监测结果显示,2014年甘肃全省全面建成小康社会指数为72.36%,比2013年提高了3.79个百分点,比2000年提高了31.47个百分点,[3] 2000—2014年全省全面建成小康社会指数逐年上升,年均提高2.25个

---

[1] 《中共十八届五中全会在京举行》,2015年10月30日,人民网 http://cpc.people.com.cn/n/2015/1030/c64094-27756155.html。
[2] 陈周锡:《京沪领军"奔小康"浙江居省区第一》,《第一财经日报》,2014年3月5日。
[3] 《在甘肃省工会第十二次代表大会上的讲话》,2016年6月23日,甘肃省科教文卫工会委员会网站 http://www.gsjkww.com/web/jsgl/wjjs/337.html?402881e95326ac51015326c7b56b0038,337

百分点。从时间段来看,"十五"时期年均提高 1.03 个百分点,"十一五"时期年均提高 2.43 个百分点,"十二五"时期年均提高 3.54 个百分点。

西部方案监测结果显示,2014 年小康指数为 77.37%,2000—2014 年甘肃全省小康指数呈逐年上升趋势,比 2000 年提高 34.68 个百分点,年均提高 2.48 个百分点。分时期看,"十五"时期年均提高 1.17 个百分点,"十一五"时期年均提高 2.67 个百分点,"十二五"时期年均提高 3.84 个百分点。

虽然整体呈现出小康社会指数稳步上升且提高幅度逐步加大的特点,但是我们也看到,甘肃省全面建成小康社会综合指数与实现目标仍有较大的差距,在未来几年中要实现全面建成小康社会目标仍然有比较大的压力。

2. 甘肃省全面建成小康社会五大分项指数不同程度地得以提升

甘肃省经济发展、文化建设、人民生活、资源环境领域的小康指数逐年稳步上升,民主法制小康指数小幅波动上升,总体呈现出五大领域全面上升的态势。其中,按实现程度由高到低排序,分别依次是人民生活(81.01%)、民主法制(79.93%)、文化建设(75.13%)、经济发展(68.02%)和资源环境(59.76%),如图 8-2 所示,体现出发展经济和保护资源环境已成为甘肃全面建成小康社会的最大短板,而发展经济与资源环境压力加大本身就是一对矛盾,因此加快经济转型发展,实现经济的绿色可持续发展就成为一种必然选择。

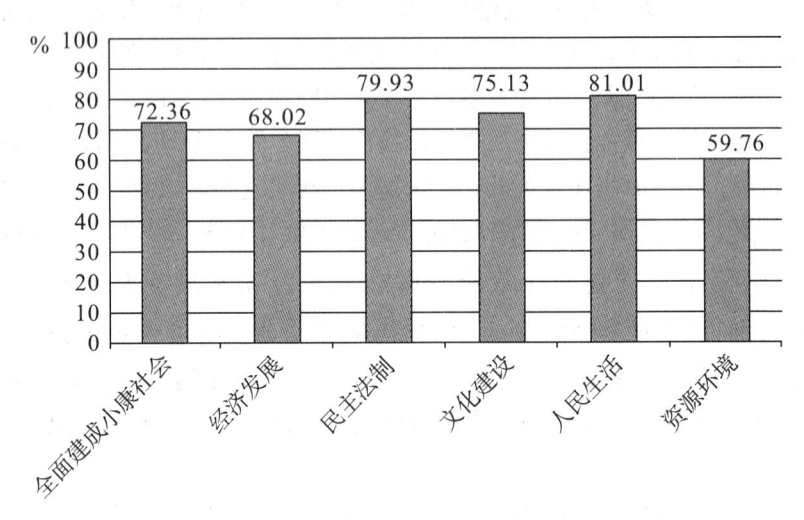

图 8-2 2014 年甘肃省全面建成小康社会实现程度

(1)经济发展分项指数持续提升。

近年来,甘肃省突出经济结构调整,全面深化改革,积极打造发展平台,着力弥补发展短板，有效推动项目建设，经济运行基本保持平稳，经济质量逐步提高，经济发展小康指数稳步提升，经济发展成效显著。

全国统一方案监测结果显示：2014年经济发展小康指数为68.02%，比上年提高2.73个百分点；2000—2014年提高36.33个百分点，年均提高2.6个百分点。分时期看，"十五"时期年均提高1.52个百分点；"十一五"时期年均提高2.8个百分点；"十二五"时期年均提高3.68个百分点。

西部方案监测结果显示：2014年经济发展小康指数为77.27%，比上年提高3.58个百分点；2000—2014年提高42.99个百分点，年均提高3.07个百分点。分时期看，"十五"时期年均提高1.77个百分点，"十一五"时期年均提高3.27个百分点，"十二五"时期年均提高4.45个百分点。

从监测结果来看，依据西部方案所得到的监测指数要高于全国统一方案监测指数，虽然作为评判依据的经济发展目标值有所降低，但甘肃省经济发展指数仍然处于80%以下，之后的每年要平均提高3.79个百分点才能实现2020年达到100%的目标，可是要实现这样的提升水平还是有相当的难度。

（2）民主法治分项指数增幅波动起伏。

近年来，随着甘肃法治进程的不断推进，民主法治小康指数提高幅度不断加大，但民主法治方面的指标受当年社会安全因素及交通事故、火灾事故、工伤事故等不确定性事件的影响较大，分项指数小幅波动，但总体上升。

全国统一方案和西部方案监测结果均显示：2014年甘肃省民主法治小康指数为79.93%，比上年提高0.15个百分点；2000—2014年提高15.12个百分点，年均提高1.08个百分点。分时期看，"十五"时期年均提高1.42个百分点；"十一五"时期年均提高1.29个百分点；"十二五"时期呈现波动起伏的特点，2014年达到最高79.93%。

（3）文化建设分项指数加速提高。

近年来，甘肃从市场主体培育、招商引资、文化项目建设、产业融合等方面狠抓落实，促使全省文化产业快速发展。两种方案均显示，随着人民群众精神文化需求的不断提高，全省建设文化大省措施的不断实施，文化建设小康指数提高幅度逐步加快，"十二五"时期提高最快。

全国统一方案和西部方案监测结果均显示：2014年文化建设指数为75.13%，比上年提高1.37个百分点；2000—2014年提高32.01个百分点，年均提高2.29个百分点。分时期看，"十五"时期年均提高1.48个百分点；"十一五"时期年均提高1.93个百分点；"十二五"时期年均提高3.75个百分点，提高最快。

(4) 人民生活水平分项指数显著提升。

近年来，甘肃全省上下积极落实国家精准扶贫精准脱贫要求，围绕贫困群众脱贫增收，稳步推进实现不愁吃不愁穿基本要求，着力提升基础设施建设、富民产业培育、易地扶贫搬迁和公共服务保障能力等，增强对贫困群众的教育、医疗和住房保障水平，人民生活质量不断提高。两种方案均显示，随着改革发展的成果不断惠及，全省人民的生活水平和幸福指数不断提高，人民生活小康指数提高逐年加快，"十二五"时期加快发展的趋势最为显著。

全国统一方案监测结果显示：2014年人民生活小康指数为81.01%，比上年提高5.38个百分点；2000—2014年提高28.87个百分点，年均提高2.06个百分点。分时期看，"十五"时期年均提高0.07个百分点，"十一五"时期年均提高2.2个百分点，"十二五"时期年均提高4.39个百分点。

西部方案监测结果显示：2014年人民生活小康指数为89.12%，比上年提高5.45个百分点；2000—2014年提高33.44个百分点，年均提高2.39个百分点。分时期看，"十五"时期年均提高0.34个百分点，"十一五"时期年均提高2.64个百分点，"十二五"时期年均提高4.64个百分点。

(5) 资源环境分项指数增幅明显加快。

近年来，甘肃全省上下强化各类污染的综合防治，多措并举实施生态建设，资源环境状况不断改善。两种方案均显示，随着生态文明建设各项政策的不断实施，资源环境小康指数加快提升，"十二五"提高最快。但我们也看到，即使是按西部方案监测，资源环境指数也仅刚刚超过60%，未来每年提高6.31个百分点以上才有可能实现全面建成小康社会发展目标，而这一增幅确实比较难以实现。

全国统一方案监测结果显示：2014年资源环境小康指数为59.76%，比上年提高6.47个百分点；2000—2014年提高37.76个百分点，年均提高2.7个百分点。分时期看，"十五"时期年均提高1.25个百分点，"十一五"时期年均提高3.28个百分点，"十二五"时期年均提高3.78个百分点。

西部方案监测结果显示：2014年资源环境小康指数为62.13%，比上年提高6.79个百分点；2000—2014年提高39.3个百分点，年均提高2.81个百分点。分时期看，"十五"时期年均提高1.27个百分点，"十一五"时期年均提高3.39个百分点，"十二五"时期年均提高4个百分点。

3. 甘肃省全面建成小康社会指标的实现程度分析

全国统一方案监测结果显示：2014年甘肃省全面建成小康社会39项指标中，达到100%的有6项，比上年新增一项，属于已经实现的指标；达到

90%～100%的有8项，属于已经接近发展目标，通过自身努力有很大可能最终得以实现的指标；70%～90%的有6项，属于离发展目标还有较大差距，通过外力支持有希望实现发展目标的指标；50%～70%的有7项，低于50%的有8项（比上年减少4项），属于离发展目标还有相当差距，实现这些发展目标还有相当难度和压力的指标。另外还有四项指标，即单位GDP二氧化碳排放量、基尼系数、每万名公务人员检察机关立案人数以及人均基本公共服务支出差异系数因指标数据无法取得，因此暂未纳入监测，如图8-3所示。

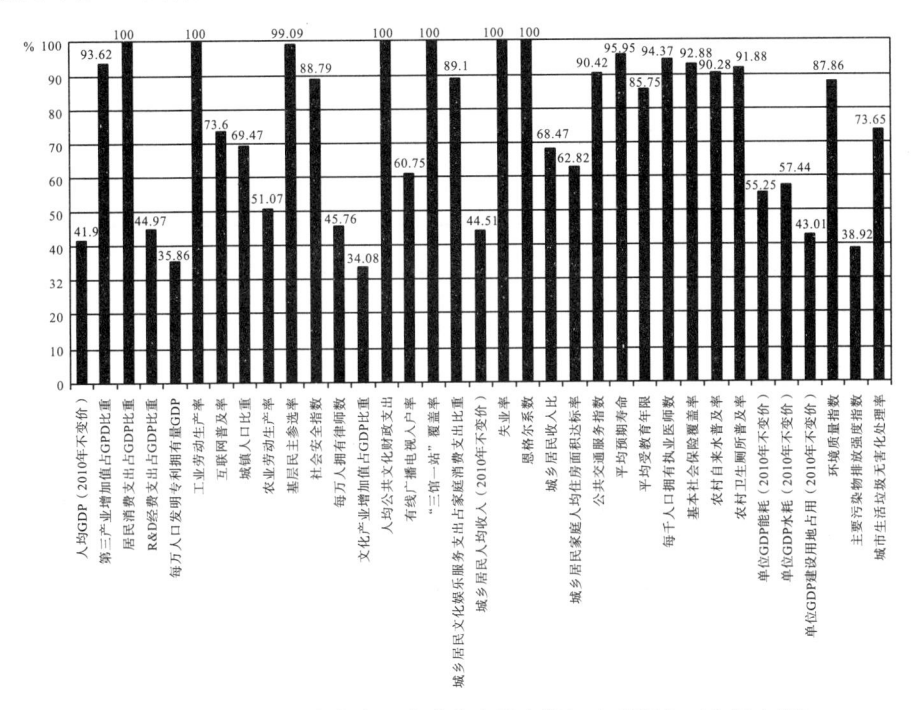

图8-3 2014年甘肃省全面建成小康社会指标实现程度（全国方案）

监测指标表明：在经济发展方面，甘肃省劳动力人均产出效率低，农业劳动生产率明显偏低，农业劳动力结构性过剩问题显现，科技研发投入相对不足，经济发展的创新驱动能力较弱；在民主法治方面，每万人拥有律师数较低，基层群众维护自身权益和利益的保障力偏弱；在文化建设方面，文化及相关产业发展还不充分，还没有形成一定的产业支撑力和竞争力；在人民生活方面，城乡二元经济结构仍较突出，城乡居民收入差距比较大，居民住房面积达标率较低；在资源环境方面，单位GDP能耗、单位GDP水耗、单位GDP建设用地占用面积、主要污染物排放强度指数等很低，表明经济发展的资源环境压力较大。

西部方案监测结果显示：2014年甘肃省全面建成小康社会39项指标中，达到100%的有6项，属于已经实现的指标；达到90%~100%的有8项，属于已经接近发展目标，通过自身努力有很大可能最终得以实现的指标；70%~90%的有10项，属于离发展目标还有较大差距，通过外力支持有希望实现发展目标的指标；50%~70%的有6项，低于50%的有5项，属于离发展目标还有相当差距，实现这些发展目标还有相当难度和压力的指标。另外有四项指标，即单位GDP二氧化碳排放量、基尼系数、每万名公务人员检察机关立案人数以及地区人均基本公共服务支出差异系数因指标数据无法取得，因此暂未纳入监测，如图8-4所示。

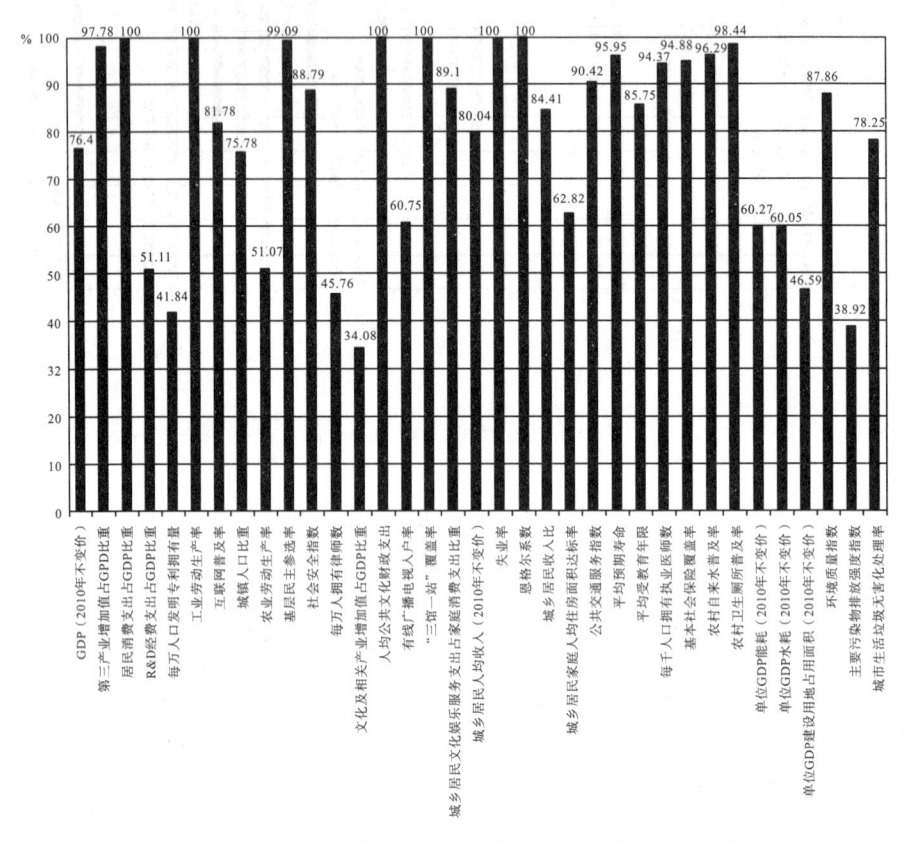

图8-4　2014年甘肃省全面建成小康社会指标实现程度（西部方案）

从监测结果看，在经济发展方面，甘肃省如果按GDP总量来考察其实现程度为76.40%，大大高于按人均GDP所考察的41.97%的结果；R&D经费支出占GDP比重、每万人口发明专利拥有量的实现程度为51.11%和41.84%，虽高于全国统一方案监测结果，但仍处于55%以下的低水平；在民主法治方面，每万人拥有律师数较低，在提高群众维权意识、法律意识的同时，基层权益保障体系还不完备；在文化建设方面，文化及相关产业仍处于起步阶段，产业增加值占 GDP 的比重较低，在甘肃省经济结构调整和转型发展中的作用尚未充分发挥；在人民生活方面，虽然城乡居民收入有较大提高，但城乡居民家庭人均住房面积仍处于较低水平，在商品房价格波动上涨且处于高位的情形下，住房条件和质量改善，人均住房面积增加也面临一定压力；在资源环境方面，虽然西部方案下调了评价目标值，但单位 GDP 建设用地占用面积、主要污染物排放强度指数仍处于低于 50％的水平，显示出巨大的资源环境压力。

监测指标表明，虽然考虑到区域发展差异和实际情况，西部方案中有 14 个指标的目标值比全国统一方案降低了标准，由此使部分指标的实现程度明显提升，但我们也看到，发展中现实存在的短板和问题仍然突出存在，对照全国方案监测结果，更不能将很多结构性的矛盾和突出问题忽视和有意掩饰，必须紧盯发展短板和瓶颈，在重大领域和关键环节有所突破，才能有力地促进政治、经济、社会、文化、生态全面协调可持续发展，才能如期实现全面建成小康社会宏伟目标。

数据表明，甘肃面临的最大问题是发展不足，甘肃欠发达地区的省情并没有改变，是全国全面建成小康社会的短板或者叫谷底。甘肃省要想在激烈的竞争中尽快缩小与发达地区的差距，要想提高经济综合竞争力，在 2020 年与全国同步建成全面小康社会，就必须加快经济转型跨越发展。

二、西北地区全面建成小康社会面临的主要挑战

（一）经济下行压力持续，实现经济发展目标有较大压力的挑战

在国际经济企稳回升尚不稳固，国内经济已结束高增长时代的形势下，国内外市场需求仍增长缓慢，经济发展环境很不稳定，西北地区经济下行压力仍然持续，实现全面建成小康社会目标面临较大压力。第一，虽然随着西北地区城乡居民收入水平的提高，人们的消费结构日益改善，消费水平不断提升。但由于经济新旧动能转化和产能过剩化解，部分企业停产限产和利润减少，企业职工分流安置等，使得企业困境拖累到人民增收，城乡居民收入水平整体仍处于全国较低水平，再加上城乡差距、行业差距、地区差距等较大，使得以中低收入为主要消费群体的潜在消费需求还未充分释放，西北地区消费需求的提高

仍存在较大困难和较强的不稳定和不确定性。第二，政府投资拉动经济的边际效益不断减弱，产能过剩严峻形势虽有所缓和，但结构性过剩仍未根本转变，企业投资动力不足，投资需求对经济的带动作用明显减弱。第三，西北地区出口的产品虽有高端装备制造、精加工农产品等，但整体上看，初级农产品、资源性产品、粗（初）加工工业产品、纺织原料及制品仍为主体，进口的产品以工业制成品、矿产品、镍钴原材料和机电产品等为主，进出口商品结构单一，利用外资规模小，对外贸易整体滞后，对外开放程度较低，进出口对经济的贡献率低。第四，经济增长下行压力加大，农业发展基础不牢，工业发展核心竞争力不强，服务业结构不优等问题仍然比较突出。随着经济增速回落，经济结构性矛盾凸显，产能过剩问题更加严重，它不仅造成资金、设备、能源和资源等的大量无效损耗和浪费，还可能造成市场无序的恶性竞争、严重挤压行业利润，并因失业增加而引发较为严重的社会问题等。而由于全球资源类产品价格上涨、贸易保护主义抬头、国内外市场需求形势均不乐观，以市场为基础的三大需求增长基础都不够稳固；供给侧结构性改革虽在简政放权、创新创业等系列政策下加快推进，但避免产能过剩的长效机制仍未建立，产能过剩的化解仍需时日，西北地区经济下行压力仍然较大，经济发展形势仍较严峻，这将为西北地区实现全面建成小康社会目标带来很大的挑战。

（二）就业收入形势趋紧，城乡居民生活质量提升空间较小的挑战

我国是一个发展中的农业大国，随着市场经济的发展，在工业化和城市化进程加速的过程中，形成了较为明显的城乡二元结构，而这在欠发达的西北地区表现得尤为突出。通常情况下，我们多采用城乡二元对比系数、城乡居民收入比和城乡恩格尔系数等等指标，对城乡二元结构的差异程度进行比较评价和分析。二元对比系数（t）是农业部门与非农业部门比较劳动生产率的比值，t＝农业比较劳动生产率/非农业比较劳动生产率×100%，理论上 t 的最大值等于1，一般都是小于1。二元对比系数与二元经济结构的强度呈反方向变化，也就是说，二元对比系数越大，二元结构强度就越小，反之则反是。发展中国家的二元对比系数一般是在 0.31～0.45 之间，而发达国家则一般在 0.52～0.86 之间。二元对比系数接近1，就可视为经济二元结构消失。[1] 基于此，我

---

[1] 凌经球：《民族地区"三农"问题的现状与对策思考——以广西为例》，《市场论坛》，2014年第2期，第44～48页。

们以2012年的统计年鉴数据计算西北五省区城乡二元对比系数，数据表明：2015年，甘肃、宁夏、陕西、青海、新疆二元对比系数为0.12、0.11、0.11、0.10、0.19，城乡居民收入比为3.43：1、2.76：1、3.04：1、3.09：1、2.79：1，西北五省区三次产业结构与就业结构偏离，第一产业仍存在大量剩余劳动力，城乡二元经济特征显著。在当前经济增长乏力，市场需求不足的情况下，市场就业机会不足，虽然国家出台了许多创新创业的支持政策，但创业资金不足、创业风险较大、创业观念和思路不清等仍制约着创业就业，城乡居民增加收入的渠道仍然较少。在西部大开发中打破固化的城乡二元结构，在创业就业中增收致富，提升城乡居民生活质量仍是一项艰巨而又紧迫的任务。

（三）脱贫攻坚关键期，填平补齐小康社会短板的挑战

目前西北地区城乡发展不协调问题比较突出，农业人口比重大，农业基础薄弱，农村发展滞后，"三农"问题仍是全面建成小康社会的重点和难点。"十三五"时期是我国确定的全面建成小康社会的关键时期，全面建成小康社会最艰巨最繁重的任务仍然在农村，特别是在贫困地区的农村。消除贫困、改善民生、实现共同富裕，是社会主义的本质要求，是我们党的重要历史使命。[1] 改革开放以来，我国实行了大规模的开发式扶贫，积极推进产业扶贫、教育扶贫、科技扶贫和社会帮扶等等，西北地区贫困人口规模明显下降，贫困地区生产生活面貌发生了日新月异的变化，但由于贫困面广、贫困程度深、致贫因素复杂，再加上自然条件严酷、交通通信不便、公共服务滞后、民族宗教复杂、思想观念落后等，精准脱贫任务仍然繁重，脱贫稳定性也面临严峻的考验，贫困形势依然不可小觑，扶贫开发已进入啃硬骨头和攻坚拔寨的冲刺阶段，填平补齐小康社会短板面临严峻挑战。

（四）赶超跨越发展中，资源环境约束加剧的挑战

西北地区在中央的生态战略布局中具有举足轻重的地位。西北地区是我国生态环境极其脆弱的区域，而且西北五省区有15座典型的资源型城市，"两高一资"型的产业结构特点，使得资源消耗太大，环境污染严重，资源承载能力和生态环境承载能力已达到极限和边缘。西北五省区是典型的"高能耗、高排放、资源型"和投资驱动型经济发展模式，经济发展对自然资源依存度较高，能耗物耗高的原材料工业企业多，区域发展为资源型、粗放型、内向型经济模

---

[1] 《习近平论扶贫工作——十八大以来重要论述摘编》，《党建》，2015年第12期，第5~13页。

式为主,具有顶尖技术的精深加工工业少,产业发展中的科技含量较低,产业链条短而散,产品主要以单一原材料和初级粗加工产品形式销往外地,企业多处于价值链下游,利润率普遍较低。在转变经济发展方式,努力实现经济转型跨越发展的过程中,虽然西北地区越来越趋于集约化和可持续的发展,但经济总量的扩大无疑也会给原本脆弱的生态环境带来不小的压力,同时,急于追赶超越的心态也更易于形成发展滞后与发展粗放互为因果的恶性循环,从而进一步固化粗放的发展方式。目前,西北五省区总的来说,生态环境严酷脆弱、资源环境承载能力已十分有限。资源和能源的综合利用方式粗放,利用水平低下,初级资源型产业结构难以在短期内发生根本性改变,这就给地方资源环境和生态建设造成巨大压力,这是西北五省区经济转型跨越发展所面临的严峻形势。西北五省区必须要树立绿色发展和可持续发展的理念,把生态环境保护作为事关国家战略的重大问题对待,努力协调好经济发展与生态环境保护之间的关系,在加快经济转型跨越发展的同时,对各种严重损害自然环境的项目、产业、企业、落后产能和技术工艺等给予坚决的制止,切实从资金投入和常态化监管等方面加强环境综合治理和生态修复,着力构建西北乃至全国重要的生态安全屏障。可以说,资源环境压力的加大,绿色发展道路的探索都可能对西北五省区实现全面建成小康社会目标带来巨大挑战。

(五)"一带一路"倡议下,合作共赢能力的挑战

"一带一路"倡议传承发扬古丝绸之路和平共荣发展的精神,致力于发挥沿线国家各自优势,消除合作共赢和包容发展的障碍,推动沿线国家和平稳定繁荣发展。目前,虽然沿线国家间有着很大的经济互补性,合作共赢发展具备一定的基础条件,未来发展前景广阔,但也要看到共建"一带一路"也面临一定的挑战:首先,存在一定的政治风险。"一带一路"建设需要有稳定安全的政治环境,当前沿线国家仍存在民族宗教冲突、边境纠纷和领土争端等,部分国家政局不稳定,这为国家间经济合作带来了一定的政治风险。其次,制度协调度低增大市场风险。"一带一路"沿线国家众多,经济发展程度、科技教育水平、历史文化基础、民族宗教关系、法制完备程度等方面差异性大,国与国之间在发展战略、政策规范、技术标准、市场准入等方面存在很多不统一和不一致的问题,可能会阻碍国家间投资便利化和贸易自由化,在经济合作与贸易往来中可能引发市场风险。再次,发展基础较弱影响合作效率。多数丝绸之路经济带沿线的亚洲国家基础设施建设滞后,缺乏大规模的建设资金,而同时,投融资体制相对滞后,资本市场尤其是债券市场不发达,融资能力比较有限,

BOT、TOT、PPP 等资金融通方式较少采用，交通等基础设施的互联互通还不能真正实现。因此，借力"一带一路"加快经济转型跨越发展，实现全面建成小康社会目标面临现实挑战。

（六）推进转型升级中，人力资本能否满足发展要求的挑战

近年来，西北五省区的省（区）委、省（区）政府在人才培养、使用、激励、吸引等方面采取了很多有力度的重大决策，使党政人才、专业技术人才、经营管理人才、高技能人才和农村实用人才五大人才队伍不断发展壮大，人才结构更加优化，人才竞争力持续增强，人才素质整体提升。但从西北五省区经济转型跨越发展对人才的现实需要来看，人才相对过剩和结构性短缺的矛盾仍然非常突出，现有人才仍然不能满足经济社会发展的客观需要，重点行业、支柱产业、高层经营管理、核心技术攻关、前沿科技研发等急需的高层次人才十分紧缺，现有人才发挥作用尚不充分，为区域经济发展做出的贡献不够明显，高层次人才持续流失的问题仍然比较突出。目前，人才抢夺大战已然开始，在人才越来越成为区域经济核心竞争力的情形下，西北五省区能否切实解决好人才队伍建设中存在的突出问题，为经济转型跨越发展提供强有力的智力保障关系到西北五省区经济转型跨越发展的大局，关系到西北地区能否如期全面建成小康社会。

三、西北地区全面建成小康社会面临的主要机遇

（一）国家区域协调发展战略带来的发展机遇

党中央国务院高度重视区域协调发展，特别是党的十八大以来，中央从战略高度和全局视野谋划区域发展思路，继续实施西部大开发战略，鼓励支持西部地区、民族地区、边疆地区、陕甘宁革命老区、连片特困地区加快发展，批复建设兰州新区、西咸新区等国家级新区，支持甘肃建设华夏文明传承创新区、国家生态安全屏障综合实验区；支持陕西建设自由贸易试验区、西安国际港务区、西安国家全面创新改革试验区、西安高新区全国自主创新示范区、杨凌示范区，召开"丝博会"等；支持新疆建设中巴经济走廊、喀什和霍尔果斯两个国家级经济开发区，库车等九个国家经济技术开发区，石河子等 3 家国家级高新技术产业开发区，乌鲁木齐出口加工区，阿拉山口和喀什等 3 家综合保税区、伊宁等 4 家边境经济合作区，霍尔果斯全国首个国际边境合作中心，举

办中国－亚欧博览会；支持青海加强三江源生态环境保护，加快推进涉藏地区经济社会发展，积极发展循环经济，创建民族团结进步先进区；支持宁夏建设内陆开放型经济试验区，开发建设能源化工金三角（宁夏、鄂尔多斯、榆林），举办中阿（宁夏）博览会，持续向西北五省区加强重大项目、转移支付等方面的支持力度，不断推动区域协调发展和协同发展。近几年，虽然受国际金融危机影响，全国经济增速明显放缓，西北五省区也面临产业转型和化解过剩产能的压力，但国家区域协调发展战略正在使西北五省区走上经济转型发展的道路，显示出较好的发展潜力，党的十九大的召开也为西北地区发展带来新的契机。未来通过用足用好现有政策、谋划挖掘政策潜力、争取新的支持政策，西北地区将有望获得更多的发展机会。

（二）丝绸之路经济带建设带来的重大机遇

"一带一路"倡议是我国主动应对全球经济低迷的发展形势，统筹国内外两种市场和两种资源，形成东西贯通和南北拓展的内陆和沿边地区向西开放经济通道，构建新时期我国对外开放新格局而提出的重大发展思路。西北五省区位于古丝绸之路沿线，自古以来是我国联系外界的重要纽带，其在自然地貌、历史文化、风土人情、民风民俗等方面具有天然共性，共谋发展有关良好的历史基础和社会环境。西北地区是丝绸之路经济带的核心区域，"丝绸之路经济带"建设不仅有助于发挥西北地区的区位优势和地缘优势，推进沿线国家和地区基础设施的互联互通，形成现代化的交流物流、能源信息等新枢纽，构建全方位、多层次和复合型的国际骨干通道网络，而且有助于在互利共赢和优势互补的前提下，提升沿线国家投资贸易便利化程度，消除投资和贸易壁垒，拓展产业合作领域和空间，构建产业合作长效机制，形成深层次、高水平、全方位的经贸合作。同时，在与沿线国家对接产业互补合作契合点的过程中，为实现与沿线国家的产业合作和协同发展，相关企业将有更强的动力加快转型发展，这将有助于促进西北五省区加快转变发展方式和调整经济结构，推动产业结构优化升级。此外，"一带一路"建设的基础是民心相通，加强人文交流作为沿线各国合作发展的社会根基和文化基础，将通过开展文化交流、医疗卫生、人才培养等社会文化事业造福沿线各国人民，成为西北地区开放发展的重要基石。[①] 目前，西北五省区对外开放领域不断拓展，陕西国际货运班列"长安

---

① 王佳、舒杏、霍伟东：《"一带一路"战略下的西部机遇》，2015 年 8 月 13 日，人民网http://politics.people.com.cn/n/2015/0813/c70731-27453147.html

号"每月向中亚发送 6~8 班，货运总量不断提升；新疆企业拓展中西南亚及欧洲市场，先后与阿塞拜疆、塔吉克斯坦等国签订贸易合作协议；甘肃省与沿线国家实现贸易额已突破 100 亿元，与 26 个丝路沿线国家签署合作协议。西北五省区已协商确定建立信息共享平台、共同参加各国商品展会及经贸洽谈会，未来发展潜力广阔。

（三）新常态全面深化体制机制改革为西北地区发展带来巨大动力

改革创新是西北地区经济社会发展的根本动力和红利。改革开放以来，我们通过探索实施渐进式改革大大解放和发展了社会生产力，可是从改革 40 多年的进程来看，部分领域的改革仍然处在困难重重的攻坚克难阶段。目前，西北地区经济发展中要素配置效率不高、经济发展不协调、可持续发展水平低、经济质量效益不高等问题仍然突出，一些制约"创新、协调、绿色、共享、开放"发展和制约经济结构优化、发展方式转变和降本提效的体制机制障碍仍然存在，必须通过深化改革加以解决。经济转型时期，也是各种经济社会矛盾凸显和高发的时期，要想清除阻碍经济社会发展的制度障碍，就必须突破不适宜的固化的制度框架，以新的制度体系规范、调整和理顺各种经济关系和利益关系，促进经济结构优化调整，在地方充分开展创新、探索和试点的基础上，由"自下而上"到"自上而下"，从制度层面加强顶层设计，通过有魄力的务实改革解决根本问题。目前，国内外市场需求仍严重不足，西北五省区产业结构的重型化使得产能过剩问题突出，加快经济转型发展，推进供给侧结构性改革，培育经济发展的新动能，唯一的出路就是全面深化改革。发挥体制机制对经济主体的规范、激励和约束作用，进一步明确政府和市场发挥作用的有效范围和边界，在重点领域、矛盾和风险集中领域以及关键环节的改革上取得重要突破性进展，形成有利于引领经济发展新常态的体制机制，将有效降低经济运行的制度成本、资金成本、时间成本和机会成本等，提高经济运行效率，有效促进经济稳健高质高效运行。从这一背景出发，西北五省区经济发展不仅有深化改革和创新体制机制的外部环境，而且也有必须顺势而为的内在要求，通过因地制宜地改革创新，先行先试，将成为转型跨越发展的根本动力，有助于实现全面建成小康社会宏伟目标。

（四）推进城镇化发展和脱贫攻坚将为弥合发展短板提供重要机遇

西北地区自然环境相对严酷，水资源短缺，土地资源少而贫瘠，农村经济基础薄弱，基础设施滞后，农业剩余劳动力多，农村居民人均可支配收入低，农业自我发展能力弱，农业、农村、农民问题成为全面建成小康社会最大的薄弱点。党的十八大报告指出"解决好农业农村农民问题是全党工作的重中之重，要坚持走中国特色农业现代化道路，并要把推动城乡发展一体化作为解决'三农'问题的根本途径"[①]。近些年来，西北地区落实国家城乡统筹和一体化发展的政策要求，进一步破除造成城乡二元分割的制度差异，不断健全推进农村一二三产融合发展、促进城乡关系和谐等的新体制和新机制，着力推动发展规划、产业发展、公共服务、基础设施建设等方面的城乡一体化发展，促进城乡要素自由流动和平等交换，促进社会公共资源的均衡配置，努力构建以工促农、以城带乡、工农互惠、城乡一体的新型工农关系和城乡关系，着力加强农村人居环境治理，积极推进美丽乡村建设，提升社会治理能力，深化户籍制度改革，加快推进新型城镇化进程，西北地区在城镇化发展和扶贫开发方面取得重要进展。2014年中共中央和国务院印发《国家新型城镇化规划（2014—2020年）》，2016年《国务院关于深入推进新型城镇化建设的若干意见》（〔2016〕8号）发布，对新时期推进新型城镇化的指导思想、发展目标、重大任务等提出明确要求。当前，西北地区城乡二元结构突出，城镇化率较低，精准脱贫任务仍然艰巨，在国家推进新型城镇化建设和脱贫攻坚的重大机遇下，现代农业将加快发展，农民收入和生活质量将明显提高，农业转移人口市民化将加快推进，城镇空间布局更加优化，三农问题有望取得重要进展，有利于弥合小康社会发展短板。

（五）创新创业将为西北地区发展带来新的动能

国务院总理李克强2014年9月在夏季达沃斯论坛上公开发出"大众创业、万众创新"的号召，2015年6月4日国务院常务会议决定，鼓励地方设立创业基金，对众创空间等办公用房、网络等给予优惠；对小微企业及孵化机构等给予税收支持；创新投贷联动、股权众筹等融资方式；取消妨碍人才自由流

[①] 《坚定不移沿着中国特色社会主义道路前进 为全面建成小康社会而奋斗——在中国共产党第十八次全国代表大会上的报告》，《人民日报》，2012年11月18日。

动、自由组合的户籍、学历等限制,为创新创业创造条件。[①]《中国国民经济和社会发展第十三个五年规划》也提出,要实施创新驱动发展战略,把发展的基点放在创新上,以科技创新为核心,以人才发展为支撑,推动科技创新与大众创业万众创新有机结合,塑造更多依靠创新驱动、更多发挥先发优势的引领型发展;强化科技创新引领作用,深入推进大众创业万众创新,构建激励创新的体制机制,实施人才优先发展战略,拓展发展动力新空间。[②] 国家出台的诸多鼓励创新创业的政策,将使西北地区最大限度地释放市场活力,增强自主创新和人才支撑能力,打造区域创新高地,促进形成以新技术、新产品、新业态、新模式带动的发展新引擎,推动产业结构优化升级,为经济社会发展提供持久动力。

[①] 《李克强主持召开国务院常务会议》,2015年6月4日,中华人民共和国中央人民政府网站 http://www.gov.cn/guowuyuan/2015-06/04/content_2873336.htm
[②] 《国民经济和社会发展第十三个五年规划纲要》,2016年3月18日,新华网 http://www.sh.xinhuanet.com/2016-03/18/c_135200400_2.htm

第九章　基于全面建成小康社会的西北地区经济转型跨越发展战略思考

一、西北地区经济转型跨越发展战略

（一）战略思路

全面贯彻党的十八大和十八届三中、四中、五中、六中全会精神，深入学习十九大精神和习近平新时代中国特色社会主义思想，适应国内外宏观经济形势复杂多样的新变化，全力统筹推进"五位一体"总体布局，协调推进"四个全面"战略布局，真正落实好"五大发展理念"，增强西北五省区党委对经济转型跨越发展的坚强领导，增强西北地区经济转型跨越发展的紧迫感、危机感和历史使命感，紧紧围绕实现与全国同步全面建成小康社会的宏伟目标，立足区情，以保障和改善民生为出发点和落脚点，以增强自我发展能力和提升经济发展质量与效益为核心，以供给侧结构性改革为主线，以经济结构的战略性调整为主攻方向，以深化体制机制改革、提升自主创新能力和提升人力资本为根本动力，以深化区域合作为空间合力，以培育多元支柱产业为主体，以精准稳定脱贫为攻坚克难点，以强化基础设施为先行条件，以加大开发开放为活力之源[1]，积极争取有利的宏观发展条件，以"思想观念转型、发展目标转型、发展方式转型、增长动能转型、发展模式转型、行政管理体制转型、城乡关系转型"为实施路径，实施结构优化战略、协调发展战略、动能转化战略、创新发展战略、开放发展战略、提质增效战略、民生改善战略，实现"经济协调度、经济和谐度、经济增长动力、经济核心竞争力、经济开放度、经济效益、经济福利水平"七个方面的跨越发展，如期与全国同步全面建成小康社会。

---

[1] 刘进军、罗哲：《西北地区经济转型跨越发展的实证分析》，《甘肃行政学院学报》，2017年第5期，第78~90页。

（二）战略目标

西北地区要实现生产方式进一步转变，经济结构更加优化，自我发展能力明显增强，经济质量和效益显著提升，实现经济持续健康稳定发展；区域创新体系更加完善，创新驱动能力明显增强，创新对经济的贡献率显著提高；基础设施更加完善，发展条件更加优越，发展基础更加稳固；实现绿色生态发展，生态环境更加优化，经济的生态可持续性进一步提高；群众物质文化生活水平更加提高，公共服务能力进一步提升，社会和谐安定；精准脱贫稳步推进，贫困稳定性进一步增强，精准脱贫任务如期完成，到2020年西北地区实现全面建成小康社会宏伟目标。

（三）战略原则

创新驱动发展，加速经济转型。有的放矢地着力增强西北地区自主创新能力，着力培育壮大区域创新精英团队，顺应新时代数字化、信息化、智能化和网络化下新行业、新业态、新技术、新模式、新产品加速成长的新趋势，加速信息技术与西北地区现有产业的融合发展，加快各领域的科技创新，加快经济动力由依靠要素投入增加，向主要依靠科技进步、人力资本提升、管理创新等转型，使创新驱动真正成为西北地区经济转型跨越发展的战略支撑，成为提升经济核心竞争力的关键因素，成为区域经济提质增效的关键所在，成为破解经济深层次矛盾和问题的钥匙，增强传统经济的增长动力，打造新兴经济增长的引擎，加速经济转型升级。

协调稳定发展，增强发展合力。西北地区不同省区要立足发展基础和环境条件，明晰转型方向和发展重点，挖掘和发挥特色优势，加强协同开发，形成错位发展、优势互补、互利共赢的发展格局，走差异化、特色化、品牌化的发展之路，增强区域经济发展的综合竞争力。以"人"的城镇化为核心，以增强城镇产业支撑及承载能力为关键，以各级开发区和各类产业园区为载体，优先基础设施的互联互通，加强美丽乡村建设，着力增强小城镇特别是中心镇集聚辐射功能，统筹城乡协调发展。

绿色生态发展，增强经济可持续性。西北地区要基于自身生态区情，以资源保护与生态环境的可承载能力及可持续发展能力为底线，充分考虑资源环境承载力、现实开发强度和未来发展潜力，提升区域统筹发展能力，兼顾经济、社会与生态效益，合理开发利用和切实保护好各类资源，着力发展循环经济、生态经济、低碳经济，推进西北地区生态文明建设，筑牢国家生态安全屏障的底线，实现经济的可持续发展。

开放引领发展，改革突破攻坚。西北地区要积极拓展发展视野，紧抓"丝绸之路经济带"建设的重大机遇，优化对外开放软硬环境，促进招商引资提质增效，推进产业融合和产业合作，促进西北地区在改革开放中增强动力、激发活力、加快发展；全面深化体制机制改革，在影响西北地区发展的重点领域和关键环节取得突破性进展，最大限度地降低经济发展的制度成本，提高经济运行的质量和效率。

共享包容发展，增进民生福祉。西北地区要以改善民生为根本出发点和落脚点，重点抓好教育医疗、就业住房、社会保障、公共安全等民生大事，完善城乡基础设施，坚持完成脱贫攻坚任务，及时有效解决老百姓最关心、最直接、最现实的具体困难和琐碎问题，不断满足人民群众日益增长的物质、健康及文化生活等多方面需要，切实保障人民群众的政治、经济和文化权益，坚定维护民族团结，创造稳定的社会环境，使改革发展成果人民共享。

（四）战略重点

一是结构优化战略。结构调整深度推进，实现经济协调度的跨越发展。即无论是产业之间结构、产业内部结构、企业所有制结构，还是城乡结构、地区结构等，都要在资源条件、产业基础、国家区域战略等基础上得到深度调整，结构更加协调合理，联动发展形成合力，在经济结构的协调度上实现跨越发展。西北地区传统产业占据产业结构的主导地位，产业价值链层级低，多以能源和资源开发与粗加工为主，以自主创新和核心关键技术为核心竞争力的高新技术产业所占比重相对较低，地区经济发展总量较小、结构不优、质量效益偏低、综合竞争力不强、抗市场风险能力较弱。西北地区在我国所具有的重要战略地位表现在政治、经济、国防、生态、民族等很多方面，是我国至关重要的战略大后方，因此经济发展和产业布局要以国防安全和政治稳定为首要条件，合理布局产业结构，推动西北地区实现全面繁荣发展，使其既成为能够担负起国家战略的战略大后方，又成为内陆对外开放的前沿阵地。西北地区产业结构合理布局的最终目的是，既要充分发挥西北地区的比较优势，使区域产业结构更加合理化，增强地区产业核心竞争力和市场占有率，有力促进区域经济持续稳定和健康协调发展，又要使西北地区的产业结构符合国家宏观经济战略布局，维护国家战略利益，助力于提升我国国际市场竞争力。西北地区的产业结构与社会需求结构、资源结构等要保持相互适应的状态。

二是协调发展战略。统筹谋划全面发展，实现经济和谐度的跨越发展。跨越发展是统筹兼顾政治、经济、社会、文化、生态的全面发展，它要求在重点领域、重点产业、重点行业、重点区域实现经济转型和突破性发展的同时，实现社会主义民主政治巩固发展、区域经济协调发展、民族团结共荣发展、绿色生态可持续发展、城乡统筹一体化发展、社会文明和谐发展等。深化区域经济合作，加强西北各省区之间及其与周边省区和周边县市的合作，打造互助共赢的发展局面；协调河谷与山区、城区与郊区、旧区与新区的发展关系，充分利用中心城区的辐射带动作用，促进区域间协调发展。要加强西北五省区之间的磋商和沟通，基于各省区的产业基础、发展优势、要素禀赋、历史文化和区位特点等，统筹谋划合作共赢发展的战略思路和切入点，优化各省区之间的产业分工，最大限度地获取产业分工效益。还要积极加强与东中部其他省区市的产业分工优势互补，实现区域经济的协调共赢发展。西北五省区总体来看干旱少雨，地质条件复杂，生态环境脆弱，自然灾害频发，因此产业的发展必须依靠科技走生态绿色发展之路，重视生态农业、循环经济、低碳经济的发展，培育绿色消费理念。坚持人口、环境、资源协调发展，推进土地、水、能源的节约和合理利用，着力促进低碳循环经济发展，加强环境污染综合防治，保护自然生态环境，实现经济的绿色可持续发展。要将高效利用资源能源和有效保护生态环境作为加快经济转型发展的基本要求，在加大节能减排中探索发展生态经济，形成减量、低碳、循环、绿色的生产方式和生活方式，努力实现人与自然、经济与生态和谐发展。

三是动能转化战略。增强消费、投资、出口的作用，实现经济增长动力跨越发展。即通过投资结构改善和投资质量提高，形成极具发展前景的生产能力；提高人民收入水平，扩大消费需求，增强经济发展原动力；优化进口结构，改善生产要素条件促进经济转型发展，优化消费产品结构改善人民生活；扩大出口规模，优化出口结构，提升出口产品国际市场竞争力，三驾马车各尽其能合力促进西北地区经济跨越发展。

四是创新发展战略。增强自主创新和原始创新的能力，实现经济核心竞争力跨越发展。随着新一代科技革命地加速推进，以信息化、网络化和智能化为代表的科技创新与应用日新月异，客观上要求西北地区经济转型跨越发展必须从创新意识、创新思维、创新能力、创新环境和创新效率等方面跟上时代的步伐，全面创新已然成为区域经济转型跨越发展的必要条件。进一步深化科技和教育体制改革，不断提升人力资本，创造创新发展的外部条件，从人力资源、仪器设备、平台机制、资金服务、政策措施等方面加快构建区域创新体系，是西北地区转型发展和提升核心竞争力的重要动力。以人才为根本，坚持人才优先的发展战略，紧紧围绕西北地区如期全面建成小康社会，将增强人才意识、加强人才投资、完善人才制度、优化人才环境、提升人才资本等作为重中之重的任务，党政人才、经济管理人才、专业技术人才、高技能人才和农村实用人才队伍同步建设，培育稳定本土人才与引进留住域外人才并行，提升人才总量与优化人才结构兼顾，人才选拔使用机制与人才激励约束机制协同推进，真正实现人才辈出、才尽其用。^① 充分发挥西北五省区现有重点中心城市科技教育基础资源比较丰富和部分领域创新能力较强的优势，全面强化促进创新的政策环境、资金环境、服务环境、社会环境和舆论环境，在高等院校、科研院所、企业产学研互动与联合攻关中，着力提升自主创新、原始创新、集成创新和引进消化吸收再创新等能力，使西北地区创新要素加速聚集、创新活动多样频繁、创新活力充分释放、创新经济蓬勃发展。敏锐把握国际和国内创新发展趋势，把高技术产业、战略性新兴产业和高科技＋产业作为未来产业发展新趋势，形成全面创新的发展格局。

五是开放发展战略。不断拓展开放的广度和深度，实现经济开放度的跨越发展。要以"丝绸之路经济带"建设、"西部大开发新十年"以及各省区如华夏文明传承创新区、宁夏中阿博览会等为契机和平台，发挥地缘、通道、沿边及陆路口岸等优势，加强对外经济贸易往来、人文交流合作、旅游产业开发、产业互补发展等，在互利共赢和优势互补中加快开发开放步伐，实现经济开放度的跨越发展。

六是提质增效战略。宏微观经济质量和效率提高，实现经济效益的跨越发展。即进一步发挥市场决定性作用，着力提高生产要素配置效率，通过发挥市场竞争机制、价格机制、供求机制作用，使得固有的经济结构性矛盾取得重大突破，通过深挖制度创新潜力、增强科技创新能力、改造工艺技术和在产业融合中发展新业态等，提高宏观和微观经济质量和效率，提升经济发展的投入产出水平，不断提高经济发展效益。跨越发展应该是在质量效益优先的前提下加速发展，在经济效益、社会效益和生态环境效益兼顾的同时，实现速度、结构、质量和效益全面提升和跨越发展。转变经济发展方式从根本上应加快完善社会主义市场经济体制，坚持绿色发展理念，提高资源配置效率，实现经济增长由主要依靠增加物质大规模投入向主要依靠人力资本提升、科技进步、创新应用等内涵式增长转变。

---

① 《把握"一项重大使命"坚持"八个发展取向"实施"十大重点"》，《兰州晨报》，2012年4月25日。

七是民生改善战略。提高城乡居民生活质量，实现经济福利水平的跨越发展。社会主义市场经济发展的核心是"以人为本"，实现人的全面发展与人的现代化既是经济发展与经济现代化的根本动力和前提条件，也是其最终的目标和归宿。所以，跨越发展就必然要求有稳固的发展基础，在加快构建适度超前、功能完善、安全高效的现代化基础设施体系，加快城乡一体的社会公共服务能力提升的同时[1]，确保人民收入水平稳步提高，人民生活质量明显改善，物质和精神生活日益丰富，人民幸福感普遍增强。

二、西北地区经济转型跨越发展的实施路径

西北地区属于欠发达区域，是中国经济空间中的低洼区域，突出存在着固有的结构性矛盾，其经济是否能够实现转型跨越发展，关系到国家经济安全、民族团结、边疆稳定和生态安全，关系到与全国同步全面建成小康社会宏伟目标能否如期实现。整体看，西北地区经济基础薄弱，经济结构欠佳，发展方式粗放，增长动力单一，区域内部发展不协调，自主创新能力弱，脱贫攻坚任务重难度大，民族宗教关系错综复杂，经济转型跨越发展的基础弱、任务重、难度大、矛盾多。基于西北地区经济转型跨越发展的现实基础、突出矛盾和实际挑战，如期实现全面建成小康社会目标应主要通过如下八个路径。

（一）思维意识转型

西北地区要实现经济转型跨越发展首先要实现思维意识的大转型，特别是必须突破长期以来形成的过于倚重自然资源、过于倚重政府政策、过于倚重既有发展路径、过于倚重传统制度体系的思维惯性，突破不合时宜的思维框架和观念桎梏，从思想本源、发展理念、主导思路、方向原则等方面解决转型跨越发展的前瞻性和战略性问题，使经济转型有开阔的思路、正确的方向、科学的路径、有效的举措。一是破除对自然资源的过度依赖，由于西北地区具有较好的资源禀赋，多年来发展资源原材料产业成为西北地区经济发展的重要路径，产业结构的资源化、重型化、初级化特征非常突出，形成了陕西煤业化工集团、陕西有色金属控股集团、陕西延长石油集团、新疆八一钢铁集团、新疆哈密煤业集团、新疆乌鲁木齐矿业集团、新疆有色金属工业公司、甘肃金昌金川

---

[1] 《甘肃省第十二次党代会报告》，2012年4月24日，中国经济网 http://district.ce.cn/newarea/roll/201205/02/t20120502_23287524.shtml

集团公司、甘肃酒钢集团宏兴钢铁公司、神华宁夏煤业集团、宝塔石化集团、宁夏钢铁集团、青海西部矿业集团、西宁五金矿产公司等为代表的一系列重工业企业，区域经济的可持续发展能力逐步减弱，资源环境瓶颈日渐突出，经济发展滞后而脆弱。在经济转型发展中，必须打破单一脆弱的经济结构，逐步弱化对自然资源的过度依赖，挖掘和发展科技附加值高、资源环境压力小的科技创新型产业和文化服务业等，进一步分散和化解市场风险。二是要破除对政府的过度依赖。受传统计划经济体制下政府主导经济的思维惯性以及传统体制改革尚不到位的影响，"下级依赖上级、企业依赖政府"的局限思维仍然存在，市场经济意识和市场竞争能力不强。因此，西北五省区地方政府应破除对上级政府的"等、靠、要"思想，充分发挥自身创造性思维科学决策和谋划发展，进一步退出竞争性领域，更多地立足自身优势和发展基础，主动为实体经济发展提供更为宽松的制度条件和政策环境，为企业依法高效有序发展提供优质服务。三是要破除对发展路径的过度依赖。西北地区工业化发展基于特定的时代背景而有着特殊的历程，其发展路径长期锁定于单一的产业结构、单一的所有制结构、单一的投资拉动、单一的空间布局和粗放的经济发展方式，由此造成区域经济结构性矛盾突出，经济发展缺乏协调性、稳定性、创新性和活跃度，只有打破既有的不可持续的发展路径，加快转变发展方式，在经济结构调整中取得突破性进展，才能实现区域经济的转型跨越发展。四是要破除对传统制度体系的过度依赖。西北地区各级领导干部必须深刻认识到转型发展是西北地区实现转型跨越发展的必由之路和必然选择，树立转型发展的意识，增强转型发展的紧迫感，全面深化体制机制改革，主动强化促进经济转型跨越发展的制度建设，全面推进行政管理体制、经济体制、文化体制、生态体制、社会保障体制等重大领域改革，完善领导干部政绩考核机制、领导干部责任追究制度、经济质量评价体系等，将推动区域经济转型发展作为施政的首要任务。

（二）发展目标转型

经济增长是经济发展的物质基础和基本保障，较高的经济增速可以为社会提供较充分的就业机会，较好地满足社会生产生活需求，有利于维护社会的和谐稳定。过去很多年里，由于对经济增长与经济发展的理解有偏差，片面追求经济高速增长，导致西北地区对经济发展重视不够，对经济质量、效益、可持续性重视不足，在经济增速与目标要求有一定差距的时候，总是通过扩大投资规模来刺激经济增长。这就导致，一方面，西北地区片面追求经济总量和投资规模的扩大，忽视了经济发展"以人为本"的核心，忽视了对人的物质需求和精神需求的满足，忽视了经济增长的质量和效益，忽视了经济发展的可持续性，形成了粗放的经济发展方式，带来了日益突出的资源环境压力，削弱了经济增长的后劲，降低了经济发展的稳健性；二是政府推动下的投资盲目过度增长，使所形成的生产能力很快成为新的经济结构性矛盾，低水平重复建设进一步加剧了现有的结构失衡和产能过剩，投资质量和效益长期难有大的改观，为经济结构调整带来新的难题，并造成资源的大量浪费和环境压力的持续增大，经济低发展水平下的高增长必将引起经济社会生态难以全面协调可持续发展。

目前，我国进入了新常态，保持经济中高速增长成为长期客观的发展趋势，西北地区经济转型跨越发展必须充分认识到这一经济发展趋势。我们要认识到，经济增长是手段，它强调的是物质财富总量和规模的增大，经济发展是目的，它强调的是在"以人为本"的前提下，实现经济结构的优化、经济质量的提升、经济效率的提高，以及经济的全面协调可持续发展。如果将经济发展搁置一旁而片面追求经济增长，那就是舍本逐末。另外，西北地区处于我国内陆腹地，是国家重要的生态安全屏障、多民族聚居共荣的重点区域、边疆国防安全的最前沿，因此也有着国家层面特殊的战略地位，这更要求对它的发展目标综合考量。所以，西北地区要实现经济跨越发展必须要实现发展目标的转型，即要改变片面追求经济增长速度的传统目标，向兼顾经济增长质量和效益的方向转型；由以经济增长为单一目标向以人为本和经济、社会、生态全面协调可持续发展为目标转型。

（三）发展方式转型

经济发展方式是指一国或地区坚持以人为本，实现资源节约集约循环发展、生态环境持续优化、经济质量不断提升，达到经济社会生态全面协调可持续发展的模式。加快转变经济发展方式的提出已经有了很多年，但由于长期以来，西北地区发展条件艰苦、发展基础薄弱、发展理念滞后，与东部发达地区的发展差距较大，因此追求经济的高速增长在一定程度上阻滞了经济发展方式的转变，追求高速度增长超越了追求高质量发展。目前西北地区经济发展方式仍然比较粗放，主要表现为：第一，西北地区的支柱产业仍以传统产业为主，基于种种主客观的原因，农业发展基础非常脆弱，农业产业化、机械化、规模化、生态化、信息化程度整体较低，部分自然条件差的偏远地方甚至还是靠天吃饭，自给自足的农业经济仍占有相当比重；工业化程度较东部地区明显滞后，工业的自动化、信息化、数字化、智能化程度还不够高，新型工业化发展层次偏低，传统重工业所占比重过大，战略性新兴产业仅处于培育阶段，现代工业经济发展滞后，工业增长新动能培育还很不足；第三产业以批发零售和交通运输业等传统服务业为主，适应新时代、新需求的现代服务业，特别是生产性现代服务业发展比较滞后。第二，资源型、能源型、原材料型、初（粗）加工型产业仍然占有相当比重，自然资源能源的消耗量大，而综合利用程度又较低，污染物排放多且综合防治能力不足，大大加重了生态的承载负担和脆弱性，区域节能减排的压力与日俱增。第三，高度依赖资源消耗和物质投入总量的扩大发展经济，对于生产要素的配置效率、质量结构、潜能开发等关注不够，生产要素的投入产出水平低，如，人均地区生产总值、单位资本地区生产总值、劳动生产率等在全国处于较低的水平，整体看，产业发展的经济效益、社会效益和生态效益较低。第四，西北地区在航空航天和电子等领域的基础研究能力较强，但应用研究和自主创新能力明显不足，再加上科研成果转化质量和效率不高，科技对经济转型发展的贡献率较低。

事实上，西北地区虽然早已认识到转变经济发展方式的必要性和迫切性，但由于长期以来以GDP为中心的政绩考核目标导向，以及保持适度经济增速对增加财富和稳定就业的现实意义，粗放经济发展方式在很长时间里没有得到根本性改变，"高投入、高消耗、高排放、低效率、低效益、不协调、难持续"的发展模式仍然持续。当前，低要素成本时代正在终结，科技创新和人力资本已经成为驱动经济发展的最重要动能，资源环境和节能减排的压力持续增大，使得这种经济发展方式已难以维持。因此，西北地区要实现经济转型跨越发展，就必须要实现经济发展方式的转型，即由主要依靠资源型重工业粗放发展向主要依靠高附加值的低碳产业循环经济集约发展转型；由主要依靠生产要素的大规模投入向主要依靠科技进步、自主创新、制度创新、管理创新和人力资本提升转型；由产业发展的低度化和失衡化向高度化和协调化转型；由主要依靠技术引进向实现自主创新和原始创新转型。

（四）发展动能转型

经济增长的三大动力是消费、投资和出口。近些年来，西北地区经济实现较快增长，除发挥了后发优势外，很重要的因素是巨额投资对经济增长的拉动。西北地区全社会固定资产投资、社会消费品零售总额、进出口总额在全国所占的比重很小，仅仅投资所占比重略微高一些，其区域经济较快增长主要得益于大量投资的拉动。而同时我们看到，西北地区全社会固定资产投资占全国的比重又高于地区生产总值占全国的比重，事实上，投资的较快增长并未同时带来地区生产总值占比的同步提高，所以投资对经济增长的边际效益正在减弱。金融危机爆发以来，由于东部地区经济对外依存度较高，因而受到国外市场需求萎缩的影响非常明显，投资和进出口增速明显放缓。西北地区在发挥后发优势、承接产业转移、获得国家政策倾斜红利和紧抓"一带一路"建设契机的过程中，保持了较快的投资增速，出口产品结构优化、出口规模扩大、出口市场拓展。近几年，西北地区固定资产投资增长较快，消费需求增长相对缓慢，外向型经济发展水平相对较低，经济增长过于依赖投资，造成了三大需求比例失调。经济实践中，扩大投资规模虽然在一定程度上能够促使经济在短期内实现高速增长，但盲目地扩大投资也可能恶化投资结构，进一步加剧市场的供求失衡，从而造成新的更加严重的产能过剩或供给短缺，资源资金浪费在所难免，最终会使经济结构性矛盾更加激化，使实体经济发展进一步陷入困境，由此潜藏或引发一系列新的风险。国务院下发《关于化解产能严重过剩矛盾的指导意见》，指出要对水泥、钢铁、平板玻璃、电解铝和船舶等五个产能严重过剩行业"分业施策"，力求通过几年的努力使产能规模控制在基本合理的区间，这就意味着西北地区作为资源型经济区域必须在发展动能上加快转型。

西北地区城乡居民收入水平整体偏低，并且城乡间、行业间、区域间的收入差距比较大，新型城镇化进程相对滞后，贫困程度深、脱贫难度大，社会保障程度整体低，老百姓要提升生活（住房、教育、文化、健康等）质量，提高消费水平，改善消费结构，提升消费层次，既缺乏足够的消费意愿，也缺乏现实的消费能力。潜在消费需求转化为现实消费需求，既需要以经济发展促进社会就业，优化收入分配结构，加强税收和转移支付调节，提高低收入人群的收入水平，扩大中等收入群体，增强群众购买能力；又需要加快完善包括教育、医疗、养老、住房等方面的制度和政策，与经济发展水平相适应提高社会保障程度，最大可能地解除老百姓敢于消费的后顾之忧；还需要更新消费理念，引导人们主动优化消费结构，鼓励消费绿色节能环保产品，从产业链末端引导产业向低碳、节能、环保方向转型发展，构建生产与消费良性互动的发展机制。同时，在政府主导和推动的经济模式下，政府投资和政府消费处于较高水平，也往往使得重复建设、资源浪费和产能过剩等一系列问题产生，并增加了寻租的可能。因此，必须在消费这一动能上加快转型。

目前，西北地区虽然在部分领域有较前沿的理论研究成果和较为尖端的产业化应用技术，部分优势产业和骨干企业因掌握核心技术而具有很强的竞争优势，为拓展国外市场空间奠定了较好的基础，有机会和能力提高出口创汇水平，增强进出口对经济的贡献率，但从整体看，对外出口产品附加值低，精深加工和品牌培育不足，亟须加快转型发展。

可见，西北地区要实现跨越发展就必须要实现经济增长动力的转型，即实现由主要依靠投资带动向投资、消费和出口协调带动转型，做到因地制宜确定投资规模，着力优化投资结构，明显提升投资质量和效率；着力提高城乡居民收入水平，形成与经济发展水平相适应的城乡居民社会保障水平，增强消费对经济增长的贡献率；增强企业核心竞争力，优化出口产品结构，打造高端品牌，增强出口对经济增长的贡献率。

（五）发展模式转型

西北地区产业发展水平整体较低，三次产业间和产业内部关联带动不足，多元联动发展的现代产业体系还很不完备，产业发展总体处于价值链的中下游水平；国有经济所占比重过大，由于市场准入、政府效率、融资难等方面的问题，中小企业和民营经济发展还很不充分，企业作为创新主体和就业主渠道的优势发挥不够，企业规模偏小、分布分散、经营混乱、竞争力弱的问题还比较突出；企业大多缺乏自主知识产权和核心技术，研发能力弱，创新投入不足，工艺技术水平低，产品附加值低，核心竞争力亟待加强。

产业发展的低水平，单一僵化的产业结构、技术结构、产品结构以及低关联度的发展模式使西北地区产业核心竞争力难以有根本性提高，必须要加快推进经济转型。第一，产业发展要逐步合理化和高度化。第一产业重在突出特色，实现联动发展，也就是要推进现代农业发展，实现农业的特色化、产业化、规模化、集约化、生态化和品牌化发展，提升特色农产品精深加工水平和增值能力，通过一二三产业的融合发展，既提高产品附加值，又增强产品竞争力，同时在极具潜力的国内外市场拓展更广阔的发展空间，真正实现农业增效和农民增收；第二产业要重在突出创新驱动，及时把握产业发展新趋势，加快科技创新、制度创新、管理创新等全面创新，紧紧围绕重点行业、重点领域和骨干企业等积极延伸产业链和发展产业集群，充分发展非公经济和中小企业，借助第一、三产业的发展，稳定产业发展根基，发展新的市场空间，提高第二产业的质量和效益；第三产业要同步推进传统产业转型升级和（生产性或生活性）现代服务业加快发展，特别是要发展融入现代科技和创新应用的现代金融、新兴物流、科技服务、信息开发、商务会展等生产性服务业，为构建现代产业体系提供可靠的保障。此外，西北地区经济发展虽然相对落后，但自然人文景观丰富，历史悠久遗存深厚，多民族文化异彩纷呈，文化遗产千姿百态，具有独特而优越的文化产业发展条件，通过发挥文化资源优势，着力以大文化产业撬动区域经济发展，既是提高文化软实力和优化产业结构的战略举措，也是深化文化体制改革、提升文化软实力的重要途径。第二，产业组织结构的多元化，特别是民营化。要进一步简政放权、放管结合、提升服务，切实为民营经济蓬勃发展提供良好的市场准入环境、税费政策环境、金融服务环境和公平竞争环境等，使民营企业更好更快发展壮大，成为西北地区涌动经济活力、激发增长动力、创造社会经济价值、扩大就业机会、提升城乡居民收入的举足轻重的重要主体，成为推动西北地区经济转型跨越发展的生力军和主力军。第三，产业技术创新的自主化。必须从重视技术引进向更加重视原始创新和自主创新转型，要以战略眼光前瞻谋划和布局创新项目，在引进必要的先进技术的基础上，通过消化吸收实现更高层次和更高水平的创新，力争形成自有知识产权的新技术，在政府奖补资金、减免税费等政策支持下，把技术结构转型与员工教育培训结合起来，实现产业技术结构的转型升级。[①] 第四，产品结构的高端化和品牌化。必须顺应消费需求变化的新趋势和新要求，通过提高产品的技术含量，开发产品新功能，创新应用新材料、增加产品附加值、创立产品知名品牌，实现产品由低附加值向高附加值的转型。第五，产业发展模式的集群化和循环化。要增强核心产业和骨干企业的辐射带动力，积极围绕它们培育壮大特色产业集群，提升整个产业的竞争力；要积极构建覆盖生产、生活、社会多层面，宏观、中观和微观循环经济链闭合的循环经济产业体系，提升产业可持续发展能力。第六，产业发展的外向化和开放化。突出产业融合，顺应"互联网+"趋势，加强产业跨界融合发展，积极培育壮大新兴产业、新兴业态、新兴盈利模式，打破单一脆弱和失衡固化的产业结构；突出产业合作，优化产业空间布局；加强各省区间产业合作和技术合作，增强各省区产业间的互补和关联带动作用；更多利用"一带一路"建设机遇，加强口岸建设，加快向西开放，发展开放型经济。也就是说，西北地区要实现跨越发展就必须要实现产业结构和产业发展模式的转型，即产业发展由失衡化和低度化向合理化和高度化转型；产业组织结构由一元化和国有化为主向多元化和民营化转型；产业技术由以国外引进为主向以自主创新为主转型；产品结构由低端化和大众化向高端化和品牌化转型；产业发展模式由集聚化和线性化向集群化和循环化转型；产业发展由固守传统思路向外向化和开放化转型。

（六）行政管理体制转型

制度是引导、规范和约束经济主体行为的一系列规则，有效的制度将会引

[①] 邓生菊：《产业转型是实现甘肃转型跨越发展的首要任务》，《甘肃日报》，2012年10月10日。

导生产要素实现制度目标所期望的高效配置，引导经济主体做出符合制度设计的行为方式，从而实现制度设计的最终目标。西北地区地域较为封闭，其远离全国经济重心的区位劣势使其改革思维、改革魄力和改革进程相对滞后，其行政管理体制改革既与经济体制改革的要求有差距，也与东部地区行政管理体制改革的进程有差距：首先，部分干部的意识中仍存在较强的"官本位"思想，居高临下，服务意识淡薄，工作作风懒散拖沓，办事效率低下，同时，因机构间职能划分不明确以及个人工作态度和能力的差异，不作为乱作为和推诿扯皮的情况仍然存在。部分领导干部法治意识、法治观念比较淡薄，执法人员职业素养欠缺，责任感和敬业精神不足，有法不依、执法不严的现象依然存在。其次，西北地区地方政府发展底子薄且困难多，地方政府为了实现更快的发展往往过多依靠行政干预和控制手段推动经济发展，经济发展虽然受惠于政策的强力支持，但也一定程度上加大了扼杀市场发展的可能，同时过多干预企业经营与决策，并在土地、资金、项目和市场准入等方面加强管控，使市场机制难以真正有效地发挥作用，加剧了供求失衡，增加了企业的交易成本，造成企业经济效率和效益下降。再次，西北地区财政自给能力相对较低，公共基础设施建设不足，社会公共服务能力较低，生态环境投入能力缺乏，政府履行公共服务职能的能力还不强。

行政管理体制中存在的"重管理、轻服务，重形式、轻效果，重权力、轻责任"的种种问题，已成为经济社会全面发展的重大障碍和阻力，使得政府职能难以真正转变。如果行政管理体制改革不到位，国家和地方政府所提出的任何发展战略、改革举措和政策措施等都会在层层传达落实中走样变形。所以，西北地区要实现跨越发展必须要实现行政管理体制的转型，即政府要从权力型和经济管控型政府向社会服务型政府转型；以经济增长速度为核心的考核机制向多层面综合考核机制转型；政府行为从权力管控型向更加民主的方向转型。

（七）城乡关系转型

目前西北地区经济落后的最大难点在于农村，特别是贫困村的脱贫已成为西北地区经济转型跨越发展的重点任务之一。当前，西北地区城乡居民收入水平和消费水平与东部发达省区有明显差距。特别是贫困地区的农村，产业发展水平低，有的还是靠天吃饭的自给自足的小农经济，农业增收难度大，农业农村空心化，农村市场环境不健全，农民消费水平仍然较低，农村居民的收入绝大部分仍用在吃穿住等基本需求方面，用以提升人力资本素质和娱乐享受型消费很少，教育、文化、保健等领域的消费规模极小。此外，虽然户籍制度改革加快推进，新型城镇化进程也不断加快，但长期以来形成的有关住房、土地、教育、医疗、卫生、文化等公共产品和服务的具体落实，在城乡居民身份上仍有部分差别，这使得城乡差距依然不可否认。

西北地区城乡二元结构给区域经济发展带来的后果显而易见，首先，城乡收入水平和消费能力的差距过大，不仅使农村大规模潜在的消费需求难以释放，抑制了农村居民自我发展能力的快速提升，而且影响到城乡关系的协调稳定，影响到全面建成小康社会的进程。其次，城乡公共产品和公共服务供给的不均衡，造成农民共享改革发展成果的权利受损，农村居民无法在教育、医疗、文化等方面享受到与城市相当的优质服务。再次，城乡分割的制度供给使得生产要素难以得到充分自由的流动和高效有序配置，也导致诸如城乡人口流动、土地流转、住房置换等领域的很多矛盾，削弱了城市化发展动力，农业人口市民化的进程缓慢。城乡关系的诸多矛盾与不和谐如果不改变，必将引发一系列经济社会问题，进而阻碍西北地区跨越发展的进程。所以，在我国农业现代化、新型工业化和新型城镇化齐头并进的新形势下，西北地区要实现跨越发展就必须实现城乡关系由二元分割向城乡一体化的转型。

第十章　西北地区经济转型跨越发展的政策建议

面对如期实现全面建成小康社会的奋斗目标，西北地区必须坚持把中国共产党的坚强统一领导作为保障经济转型跨越发展的政治保障和首要前提，以中国共产党为核心引领区域经济实现转型跨越发展；真正发挥市场对资源配置的决定性作用，更好发挥政府作用，着力提高资源配置效率，优化经济运行环境；强化现代农业的基础地位，加快工业经济的转型升级，创新发展现代生产性和生活性服务业；深化重点领域体制机制改革，以制度的优化降低经济运行成本，提高经济质量和效益；着力增强全方位创新能力，以创新思维开拓发展空间，以创新实践驱动经济转型跨越发展；化解劳动力结构性过剩，着力优化人才供给结构，增强转型跨越发展的智力支持；筑牢发展基础，补足发展短板，实现精准稳定脱贫奔小康；加强区域交流合作，加快"丝绸之路经济带"建设，增强互利共赢发展合力；维护民族团结和谐，确保社会公共安全，维护稳定有序的发展环境。[①]

一、坚决加强党的坚强统一领导，为经济转型跨越发展提供坚实的政治保证

西北地区地处内陆腹地，经济发展基础相对薄弱，民族宗教关系复杂，是域外敌对势力文化入侵、思想扰乱和宗教渗透的前沿敏感区域，生态环境脆弱，文化传统独特，人口空间分布分散且很不均衡，经济转型跨越发展有着自身的特殊性和复杂性，只有坚持中国共产党的坚强统一领导，发挥党的权威和核心作用，统一思想达成共识，才能把党的政治优势转化为真正的发展优势，调动西北地区各族各界人民凝心聚力谋转型、团结奋进促跨越的积极性和主动

---

① 刘进军、罗哲：《西北地区经济转型跨越发展的实证分析》，《甘肃行政学院学报》，2017年第5期，第78~90页。

性，才能引领西北地区形成经济转型跨越发展的强大合力。[①]

第一，党要立足边疆安全和国防安全，处理好区域民族宗教关系，维护民族团结和谐，维护宗教和顺，使边疆少数民族地区成为牢固的国防要冲和安全屏障。[②] 以科学理论、先进文化、正确舆论引领主流媒体，尊重少数民族传统，强化民族团结宣传教育，强化科学文化知识传播，在全社会形成各民族团结友爱互助共进的浓厚氛围，形成和谐和睦的宗教关系；加强党员对民族政策、民族区域自治制度、民族工作、民族事务等的学习教育，提高党员干部民族宗教工作的能力和水平，有效抵御渗透活动；着力加强大中小学生民族团结教育，使民族团结和谐共进的民族关系发扬光大。

第二，党要发挥权威和核心引领作用，把培养锻炼和选拔使用优秀少数民族干部作为干部队伍建设的重中之重，按照以德为先、德才兼备的原则，把坚定维护祖国统一，在大是大非问题上原则立场坚定、维护民族团结共荣的优秀少数民族干部选拔到各级领导岗位。[③] 要加强党员理想信念教育和勤政廉政教育，不断提升党员的党性修养，坚决贯彻落实党的重大发展战略，通过意识形态和舆论阵地把转型跨越的思路和目标内化为人民群众坚定的意志和信念，把战略决策转化为人民群众谋转型促跨越的动力和自觉行动，形成全社会抢抓机遇谋转型、上下同心促跨越的浓厚氛围，引导人民群众认清推进西北地区经济转型跨越发展是增强发展动力和活力，实现群众增收致富的必然选择，是缩小区域差距和全面建成小康社会的必由之路。

第三，作为党执政的组织基础和推进经济转型跨越发展的根本依靠，党的基层组织要充分发挥好战斗堡垒作用。习近平总书记说："治国安邦重在基层，要把基层党组织建成坚强前哨和坚固堡垒。"西北地区要强化党的基层组织的政治引领功能，着力加强基层党组织和党员队伍建设，充分发挥基层党组织统一思想、服务群众、促进发展、凝聚人心和增进和谐的作用，尊重和密切联系群众，形成血肉相连的党群、干群关系，着力解决少数民族群众饮水、出行、就医、上学、就业、住房等实际困难，努力改善他们的生产生活条件，在经济转型跨越发展中，真正发挥好基层党组织的战斗堡垒和先锋模范带头作用，凝

---

① 刘进军、罗哲：《西北地区经济转型跨越发展的实证分析》，《甘肃行政学院学报》，2017年第5期，第78~90页。
② 刘进军、罗哲：《西北地区经济转型跨越发展的实证分析》，《甘肃行政学院学报》，2017年第5期，第78~90页。
③ 刘进军、罗哲：《西北地区经济转型跨越发展的实证分析》，《甘肃行政学院学报》，2017年第5期，第78~90页。

聚集体智慧探求经济转型跨越发展的新思路、新路径、新举措、新办法，力争使基层党组织和广大党员成为全社会转型跨越发展的行动标杆。

第四，党要为转型跨越发展创造良好的软环境。软环境不仅是重要的生产力，而且也影响到发展的竞争力和吸引力。推进西北地区经济转型跨越发展，党委要切实推动政府职能转变，进一步完善党委领导、政府负责、社会协同、公众参与的社会管理格局①，加强和健全党和政府主导的维护群众权益的体制机制，推进社会治理体系和治理能力现代化，全面提升社会服务能力，完善非公有制经济组织、社会组织的管理，营造人尽其才、才尽其用、各得其所、各展所长的人才成长环境，为转型跨越发展营造更加良好的社会条件和软环境。

二、充分发挥市场和政府作用，着力提高资源配置效率，优化经济转型跨越发展环境

明确界定和履行好政府职能，才能真正使市场对资源配置起到决定性作用，才能真正充分发挥市场经济中的价格机制、竞争机制和供求机制作用，才能使市场与政府功能有效互补。政府作为经济转型跨越发展的推动者和主导者，发挥作用的核心和关键是处理好政府和市场的关系，在充分发挥市场决定性作用的同时，尽量避免政府在经济活动中的缺位、错位和越位问题，努力建设服务型政府、法治型政府和廉洁高效政府。②

（一）市场对资源配置真正起决定性作用，政府发挥作用恰当适度

市场失灵以及政府"越位""缺位"和"错位"会导致经济运行的低质低效，有效避免和克服导致市场失灵的"泛市场化"以及引发政府失灵的"泛行政化"倾向是经济转型的必然要求，也是实现经济健康可持续发展的重要条件。因此，防范市场失灵与政府失灵同等重要。西北地区要坚持经济体制改革的市场化取向，在坚持市场决定和市场主导的基础上，更好履行政府职能，而不是在政府主导的基础上去发挥市场作用，有效防止权力影响经济资源的有效流动，防止行政垄断和寻租腐败，营造公平有效的市场环境。当前，西北地区

---

① 《胡锦涛在中国共产党第十七次全国代表大会上的报告》，2007年10月25日，中国共产党新闻网 http://cpc.people.com.cn/GB/64093/67507/6429851.html

② 刘军、罗哲：《西北地区经济转型跨越发展的实证分析》，《甘肃行政学院学报》，2017年第5期，第78～90页。

经济转型跨越发展是否处理好了政府和市场的关系，要从以下几方面考察。

1. 政府职能与市场边界是否高度契合

政府与市场的契合度主要从两个角度考察：首先，政府与市场是否无缝衔接，即在政府职能未涉及的领域，市场机制能否有效发挥调节作用；在市场调节失灵的领域，政府能否有效涉足。其次，"政府失效"和"市场失灵"能否同时得到有效的避免。[①] 事实上，没有哪个国家或地区纯粹地采取单一的政府控制或者市场调节，斯密的自由放任与凯恩斯的国家干预论也表明，单纯强调任何一方都是偏颇低效而不切合实际的。只有充分发挥政府与市场各自的优势，在互补中提高政府与市场的契合度，才有利于解决公平与效率、垄断与竞争、集权与分权等问题，才有利于区域经济的转型跨越发展。[②]

2. 政府职能与政府能力是否高度协调

政府权力应与其能力相匹配，既要进一步明确政府职能定位，又要准确把握和客观判断政府能力大小。政府能力主要包括政治统治能力、经济调控能力、生态保护能力和社会治理能力等。[③] 政府职能通常相对稳定，在此情况下，就特别需要着力提高政府能力，其中重要的方面就是提高政府公务人员素质，尽量做到公务人员从业的专业化、满负荷和高效率。政府职能定位的明确和能力的匹配，将为区域经济转型跨越发展提供良好的软环境。[④]

3. 政府成本与效益是否高度对等

转变政府职能也意味着要建立一个低成本高效能的政府。政府成本指政府维持运转和履行职能所花费的支出。通常政府运行成本过低，就可能影响机构运转和职能的履行，进而阻碍政府效能目标的实现；政府成本过高，则可能消耗过多的社会经济资源，加重社会负担。[⑤] 因此，政府成本必须保持在合理的水平。同时，政府成本还必须与其效益相对等。政府作为以提供公共物品为主的社会组织，其效益除包括经济效益外，还包括生态效益、社会效益，除包括

[①] 邓生菊、陈炜：《甘肃省经济转型跨越发展的实施路径》，《社科纵横》，2014年第2期，第38~41页。

[②] 孙亚忠：《适度政府规模的数量和质量分析》，《南京社会科学》，2005年第7期，第61~66页。

[③] 孙亚忠：《适度政府规模的数量和质量分析》，《南京社会科学》，2005年第7期，第61~66页。

[④] 邓生菊、陈炜：《甘肃省经济转型跨越发展的路径研究》，甘肃人民出版社，2015年12月。

[⑤] 邓生菊、陈炜：《甘肃省经济转型跨越发展的实施路径》，《社科纵横》，2014年第2期，第38~41页。

短期效益外,更体现长期效益,与成本相比,这种效益还可能是间接和无形的。因此,西北地区各级政府必须加强成本控制和效益评估,通过项目分析、民主测评、专家评估等,多角度地进行成本效益测定,提高政府成本与效益的对等度。①

4. 政府规模是否受到严格有效的约束

政府规模扩张虽然与社会经济发展和政府职能扩张与调整直接相关,但由于政府规模本身存在着膨胀的内在冲动,因此,要保持政府规模的适度化就必须保证对政府规模扩张形成一定的约束。政府规模不但必须与社会经济发展水平相适应,不能超过社会经济的承受能力,而且必须受到国家财政预算制度、组织人事制度、民主监督制度、纪检监察制度等各项配套制度的约束,必须受到国家相关法律法规的制约。只有理顺政府部门间职能和机构关系,建设精简高效的政府,才能有效避免推诿扯皮、涣散拖沓的作风,提高政府服务于经济转型跨越发展的能力。

5. 政府是否具有高度的政治信用

政府应该履行好各项必需的职能,最大程度地满足社会公共需求,维护政府权威和形象,赢得公众对政府的信任。如果政府权力、机构、人员和资金等规模太小,影响到政府职能的履行,公众对政府的信任度可能就会降低;反之,如果规模过大,则可能出现人浮于事、政府运行成本过高的问题,造成社会负担的加重,公众对政府的信任度也会降低。因此,政府规模与政府必备职能相匹配时,适度的政府规模在一定程度上保证了政府信用的最大化。可以看出,政府信用度的高低直接反映了政府规模适度化的水平,实现政府规模适度化与最大限度地提高政府信用度是相辅相成的,但是政府规模适度化的过程必须以不破坏政府的信用度为底线。②

(二)构建法治、清廉、服务型政府,维护公平、公正、稳定、法治的发展环境

西北地区地方政府职能的转变,应在进一步合理调整中央政府与地方政府关系的前提下,有效弥补市场失灵,使地方政府能真正"服务公共利益、维护社会公正、承担公共责任、体现法治精神"。

---

① 邓生菊、陈炜:《甘肃省经济转型跨越发展的路径研究》,甘肃人民出版社,2015年12月。
② 孙亚忠:《适度政府规模的数量和质量分析》,《南京社会科学》,2005年第7期,第61~66页。

1. 建立良好的法治环境

政府行为要建立在法治基础之上，在法治框架下行使职能才能有效保障公民权利，也才能为考量政府是否履行好了自身职能提供依据。在法律不完备不规范的传统政府条件下，政府借助政治权力发号施令，公民基本处于被动和无条件服从的地位。由于受到行政长官个人主观意志的影响，相同情况不同对待，不同情况同等对待的情况时常发生，行政权力失范的人治弊端突出，很容易滋生法外行政、权大于法等腐败现象。鉴于此，必须严格落实依法治国基本方略，制定和完善各种法律法规，做到科学立法、公正文明执法，持续加强法制建设，严格规范行政权力和行政行为，全面推进依法行政，使政府能够真正依法履行职能，比如，依法保护人民群众合法权益，依法规范市场主体行为，依法维护公平竞争的市场秩序，依法协调各种权责关系，依法打击各种违法犯罪行为等。要大力推进政务公开，完善行政监督体系，建立健全严格的行政问责制度，着力打造公正透明、公平民主、规范协调、廉洁高效的法治政府，不断提高政府行政决策力、行政执行力和社会公信力，确保政府行为和经济活动在法制的规范和约束下运行。

2. 积极创造稳定的社会环境

社会稳定和谐是经济发展的必要前提，只有创造安定有序和持久和谐的社会发展环境，才能使投资者保持良好的心理预期，才能使消费者保持良好的消费信心，进而积蓄经济发展的新能量和新活力，促使宏观经济实现稳健快速发展。目前，西北地区全面深化体制机制改革，制度体系日益完善，群众对政府治理思路和举措的认可度不断提升，反腐败斗争取得的重大成效赢得了广大人民群众的广泛支持，群众对国家和区域发展的信心更加坚定，多民族团结共荣发展的氛围更加浓厚，整个社会和谐稳定，良好的社会环境为经济转型发展创造了条件。未来地方政府还需要继续加快职能转变，灵活有效地综合运用经济的、法律的和必要的行政手段，优化经济发展的制度环境，着力提升社会治理能力和治理水平，为经济转型跨越发展创造稳定的社会环境。

3. 有效提供公共产品和公共服务

西北地区地方政府作为地方经济制度和经济政策的提供者，应当为区域经济转型跨越发展创造良好的制度环境和政策条件，有效规范和约束市场主体的经济行为，不断激发经济发展的动力和活力；要加快构建服务型政府，高效优质地为各类市场主体和人民群众提供必要高效的公共服务；要关注经济的外部性，坚持"以人为本"的发展理念，坚定走绿色发展道路，为人全面发展创造良好的环境条件；要通过深化改革和完善政策合理调节收入分配，努力缩小贫富差距，维护社会秩序公平正义，维护不同群体的合法权益。①

当然，由于地方政府既是改革的对象，又是改革的设计者和推动者，因此，常会导致改革的举措偏离改革的方向，而呈现出一定的选择性，它有可能成为不是对国家长远发展最优的改革，而是成为对个别部门最为有利的改革。因此，地方政府的改革特别要强调发挥包括智库和社会组织的第三方力量在改革方案研究设计中的作用，确保地方政府能为西北地区经济转型跨越发展提供高质高效的公共产品和公共服务。②

4. 努力为地方发展争取更好的环境条件

西北地区地处内陆，是生产要素和生产资源流动的高地，在完全的市场竞争机制下，难以克服要素流动偏好所带来的发展困境，很容易陷入长期落后的低洼地带，因此，地方政府为地区发展争取更好的环境条件就成为地方政府必然的责任。

改革开放的历史也是一部中央顶层设计与地方实践探索互动发展的历史，地方政府从实际出发，以高度的责任感、巨大的政治勇气先行先试，成为破解旧体制、创新制度的重要力量。政府坚定的决心信心、前瞻的战略谋划、科学的决策部署、高效的制度规范和务实的发展魄力是改革成功推进的根本保证。区域经济发展的实践证明，西北地区要想尽快摆脱长期低水平徘徊的发展困境，也必须更多地依靠政府自上而下地推动，否则，完全依赖市场机制，会在"马太效应"的影响下，产生生产要素投入长期不足的后果，西北地区与发达地区的差距可能会越来越大。西北五省（区）地方政府是区域经济转型政策的制定者、实施者和执行者，对区域经济转型方向、转移路径和转型模式的选择有重要影响。在二元经济结构特征明显的转型期，以及所处的后危机时代，西北地区地方政府应当在遵循市场经济规律的同时，重视从顶层设计、规划编制、改革推进、平台搭建、政策完善、创造发展平台和机会等方面为地方经济转型跨越发展创造更好的环境条件，政府的成功转型是西北地区实现经济结构调整与经济发展方式转变，以至于经济转型跨越发展的必要前提、内在动力和体制保障，政府真正实现由全能型政府向现代服务型政府和效能型政府转变，

---

① 黄芳：《推进行政管理体制 改革行政管理方法》，《管理观察》，2009年11期，第199页。
② 《十八大后的转型与改革——中改院改革形势分析会（三）》，2013年1月30日，中国改革论坛网 http://www.chinareform.org.cn/special/2013/09_3636/

才能确保西北地区如期全面建成小康社会。[1]

三、强化现代农业基础地位，加快工业经济转型升级，创新发展现代服务业

目前，西北地区正处于经济结构深度调整和新旧动能交替接续的关键时期，加快推进供给侧结构性改革，顺应新时代下产业发展新趋势、市场需求新变化、科技革命新要求，立足既有发展优势和产业条件，实现经济结构战略性调整的重大突破，以新科技革命引领产业加快转型发展，强化现代农业的基础地位，加快工业经济的转型升级，创新发展现代服务业，将是西北地区经济转型跨越发展的根本所在。[2]

（一）要加快发展现代农业，促进农业提质增效

西北地区不仅农业占地区生产总值的比例高于东部省区，城乡二元结构矛盾和农村贫困问题突出，而且经济林果、棉花、畜牧业及毛皮等农副产品在我国具有重要地位和市场份额，加快发展现代农业成为西北地区产业发展的重要基础。面对全面建成小康社会，西北地区要深入挖掘农业发展潜力，以提高农业经济质量效益和增加农民收入为核心，积极转变农业发展方式，优化农业经济结构，构建和完善现代农业产业体系、经营管理体系、特色产品体系和品牌价值体系等，发展灵活多样的适度规模经营，提高农产品的有效供给和市场竞争能力，推动粮经饲、种养和农林牧渔业协同发展，一二三产业高度融合[3]，培养一批生态品牌、特色品牌和原产地品牌，走绿色健康的现代农业发展之路，促进农业农村发展由过度依赖资源要素消耗、主要满足农产品量的需求，向追求绿色健康可持续、更加注重满足质的需求转变，提高现代农业发展质量、综合效益和竞争力，努力拓展农民增收渠道。

调整优化农业经济结构。西北地区要紧紧围绕粮食、林果、蔬菜、畜牧等特色产业，大力发展以园区规模化种植—合作社集约化管理—农产品精细化深加工及市场化营销为一体的特色优势产业，因地制宜地调整优化农业经济结构

---

[1] 邓生菊、陈炜：《甘肃省经济转型跨越发展的路径研究》，甘肃人民出版社，2015年12月。
[2] 刘进军、罗哲：《西北地区经济转型跨越发展的实证分析》，《甘肃行政学院学报》，2017年第5期，第78~90页。
[3] 刘进军、罗哲：《西北地区经济转型跨越发展的实证分析》，《甘肃行政学院学报》，2017年第5期，第78~90页。

和空间布局，发挥西北不同省区农业产业基础和特色优势，促进现代农业加快发展。加强高产稳产粮田基本建设，稳定耕地播种面积，加强土地平整、农田水利、土壤改良、机耕道路、配套电网林网等建设，持续优化农产品结构，在提高品质的基础上提高单产，实现粮食在省（区）内平衡且略有节余，保证省（区）的粮食安全。坚持因地制宜和集约化品牌化发展现代设施农业，努力推进城郊型、区域型、出口型、戈壁型设施蔬菜基地建设，着力发展设施蔬菜精深加工业，积极发展产地预冷贮藏物流保鲜业。特色林果业要以优质林果为重点，强化农业科技和信息化支撑，强化林果精深加工业发展，创新市场营销模式，推进林果业标准化、生态化、产业化、多元化和品牌化发展[1]，提升特色林果业的质量和效益，使之成为生产地农民增收的有效渠道。特别是新疆作为优质棉生产基地，要坚持棉花生产空间布局的优化，重点抓好优质高产棉区基地建设，加强良种繁育体系建设，着力提高单产和品质，努力降低发展成本，增进发展效益，不断增强棉花综合生产能力和市场竞争优势，巩固棉花产业在全国的优势主导地位。新疆、青海、宁夏、甘肃的畜牧业，要加快优化产业结构，建设高标准人工饲草基地，加强畜禽规模化、标准化、现代化养殖场（小区）建设，加快肉牛、肉羊、肉奶兼用牛等良种繁育体系建设，多元化发展马产业，在一二三产业融合发展中推进畜牧业的产业化经营和市场化营销，严格动物疫病防治，增强现代草食畜牧业竞争力。大力培育制种和苗木花卉产业发展，立足西北地区新疆、甘肃的玉米、马铃薯制种，以及陕西、宁夏苗木花卉发展优势，提升产品品质，拓展国内外市场。西北地区现代农业发展要坚持以市场为导向，建设若干成熟的区域性的特色农产品产业带和具有稳定购销关系和市场竞争优势的标准化生产基地，为强基固本和走出去发展奠定基础。开发农业复合功能，立足城郊村、民俗村、民居村和特色牧区等特色优势，积极发展具有地方特色的城郊经济、民俗经济、庭院经济和休闲旅游产业等，由此提高农业综合效益。改造升级巴克图口岸、霍尔果斯、吉木乃口岸设施及果蔬农产品出口基地等。

积极发展农产品精深加工业。西北地区要加快推进农业供给侧结构性改革，积极转变多年来形成的粗放式的农业生产经营方式，真正以市场需求为导向，由数量规模型向质量效益型转变、由初级粗加工为主向精深加工业转

---

[1] 《新疆维吾尔自治区国民经济和社会发展第十三个五年规划纲要》，2016年6月14日，新疆维吾尔自治区人民政府网 http://www.xinjiang.gov.cn/2016/08/19/67324.html

变①，不断优化农产品加工业的空间布局，支持特色农产品重点加工区域的发展，突出发展具有西北区域特色的棉花、清真食品、畜产品、中药材、林果、粮油、酿酒、保健食品等农产品精深加工业。促进一二三产业融合发展，着力打造一批稳定支持加工企业发展的优质农产品原料生产基地，建立功能全面、便捷高效和规范运行的农业社会化服务体系，加大对骨干企业和龙头加工企业多元化政策扶持力度，推广灵活多样和实效明显的产业化发展模式，提升农产品加工技术创新能力，建立健全加工检测及质量控制体系，重点对特色优质农业加工产品实施品牌发展战略，促进农产品加工业产业化、规模化、标准化和品牌化发展。

推进农业产业化发展。西北地区要立足产业基础和未来结构调整方向，重点鼓励和培育发展家庭农牧场、种养大户、农牧民合作社、专业大户、农业产业化龙头企业等新型农业经营主体，鼓励农牧民通过合作与联合的方式发展规模种植养殖业、农产品加工业和农村服务业等，②支持农民合法合规地进行土地流转，鼓励以土地经营权入股农民专业合作社和农业产业化龙头企业，参与建设农业产业化示范基地，推进初级农产品精细化生产、特色优势农产品精深加工、仓储物流配送和市场流通体系建设等一二三产业深度融合发展，扶植发展一村一品、一乡一业，通过补足和延伸产业链使农业整体效益提升，使农业发展基础更强、农民收入水平更高、农村建设得更好。

增强农业现代化支撑体系。西北地区要全面加强农业科学化生产、精细化加工、便捷化流通等关键领域科技的自主创新和集成创新，提升现代农业发展的信息化、自动化和网络化水平，规划建设一批农业高新技术示范园区，着力应用新技术发展旱作农业、绿洲农业和节水生态农业等。加强基层现代农业技术推广体系建设，创新农技推广运行机制，增强科技推广的公益性和服务性。加快构建农业支持保护政策体系，完善和落实好各类农业补贴等强农惠农政策，形成财政和金融支持现代农业发展的长效机制。加快建设新型农业社会化服务体系，建立和完善以乡镇农技综合服务站和基层供销社为依托的农业社会化服务网络，推进农业机械化服务体系建设。③

---

① 《夯实兵团履行职责使命的物质基础》，2017年4月21日，中国社会科学网 http://www.cssn.cn/dzyx/dzyx_llsj/201704/t20170421_3494168.shtml

② 昂朝文：《新生代农民工市民化的困境与出路》，《时代经贸》，2010年9月第18期，第248~249页。

③ 《新疆维吾尔自治区国民经济和社会发展第十三个五年规划纲要》，2016年6月14日，新疆维吾尔族自治区人民政府网 http://www.xinjiang.gov.cn/2016/08/19/67324.html

确保农业和农产品安全。加快建设农业防灾减灾体系,加强重大农业病虫害、林业有害生物防控、重大动物疫情、森林草原火灾、防洪抗旱、重大气象灾害等预报、预警、控制指挥和应急救灾物资储备调运等能力建设。建立农产品质量安全认证、跟踪检测、监督管理和执法体系,完善农产品质量安全备案和追溯机制,完善农产品市场准入和退出制度,严格农产品质量安全执法。

加快拓展国内外农产品市场。在"一带一路"倡议下,积极吸引国内外知名企业,借助资本运营的带动,以及优势品牌的影响,整合资源、资金、技术、人才等生产要素,培育和壮大一批集科研开发、生产经营、品牌拓展、外贸基地为一体的农业产业化龙头企业,引导龙头企业与农民建立新型利益分配和调节机制,加快开拓国内、丝绸之路沿线和其他更广阔的国际市场。

(二) 推进新型工业化发展,促进产业转型升级

面对新常态下新科技革命的风起云涌,西北地区要立足既有的资源禀赋、要素条件、产业基础和比较优势,重点在创新驱动和促进工业化与信息化深度融合中走新型工业化道路,通过发挥信息化能够渗透于各种生产要素或生产过程各环节,覆盖面广、渗透力强、带动作用明显等优势,着力在经济结构调整、产业转型升级等方面取得重大突破,依托信息技术实现生产自动化、数据信息化、管理科学化,降低生产和交易成本,提高经济运行效率,努力培育产业发展的核心竞争力,力争形成新的经济动能。要将集约集聚和各具特色的开发区和产业园区建成新型工业化的主战场和优势产业聚集区,加快石化、有色、钢铁、冶金等传统工业的转型升级,促进新能源、新材料、文化产业、现代服务业等战略性新兴产业崛起壮大,鼓励发展众创、众包、众扶、众筹空间,大力推动传统工业向中高端迈进,更多依靠产业创新培育增强经济新动能,努力走出绿色、协调、创新、开放、共享的发展之路,提升西北地区工业化发展的整体水平。

加强传统产业的转型升级。西北地区要在市场机制的调节下,以市场需求为导向,加快推进供给侧结构性改革,以创新驱动和工业化与信息化深度融合为突破点和切入点,加快对传统产业的信息化、智能化和数字化改造,将信息技术、信息开发、信息资源运用到生产、经营、管理、服务等全过程,围绕工业产品研发设计、工艺流程控制、企业经营管理和产品营销等环节,提升工业生产过程及上下游产业链的自动化、信息化、智能化和管理现代化水平,让传统产业焕发新的活力。以新技术、新工艺、新装备、新流程等提升价值链层次,加快传统产业的改造升级,完善以市场为导向的企业优胜劣汰竞争机制和

退出机制，着力促进传统产业转型升级和提质增效。

能源工业。新疆要以推进国家大型油气生产和储备基地、大型煤炭煤电煤化工基地、大型新能源基地和国家能源资源陆上大通道建设为重点，加快优势矿产资源的综合开发和利用。陕西省要发挥能源产业基础优势，着力强化产业园区和产业基地建设，加快培育一批集资源勘探开发、重点高精尖产品研发和精细化加工增值为一体的产业链和产业群，重点强化新能源、电力外送、煤炭深度转化三个增长点，协同带动能源装备制造和能源技术服务等配套产业同步发展，强化现有能源化工产业的支柱性作用。①

钢铁工业。立足西北地区酒泉钢铁、八一钢铁、伊犁钢铁、陕西钢铁、西宁特钢、汉中钢铁等，以优化钢铁产业结构和产品结构为重点提高供给质量，加大技术创新、工艺创新、管理创新，不断提升现代化技术装备水平，加速产品从普通钢向高性能合金钢、新型铸管等中高端新型材料方向发展，促进产品转型升级，提升钢铁产品增值能力，增强产业综合竞争力。引导和促进企业淘汰落后工艺和技术，推动企业在优势互补中实施战略性重组，有效实现产业的供求平衡。

有色工业。立足西部矿业、汉中西北有色、金川公司、白银公司、中铝青海等有色工业企业，围绕特色资源综合开发利用，积极推进钛、铝、钼、铜、镍、铍、铅、锌业等向高端研发和精深加工延伸发展，进一步发展稀有金属材料、光电功能材料、轻质高性能合金材料等新型材料，推动高纯金属及合金材料的开发应用，全面提升有色金属精深加工水平和功能化水平，切实以工匠精神做精做专有色金属工业，不断提升产品的科技含量和核心竞争力。

建材工业。立足天山水泥、陕西华亿建筑、兰州蓝天浮法玻璃、西北永新涂料等建材企业，适应产业和市场发展新需求，推动传统建材产品在功能、工艺、性能、品质等方面的优化升级，重点发展新型节能材料、防水材料、防腐材料、化学建材、高性能装饰装修材料等新型建材，鼓励综合利用各类工业废渣、建筑垃圾及可用固废产品，通过综合利用和循环利用，生产出新型建材产品。严控水泥新增低端产能，支持企业在现有生产线上进行余热发电、粉磨系统节能改造和无害化协同处置城市生活垃圾和工业垃圾，推进绿色发展。

化学工业。立足中国石化西北分公司、独山子石化公司、克拉玛依石化公司、新疆天山集团、兰州石化、庆阳石化、青海盐湖、陕西煤业化工等化工企

---

① 《陕西省国民经济和社会发展第十三个五年规划纲要》，2016 年 2 月 16 日，西部网 http://news.cnwest.com/content/2016-02/16/content_13598642_14.htm

业，延伸乙烯和芳烃产业链，促进合成树脂、聚酯等精细化工产业发展，打造面向中亚西亚的化工产业对外合作重要基地。化肥工业发展要着力向质量品质提升和安全绿色生态方向转变，重点发展钾肥、磷复肥、可溶性腐殖酸复合肥、硼镁肥等。盐化工行业要进一步加快产业结构调整，引导开发精细化、专业化和系列化特色产品，加快无汞触媒研发应用步伐，做强做精氯碱化工产业。

轻工业。立足新疆百成鲜食加工、新疆青鹤集团、新疆喀什纺织、新疆鲁泰丰收棉业、甘肃三毛集团、甘肃博峰肥牛集团等企业，突出产品品牌效应，开发中高端市场，提高市场核心竞争力。加强乌鲁木齐、兰州、西安、咸阳、宝鸡等地纺织服装产业集聚发展，采用国际先进工艺技术装备，因地制宜地发展替代纤维、差别化纤维和产业用纺织品，发展服装服饰、家纺、针织、地毯等终端消费品，提升功能性服装竞争力，建设丝绸之路经济带上重要的纺织服装生产基地。着力支持发展具有地域或民族特色的精致手工业、以历史文化内涵和品牌效应加快提升手工业产品的内在价值，形成以手工编织、手工雕刻、手工刺绣和手工缝制等为特色的劳动密集型产业。

培育壮大战略性新兴产业。西北地区在经济转型中要着重培育经济发展新动能和新引擎，要基于现有的产业优势和产业基础，大力实施"中国制造2025"战略，着力在重点领域、重点项目、重点行业、重大装备、核心技术、关键环节和特殊工艺的研发和成果转化与产业化上取得新突破，顺应产业发展新趋势，重点优先发展新能源、新材料、先进装备制造、现代生物医药、新能源汽车和节能环保等战略性新兴产业，努力强化骨干企业的自主创新能力、核心竞争能力和辐射带动能力，全力抢占行业竞争优势。

新能源产业。依据西北地区的资源优势和产业发展潜力，加快可再生能源和新能源的综合开发和应用，研发制造大型风力发电机组及关键零部件，提高风电产业的核心竞争力；发展单晶硅和多晶硅片、太阳能电池组及系列配套延伸产品，提高太阳能光伏的转化效率，逐步形成完整的新能源产业链。

新材料产业。不断研究开发新型材料，促进稀有及有色金属新材料、光伏新材料、电子信息新材料、化工新材料和复合新材料等发展，聚焦高端装备、航空航天、核电和轨道交通等新兴产业，做大做强钛、镁、铝等轻质合金为主的高端金属结构材料，以钼及贵金属为主的高端金属功能性材料；延伸超导、陶瓷基、电子级硅材料等产业链，打造全国重要的新材料产业基地。

航空航天产业。发挥陕西航空航天优势，积极推进民用无人机研制和产业化，拓展重大机型配套产业，带动航空维修、航空客运、航空物流业等的发展。围绕载人航天、北斗卫星导航和探月工程等国家重大科技专项，研制新一代无毒无污染和高性能低成本的航天运载动力，构建卫星移动通信、卫星导航、卫星遥感等产业链，构建国内领先的卫星应用产业集聚区。[1] 推进甘肃通用飞机、试验机、轻型运动飞机、滑翔机和无人机的整机及零部件制造。

先进装备制造业。着力发展智能装备，推进新能源装备、输变（配）电装备、石油及化工装备、重型矿山装备和农牧机械及农副产品加工装备等发展，加快能源互联网、智能电网技术和设备的研发，继续推进大型高效能量回收系统关联技术及成套机组的开发利用，不断提高市场竞争能力。发展高档数控机床和工业机器人，争取在智能数控系统、在线远程诊断、机器人核心零部件技术等方面取得突破。支持发展清洁燃料汽车，紧紧跟踪纯电动汽车、混合动力汽车和燃料电池汽车等的市场发展趋势，发展新能源汽车及关键汽车零部件生产。

生物医药产业。基于西北地区生物医药产业产展的现有基础和特色比较优势，突破生物制药重大核心技术和关键技术，基于生物医药技术研发和已有产业基地，积极推进生物医药、生物农业、生物制造等产业的发展，鼓励发展中医药、维医药、哈医药、蒙医药、藏医药等中医和民族医药产业，打造出一批具有突出特色和品牌优势的生物制药产业集群。

信息产业。着力推进信息产业与其他产业的融合发展，重点加强大数据、云计算、物联网、创意文化以及电子信息衍生产业的发展，提升产业发展的信息化和智能化水平。

节能环保产业。根据绿色低碳和循环生态发展的要求，加大节能环保技术、工艺流程和装备的研发力度，重点加快节能环保产业、环境综合治理产业、资源综合利用产业等的大发展。

构建防范和化解产能过剩预警机制。西北地区近年来产能过剩问题比较突出，加强供给侧结构性改革，构建防范和化解产能过剩预警机制，就是要从供给端优化经济结构，基于互联网、大数据、云平台等现代信息技术手段，构建充分、准确和动态、及时的数据信息系统和发布系统，做好重点产业、重点行业、重点区域和重点产品的产能监测与预警，使之更好地适应市场需求。[2]

（三）着力服务业创新发展，增强经济新动能

基于西北地区传统服务业发展比重大，产业发展层次较低，为生产生活提

---

[1] 郭俊华：《陕西制造业如何走出困境》，《西安日报》，2016年1月4日。
[2] 罗哲：《构建防范和化解产能过剩的监测预警机制》，《甘肃日报》，2017年7月4日。

供服务的能力较弱的现实，应进一步建立健全有助于服务业加快转型发展的体制机制和政策体系，支持发展服务业新业态，通过把握产业发展新趋势和消费市场新动态，细分市场需求和挖掘市场潜力，重点发展现代金融、研发设计、商务会展、信息服务、电子商务、现代物流和融资租赁等生产性服务业和文化旅游、休闲养生、健康养老、法律咨询和家庭服务等生活性服务业，通过信息化、网络化和数字化提高服务业发展的效率、质量和效益，以新兴产业发展增强经济增长新动能，不断加快西北地区经济转型跨越发展。[①]

加快发展生产性服务业。增强生产性服务业对构建现代产业体系的服务和保障能力，推进服务业与农业、工业的深度融合发展。

物流服务业。发挥国家向西开放重大机遇，加强跨区域物流产业协作和分工，打造区域性综合运输物流通道和节点，重点构建以乌鲁木齐、银川、西宁、兰州、西安为核心，面向中亚西亚的空运物流体系、重点物流产业带和专业性物流园区，构建丝绸之路经济带物流综合运营和服务体系。发挥好国际陆港、综合保税区、航空港、陆路口岸和海关特殊监管区等外向型贸易平台功能，加快物流公共信息平台建设，完善物流标准化体系，整合物流资源拓展和延伸物流服务功能，加强供应链管理应用，推动先进制造业和商贸业等的物流业务向社会化和专业化方向发展，构建多层次、高效率和功能完善的物流服务体系。积极引入国内外知名龙头物流企业在西北地区开展业务，支持建立区域总部、配送中心、研发基地、储运基地等。加快发展农产品冷链物流，立足重要节点城市辐射能量，加快城乡物流配送网络建设，提升城乡快递服务能力和通达性，在重点物流节点城市建设一批快递物流园区。加快城乡邮政服务网络建设，优化邮政设施和网点布局。依托跨境电子商务，积极促进邮政、快递发展境外业务。特别是要力争把宁夏建设成中国清真产品与世界穆斯林产品互通有无的重要通道，使银川成为中国和阿拉伯国家经贸往来的东部物流港。

金融服务业。通过金融制度创新，吸引和激励更多的社会资本投资于环保、节能、清洁能源等绿色产业，对重大基础设施、重点发展项目提供必要而有效的融资，积极引入银行业、保险业等金融机构参与 PPP 项目建设，强化金融服务民生、"三农"、中小微企业和民营经济的重要作用。完善保险政策，拓展保险服务功能，拓宽保险领域，支持政策性融资担保机构发展，推动重点领域责任险发展，积极开展养老健康保险、农业保险服务，加大保险资金运用

---

① 罗哲：《甘肃省供给侧结构性改革的难点、重点和风险管控》，《开发研究》，2017年第3期，第21~25页。

力度，促进经济社会发展。

科技服务业。加快发展高科技检验检测服务业，推进输变电、风电光伏、煤电煤化工和新材料等检验检测技术与国际接轨，推动与中亚西亚国家开展标准、计量、认证认可技术服务合作，建设西部领先的检验检测技术服务平台，为中资企业进入国际市场创造良好条件。全面实施标准化战略，加快推动各领域标准化建设。支持农业生产信息技术服务的创新和应用，推进面向产业集群和中小微企业服务的专业化科技公共服务平台建设。[①]

信息服务。西北地区要抓住"一带一路"建设机遇，推动云计算、物联网、大数据和"互联网+"等的大发展，充分发挥信息技术服务的先导作用，实施信息技术示范工程，大力发展软件产业，着力引进和培育软件服务外包企业，重点开辟面向中亚西亚、阿拉伯国家和穆斯林地区的特色服务外包市场。大力构建西北地区信息技术服务园区，推进云计算和大数据产业集聚区建设，打造云设施和云服务产业链，为信息检索、研发设计、信息发布咨询、知识产权服务、网络信息服务、检验检测认证、科技成果转化等提供信息技术、数字内容和信息安全服务等。加强物联网应用示范和推广，打造物联网应用平台。加快推进智慧城市建设，强化资金投入加快建设信息基础平台，促进信息技术与产业支撑能力协同发展。加强文化产品的数字化开发和公共信息资源的综合深度利用，构建合法有序、安全便捷、高效率、低成本的数字内容服务体系，培育和规范发展网络娱乐、数字出版、信息共享等服务新业态。推进人口、地理、税收、金融、商贸、农业、医疗、消费、交通、社保、就业和统计等等信息资源在法律框架下的深度综合开发和社会化利用。[②]加强管理创新，拓展电子政务应用，搭建政民互动服务平台，支持企业购买专业化服务。加快农村信息服务体系建设，实施电子商务进农村进社区试点示范。

积极发展生活性服务业。以绿色生态、健康环保、安全个性和便捷智能的消费需求新趋势为导向，完善服务业质量标准体系，增加生活性服务业的有效供给，推动其向更加多元化和人性化方向转变，不断满足人民群众多样化的生活需求。

商贸服务业。以商贸重点项目为支撑，鼓励发展大型商贸流通和仓储企

---

① 《新疆维吾尔自治区国民经济和社会发展第十三个五年规划纲要》，2016年8月19日，新疆维吾尔自治区政府网站 http://www.xinjiang.gov.cn/2016/08/19/67324.html

② 《国务院办公厅关于加快发展高技术服务业的指导意见》（国办发[2011]58号），2011年12月12日，中华人民共和国中央人民政府网 http://www.gov.cn/gongbao/content/2012/content_2034726.htm

业，发展辐射带动力强的大型综合商贸中心，优化批发市场、专业市场、购物中心等商业网点分布，支持中小超市、便利店等进入社区发展，鼓励连锁经营、物流配送、电子商务等向农村延伸，加快改造专业市场和标准化农贸市场，完善商贸基础设施，努力形成市场特色鲜明、优势行业突出、竞争规范有序、监管有效常态的现代商贸流通服务体系，优化消费市场环境，更好地满足多元化消费需求，促进消费规模扩大、层次提升和结构优化，不断提升消费对经济增长的贡献率。着力发展地方传统餐饮和特色餐饮业，加强食品安全监管和品牌培育，积极发展各具特色的地方名小吃、名菜系，努力提升餐饮业整体水平和影响力。

文化体育产业。深化西北五省区之间同丝绸之路沿线国家的文化旅游合作，共同谋划和发展丝绸之路国际黄金旅游带和经典旅游线路。充分发挥西北地区自然资源和历史人文资源丰富的优势，推进文化旅游产业与信息产业、动漫产业、创意设计、健康产业等的深度融合，打造一批特色优势鲜明、空间布局优化、功能多元丰富、辐射带动力强和有规模效益的文化产业聚集区和文化产业集团。支持现代传媒、新闻出版、创意动漫、影视体育等产业规模化和聚集化发展，推动文化旅游产业发展壮大。要整合西北地区本土历史文化、地域文化、生态文化、民族文化和乡土田园旅游资源，加强跨省区协作共赢和共谋发展，全面推动文化旅游资源的深度融合，加强精品景区和特色景区建设，提升交通、水、电、路等旅游综合服务能力，组织各类具有地方特色的文化旅游节，构建主题突出、特色鲜明的黄金旅游产业带，使特色文化旅游产业成为新的经济增长动能。

养老和健康服务业。基于西北地区日益突出的老龄化问题和社会服务业发展相对滞后的现实，要扶持社会力量参与老年养生保健、生活照料、健康服务等养老服务产业，加快发展与健康体检、健康指导、营养咨询、健康理疗、体育健身、母婴照料和旅游度假相结合的新型健康产业，积极利用已有的资源禀赋和产业基础，发展传统中医药和民族医药健康服务业，建设一批特色鲜明、配套完善的健康养生基地。

社区服务业。吸引社会力量兴办社区服务类社会组织，大力发展城乡社区商业服务、公共服务、便民服务、公益服务、社会组织服务和志愿互助服务等，建立政府购买服务和适宜的资金补助机制，满足广大居民个性化的服务需求,加快实现城乡公共服务均等化。[①] 广泛推广电子商务与电子政务平台,加强社会管理创新,提升服务民生的公共管理效率和质量,促进城乡公共服务均等化。

当然,三次产业间和产业内加快产业融合发展,培育经济发展新动能也是加速经济转型跨越发展的重要途径。通过深化三次产业间的渗透融合,如以规范发展农村市场体系和积极发展农村电商可以促进农业产业化发展和加速农产品流通;提升农产品精深加工水平能够大大提升农产品增值空间;发展现代物流和现代金融等生产性服务业能够助推工业经济转型发展。通过加快产业内部的相互渗透,如在第一产业内部的种植业、养殖业间经由生物链重新整合,有助于发展生态农业等的新型产业形态。坚持五大发展理念,通过以市场为导向的产业融合,加快转变经济发展方式,促进经济转型升级,可以在提质增效的同时,实现产业联动发展,持续提高产业整体发展合力和综合竞争力。[②] 此外,项目建设承载着经济转型跨越发展的重大使命,要着力优化投资结构,不断提升投资质量和效益,着眼于经济结构的战略性调整和转变发展方式,优化投资方向和布局,把做大经济总量同提高发展质量结合起来,着力推进经济转型跨越发展。

总的来看,战略性新兴产业应该成为西北地区经济转型跨越发展的新增长点,着力培育新能源、新材料、先进制造、信息产业、生物制药、现代服务业等具有增长潜力的产业集群;特色产业应该成为西北地区经济转型跨越发展的支撑点,努力做大做强石油化工、有色冶金、装备制造等有资源优势和基础的支柱产业;富民产业应当成为西北地区经济转型跨越发展的落脚点,着力打造现代农业、农副产品加工业、劳动密集型产业以及劳务输出等产业,带动城乡居民创业就业和增加收入;区域首位产业应当成为西北地区经济转型跨越发展的主攻点,培育壮大首位度高的主导产业,形成错位互补、竞相发展的区域产业格局。立足于西北地区资源禀赋和产业基础的多元支柱产业发展,是充分契合西北地区实际与发展潜力,增强西北地区经济发展的活力与后劲,实现经济转型跨越发展的根基。

[①] 《新疆维吾尔自治区国民经济和社会发展第十三个五年规划纲要》,2016 年 8 月 19 日,新疆维吾尔自治区政府网站 http://www.xinjiang.gov.cn/2016/08/19/67324.html
[②] 邓生菊:《新常态下甘肃省经济转型跨越发展的若干重大问题》于朱智文、罗哲主编,《甘肃蓝皮书 甘肃经济发展分析与预测 2016》,社科文献出版社,2016 年 1 月。

四、深化重点领域体制机制改革，以制度降低经济运行成本，提高经济质量和效率

改革就是突破原来的体制机制框架，通过完善制度引导和规范经济主体行为，激发经济主体发展动力和活力，降低经济运行的制度成本，提高经济运行的质量和效率，这是西北地区实现经济转型跨越发展和实现全面建成小康社会奋斗目标的制度保证和根本动力。[①]

（一）行政管理体制

经济的转型首先应该是政府职能的转型，加快从经济建设型政府向公共服务型政府、从规制审批型政府向公共服务型政府转型迫在眉睫。西北地区行政管理体制改革是改革中的重中之重，其实质是政府转型，核心是政府部门放权让利，使其从"不该管、管不好"的领域退出来，让市场机制在资源配置中发挥决定性作用。要从制度上确保市场能够在资源配置中发挥决定性作用，同时更好地发挥政府有效提供公共产品的作用，使政府真正成为服务型政府、法治型政府、责任型政府、效能型政府和廉洁型政府，不断提高地方政府推动经济转型跨越发展的能力和水平。

1. 提升领导干部队伍素质，强化引领促转型

推进经济转型跨越发展，是具有重大现实紧迫性和深远历史意义的大变革，需要特别坚强有力的政治保障和组织领导能力。西北地区各级党委和政府是行政管理体制改革的谋划者、领导者、推动者和实践者，能否真正实现经济转型跨越发展，关键在于是否有素质好、能力强、思路新、视野广、能担当、作风硬的领导干部队伍。所以，首先要提升干部队伍内在素质。个人素质是领导干部人格品质和综合能力的体现，是实现区域经济转型跨越发展的重要前提、迫切要求和决定因素。提升领域干部素质就是要使其树立正确的价值观、利益观、政绩观、名利观、权力观，具备战略思维和开放视野，自觉学习，勤奋学习，终身学习，有较好的把握全局和应对复杂局面的综合能力。其次要强化领导干部的公仆意识。作风是领导干部政治品质、品行意志、思想观念的外在体现，反映了领导干部是否具有与普通群众血浓于水的深厚感情，是否具有

---

① 刘进军、罗哲：《西北地区经济转型跨越发展的实证分析》，《甘肃省行政学院学报》，2017年第5期，第78~90页。

公仆意识和为民情怀，决定了领导干部是否具有为人民服务的思想根基，因而直接关系到西北地区推进经济转型跨越发展的成败。西北地区领导干部必须适应推进经济转型跨越发展的需要，继续发扬党密切联系群众、实事求是和务实勤勉的作风，在为民谋福祉中奋发有为，勤勉务实而真心实意地谋划地方发展，不搞形式主义，不说假大空话，能忍耐清苦，既切实做到"为人民服务"，自觉接受社会监督，又放权让利于民，让人民能有足够的空间去追求幸福，以法治精神、服务理念、清廉作风做好政府应该做的工作，在制度、政策、人文等方面为经济发展创造更好的软环境。

2. 提高选人用人公信力，形成良好的用人机制

西北地区经济转型是否成功与各级地方政府是否有得力的领头人息息相关，因此，选人用人至关重要。西北地区要不断完善公开选拔、竞争上岗、差额选拔、落后淘汰的程序和办法，坚持德才兼备的选人用人标准，做到干部心服和群众认可。德与才是干部素质不可或缺的两个方面，有德无才，难以担当发展的重任，无法完成推进经济转型的历史使命；有才无德，终将把才干用在歪门邪道上去，最终会破坏党的伟大事业。德才是否兼备，关键要看做出的实实在在的业绩，以及是否得到广大群众的广泛认可和信任，也就是要做到就德才论干部、以公认选干部、凭实绩用干部。有利于选贤任能的关键是要变"少数人选人"为"多数人选人"，注重考量选任人选的社会形象和民意含量，增加各个阶层和方面的选人用人"话语权"，降低领导个人对干部选任过多的主观和单一影响力。同时，要强化组织人事部门资格审查、程序监管等方面的选人用人责任追究制度，通过制度约束强化责任。

3. 健全考核评价机制，以制度约束端正干部作风

要想真正转变领导干部工作作风，使其能勤勉务实的踏实工作，不仅要使其树立正确的人生观和价值观，提升干部队伍修养素质和思想觉悟，增强其敬业奉献、甘作公仆、服务人民的敬业心、事业心和责任心，更需要建立健全和严格实施科学规范的考核评价制度，以及附带的责任追究制度、考勤制度和监督制度等，因为考核评价机制对干部队伍工作态度和工作作风能够起到重要的导向作用。为此，首先，对领导干部的政绩考核应不再以经济总量和经济增速论英雄。要推动西北地区经济转型跨越发展，就必须从激励机制上给予明确的导向，将以人为本、坚持五大发展理念、提升经济增长质量和效益作为基本要求。政府绩效是指政府在社会经济管理活动中的结果，是政府在行使其功能实现其意志过程中体现出的管理效能，它包含了政治绩效、经济绩效、生态绩

效、文化绩效、社会绩效等。经济绩效是政府绩效的核心，在整个体系中发挥着基础性的作用，是政府绩效的首要指标。应破除唯 GDP 是从的考核导向，建立起与贯彻落实"五大发展理念"、促进西北地区经济转型发展紧密关联的政绩评价体系。要将转型发展相关内容纳入地方政府政绩考核评价体系，把转型发展战略的政策落实情况、各项指标任务的完成情况，作为评价政绩的主要依据。对于没有把转型发展落实到位的部门、市区县，要追究党政一把手责任。其次，要将社会民生和生态指标纳入对地方政府官员考核评价的指标体系，促使他们在决策和施政时更多地考虑民生福利和生态可持续发展，将群众利益和子孙后代的发展置于现实的战略谋划中。再次，要将民众满意度作为干部绩效考核的重要内容，改变单纯由上级组织任免地方官员的职务升迁制度，引导地方官员在施政时更多地考虑来自民众的满意和支持，避免一味迎合领导旨意。最后，要以实实在在的工作业绩论英雄，力戒形式主义和形象工程。目前形式主义的突出表现就是弄虚作假、做表面文章、重形式、轻实效，哗众取宠，好大喜功。形式主义不仅欺骗性很大，其隐藏的实情不易被真实了解，很容易致使领导决策失误，而且容易助长弄虚作假、掩盖矛盾的不良社会风气，劳民伤财，为民众深恶痛绝，还很可能使投机取巧者得到私利，不利于营造人才发展环境。习近平总书记说"空谈误国，实干兴邦"，因此，必须脚踏实地的立足区情，以实事求是和对国家对人民高度负责的态度，勤勤恳恳地做好自己的本职工作。

4. 不断优化政府组织结构，提高行政运行效率

西北地区要着眼于提高行政效率、降低行政成本、增强服务效能，形成科学合理和精简统一的行政组织架构，深化机构改革，优化政府职能配置，进一步完善决策权、执行权和监督权，形成既相互制约又相互制衡的行政运行机制。深化机构改革的着力点应当放在完善体制机制，优化行政结构，提高行政效率上，紧紧围绕政府职能转变和理顺部门职责关系，进一步优化政府组织结构[1]，合理界定政府部门职能，明确部门责任，健全部门间协调配合机制，确保权责一致，提高行政运行效率。对机构而言应以公共性为导向，以职能定位为核心优化重构组织结构，通过微调使组织达到最佳状态。应当加强和完善从事经济调节和社会管理的机构，整合分散的行政职能，消除交叉重复职能，既避免推诿扯皮现象发生，也避免多头管理和多头收费现象。

---

[1] 《进一步优化政府组织结构 完善行政运行机制》，2008 年 3 月 4 日，中国网 http://www.china.com.cn/policy/txt/2008—03/05/content_11590995_2.htm

5.继续完善科学决策机制,提高决策科学化合理化

西北地区经济转型跨越发展离不开政府自上而下的推动,离不开地方政府的重大决策。政府在决策的过程中,应贯彻落实党中央"五位一体"总体布局、"四个全面"战略布局,以及五大新发展理念,突显以人为本、生态和谐、稳健发展的理念,把公共决策的思维建立在以人为本,创新、协调、绿色、开放、共享发展的基础上,把着眼点确定在维护和实现广大人民群众的根本利益和长远利益之上。西北地区各级地方政府要建立政府部门权责清单制度,深入基层和一线扎实开展调查研究,提高决策的针对性和有效性;要充分发挥政策法规和研究机构的职能作用,提高决策的权威性和科学性;要对涉及全局性、长远性和公众性的重大问题,依据法律法规和国家相关政策要求和规定的权限程序进行审慎决策;对事关经济社会重大发展战略和直接影响群众切身利益的重大事项的决策,按照决策程序广泛征求社会各方意见建议,增强决策的民主性;对因决策程序履行不当给国家和群众利益造成重大损失的必须追究当事人的责任。特别是要对权力进行有效的监督,在法治政府建设框架下,增强对政府的法律法规和制度规范的约束,完善有效的全方位监督体系,提高权力违法违规成本,惩防并举形成震慑,增强反腐力度。要加强基层民主制度建设,依法实行民主选举、民主决策、民主管理和民主监督,保障人民的知情权、参与权、表达权和监督权,通过制度引导使政府官员更多地对人民群众负责,而不仅仅是对上级领导负责。

6.加强法治政府的建设,推进依法行政

法治政府是推进西北地区经济转型重大决策实施的保证,因此要按照《全面推进依法行政实施纲要》的要求,首先,进一步完善行政执法制度和执法体系,按照建设法治政府的要求,通过法律形式进一步明确政府职能,厘清权责和执法边界,严格规范执法行为,保证行政机关及公务人员在法治框架下,严格按法定权限和程序行使权力、履行职责,从制度这个前置层面解决好重复执法、多头执法、交叉执法、执法违规、执法低效等问题。其次,加强依法行政的制度建设,完善并推行行政决策权限、决策程序、决策监督和责任追究等方面的制度,确保依法决策。[①] 用法律和制度管人管事,通过制度规范引导党政机关和行政事业单位人员的行政行为和行政作风。

---

① 韦子平:《新时期中国行政管理体制改革趋向及关系梳理》,《经济研究导刊》,2009年第7期,第193~194页。

7. 优化产业发展环境"降成本"，减负减压促转型

要进一步转变政府职能，继续推进"放、管、服"改革，继续推进政府制定权力清单和责任清单，全面取消非行政许可，进一步形成既能激发市场动力、活力和创造力，又能保障公平竞争，还能提供优质公共服务的体制机制，全面降低经济运行的制度成本，为转型发展、创新创业和培育经济发展新动能营造更好的软环境。一要降低交易成本。深化行政管理体制改革，降低各类交易成本特别是制度性交易成本，压减审批环节，缩减审批时限，减免各类行政收费，着力改善企业投资经营环境。二要合理降低企业税费负担。加快财税体制改革，全面推行实施营改增，确保所有行业企业税负只减不增，落实研发费用加计扣除政策，建立公开、透明、规范的收费制度，清理规范涉企政府性基金和行政事业性收费，坚决取消无法律依据的行政审批前置项目和涉企服务收费，为企业发展减轻负担。三要降低企业资金成本。保持合理充裕的资金流动性，降低融资中间环节费用，形成适宜的货币金融环境。四要合理控制人工成本上涨。工资水平保持合理稳健增长，优化调整企业社保缴费比例，完善最低工资动态调整机制；规范交通运输收费，降低企业物流成本等；通过减税、降费等降低企业要素成本；五要降低企业用能用地成本。鼓励和支持各类企业创新发展，着力提高企业的投资信心，增强企业发展的动力和活力。[①]

总的来看，要解决政府服务意识不强、政策不到位、体制不规范等问题，为经济转型跨越发展营造高效清廉的服务环境、宽松优越的政策环境、规范高效的体制环境、诚实守信的信用环境、公平有序的市场环境、稳定有序的社会环境及招商安商的投资环境，实现西北地区如期全面建成小康社会发展目标。

（二）农村综合改革

推进农业供给侧结构性改革，以农业增效、农民增收、农村增绿为核心，不断巩固农业发展基础地位，加快培育农业农村发展新动能。深化农村产权制度改革，破除城乡二元体制，强化农业科技创新与应用，加强农村改革试验示范，保护和提高粮食综合生产能力，把适应市场需求增加绿色安全农产品供给、推进农产品标准化生产、品牌创建等放在突出位置，推进现代农业稳步发展，保障农民政治、经济、社会、文化等各方面的权益，促进乡村振兴，使城乡共享改革发展的成果。

---

① 罗哲：《甘肃供给侧结构性改革的难点、重点与风险管控》，《开发研究》，2017年第3期，第21～25页。

1. 完善农村土地制度

(1) 赋予农民土地担保权。土地承包经营制度作为一项基本制度已经确定,农民对土地使用权的长期持有已经明确,需要完善的是尽快完成确权,从法律上明确农民土地承包权或使用权的性质,赋予可以出租、转让、抵押、融资等法律地位。为此,西北地区农业发展要按照归属清晰的要求,明确界定农地产权关系,明晰农村集体土地、集体建设用地和宅基地等的所有权、使用权的隶属关系,以及土地承包经营权等其他权利,加快推进农地确权、登记、颁证工作。按照权能完整的要求,推进农地使用的资本化,通过赋予农民对承包地占有、使用、收益、流转及承包经营权抵押、担保权能,使农民对承包地的权能更加完整和充分。通过开展农民住房财产权抵押、担保、转让试点,保障农户宅基地用益物权。通过土地使用权的租赁转让或股份化有效推进农地使用资本化。

(2) 进一步推动农村土地流转改革。在坚持家庭联产承包责任制的基础上,按照"科学发展、保护资源、集约节约、改革创新"的发展原则,以建立归属清晰、权能完整、流转顺畅、保护严格的农村土地产权制度为目标,坚持农村土地农民集体所有,落实最严格的耕地保护制度和用途管制制度,[①] 加快完善土地产权制度和土地流转机制,切实维护农民权益。要在稳定农村土地承包关系的前提下,坚决以"依法、自愿、有偿"的原则,推进土地经营权的合理有序流转,按照流转顺畅的要求,实现农地产权的市场化交易。逐步推进农村集体建设用地入市交易,通过市场机制调节入市数量和交易价格;逐步建立和完善农地市场体系。鼓励和支持土地在农户间流转或者向专业大户、家庭农场、农民合作社、农业企业等流转,实行土地集约利用和规模经营。完善土地流转登记制度,增强流转安全。加强土地流转合同的规范化管理,提高合同的安全性、规范性和保密性。规范土地流转程序,坚持公开、公平、公正的原则,承包方应将流转地的所有权归属、面积、位置、等级价格等在土地流转市场正式公告,受让方选定后与承包方协商初步签订协议,之后经过实地考察并进行地价评估后,办理相关变更手续,签署生效土地流转合同。建立和完善县、乡、村三级土地流转信息网络交易平台,为土地流转提供充分的法律政策宣传、供求信息、价格评估等服务,鼓励社会中介组织参与土地流转服务。

(3) 完善农村土地经营制度、征收制度和综合治理。在遵循土地利用规划

[①] 《关于加快发展现代农业 进一步增强农村发展活力的若干意见》(2013 年中央一号文件),2013 年 2 月 1 日,人民网 http://finance.people.com.cn/n/2013/0201/c153180-20400810.html

以及符合土地用途管制的基本前提下,允许农村集体经营性建设用地以出让、租赁和入股等多种方式,与国有土地一样同等入市,实施同权同价,建立健全市场交易规则和监督管理体系;进一步健全土地征收补偿制度,严格规范征地流程,审慎确定征地范围,切实保障被征地农民的合法权益,使他们真正享有知情权、参与权、申诉权和监督权,科学确定和适度提高征地补偿标准,完善对被征地农民合理、规范、多元化的保障机制,[①] 多渠道解决失地农民未来出路,健全矛盾纠纷调处机制和土地增值收益分配机制。在现金补偿的基础上,采取建立债券、股权等多样化的补偿方式,完善留用地安置制度。允许地方合法合规地多渠道筹集资金,不断健全相关补偿制度,并据此将资金用于村集体对进城落户农民自愿退出承包地、宅基地的补偿,保障农户宅基地用益物权;实施最严格的耕地保护制度,探索建立宅基地有偿使用、有偿退出和跨社置换的机制;优化农村土地利用功能结构和空间布局,完善城乡建设用地增减挂钩的制度,推进农村土地的综合整治,推进农村宅基地、集体建设用地的整理复垦,健全土地增值收益分配机制,促进农村人口向中心镇和中心村集聚发展。

2. 健全新型农业经营体制

西北地区市场经济体制相对滞后,自然条件恶劣下的靠天吃饭和分散经营的小农经济意识仍在一定程度上存在,大大制约了经济发展。要解决农村、农民与市场之间的"小农户、小生产与大市场"之间的矛盾,改善农户分散经营在市场经济中的不利地位,就需要由市场有效配置经济资源,农户或农民在家庭承包制基础上进行生产经营的联合,按照农业规模化、标准化、生态化、产业化的要求,创新现代农业经营制度,发展农民合作经济。根据邓小平"两个飞跃"的理论思想,在农村改革的新形势下,大力发展农民合作经济,由农民合作经济组织农民进入市场,符合农村市场经济和农业现代化发展的目标。[②] 要加大对新型农业经营主体在政策、项目、技术和资金等方面的扶持,积极支持农业大户、农民专业合作社、农业龙头企业、家庭农场等现代农业经营主体发展的用地供应,鼓励土地承包经营权作价入股农民专业合作社,支持有条件的合作社兴办资金互助社,鼓励多元化参与、多渠道兴办发展专业合作社,支持农业产业化发展。推进合作社网络信息化建设,培育现代化农产品大型物流

[①] 《中共中央关于全面深化改革若干重大问题的决定》,2013年11月15日,中国共产党新闻网 http://cpc.people.com.cn/n/2013/1115/c64094—23559163—3.html

[②] 梁艳菊、鲁小莉、高玉敏:《我国农村经济体制改革的发展趋势分析》,《特区经济》,2010年第5期,第171~172页。

企业、批发市场和配送网络体系，引导农民专业合作社直接与超市、学校、社区等终端市场进行产销对接。支持专业合作社产品直供农业产业化龙头企业，提升精加工和现代营销一体化发展水平，增强农产品的增值能力。加强对多种经营主体准入制度的规范管理和外来投资经营主体的资格审查，对于不符合土地生产、短期逐利的经营主体，不予批准进入土地经营，以保护土地，维护农民利益，确保新型农业经营主体持续、稳定、健康发展。

3. 完善农业技术研发推广体系

顺应农业转方式调结构和加快转型跨越发展的新要求，整合涉农高校、科研机构、农业技术推广站、农业科技企业和农业龙头企业等农业科技资源和人力资本，完善农业科技创新体系和现代农业技术服务体系，深入推进农技资源开放共享和服务平台建设，加强土壤改良育肥、草食畜牧业、旱作农业、中药材、林果业等特色优势产业、智慧农业、生态农业、农产品精深加工、良种繁育、农机装备等重点领域和关键环节的农业技术联合攻关，提升农业技术开发转化水平，增强农业技术成果推广应用的高效顺畅服务机制，为农业的规模化、标准化、生态化、产业化提供有效的科技支撑。支持地方真正建立起农业科教产学研一体化的农业技术推广联盟，支持农业科技研发推广机构和人员与农民合作社、龙头企业、家庭农场等开展长期稳定和深入多样的农业技术合作。完善农业科技创新与推广应用的激励和奖补政策，加快完善和落实科技成果转化受益、科技人员兼职取酬等制度，健全技术要素参与收益分配的有效机制，全力支持农业科技创新。

4. 实行水权制度改革

水资源是西北地区农业经济发展的最大瓶颈，资源不足和利用不科学是当前水资源利用领域的基本现状。近几年来，西北地区，如甘肃、宁夏等在河西走廊和沿黄灌溉农业区积极探索和深化水权制度改革，加快农田节水技术的创新发展和推广应用，取得了非常好的效果。但总的来看，离现代水资源科学有效管理和经济社会可持续发展的要求，还存在着非常大的差距，所以，仍需继续在水权水价制度改革有新的突破，加快推进小型水利工程产权制度改革，创新运行管护机制和服务体系；同时，要加快推进重大水利工程项目建设，完善中小水利设施，在井灌区推广滴灌和喷灌等节水技术，减少对地下水的开采，提高田间水利用系数，构建节水奖补机制，促进农田灌溉工程良性运转。

5. 创新发展农村金融

西北地区经济发展水平较低，不论农业是农民个人投入还是财政支农水平，都远不能满足现代农业发展的需要，农村金融业发展就成为农业发展的重要动力。目前西北地区农村金融主体缺位，金融服务缺失，金融资源不足，农村金融业生态不佳，"存差"过大与农业发展资金匮乏的矛盾现象一直存在。为此要：

（1）努力构建规范多元的农村金融服务体系。引导和支持各金融机构在县域增设分支机构或营业网点，使更多金融网点和金融服务能延伸到乡镇甚至农村，使金融服务的广度和深度进一步拓展，更好地满足新时代下乡村振兴的资金需求。要规范和引导民间资本在审慎和严控风险的原则下，发展村镇银行、小额信贷公司、农户互助性金融组织和互助性担保组织等，通过创新金融服务更好促进乡村振兴，有效缓解农村金融服务供给不足、质量不高、效率偏低、覆盖面小的矛盾，形成更加完善的农村金融服务网络和服务体系，以健全的内部控制制度和风险管理制度为基础，有效撬动农业和农村经济社会全面发展。鼓励农业发展银行、农业银行、中国邮政储蓄银行等分行加快涉农业务创新和经营机制创新，规范并促进村镇银行等新型农村金融机构稳健有序发展。稳妥推进土地承包经营权抵押融资工作，搭建一批农村产权流转交易平台和农村产权融资担保平台，继续完善土地承包仲裁机制。突出农村社会化服务，积极发展村镇银行等农村金融组织和小额信贷，完善扶贫互助资金、政府金融担保为主的金融扶贫机制。鼓励社会资本投向农村建设，引导更多人才、技术、资金等要素投向农业、农村。

（2）建立多管齐下的农村资金回笼激励机制。要建立财政资金稳定投入机制，把"三农"支出作为财政优先支出项目，有效整合涉农资金，适度增加财政支农资金总量和所占比重，形成财政支农资金稳定增长的机制，着力优化财政支农结构，提高支农质量和效率；二要综合利用税收、利率、存款准备金率等经济手段引导商业性金融机构进入农村金融市场，构建资金回流农村的杠杆激励机制。如对涉农贷款比例较高的金融机构，可以给予更为优惠的存款准备金政策、更为灵活的利率政策等；三要引导和鼓励相关政策性、商业性、合作性金融机构进一步调整和优化资金配置结构，积极适应国家乡村振兴发展战略，进一步扩大和强化农村金融服务，提高对农村金融服务的质量、效率和效益。

（3）创新农村信贷担保模式。在继续完善和推广农户小额信贷和农户担保贷款模式的同时，进一步围绕乡村振兴的目标和重点任务，创新发展农村信贷担保模式，积极开发符合农业农村经济社会发展需求，促进现代农业产业化发展的信贷模式，促进优质、绿色、优势农业加快发展；创新信贷担保的模式，适度扩大有效担保范围，因地制宜地探索农村宅基地、经济林权、土地使用权等抵押担保方法，有效防范信贷风险，着力支持乡村振兴。①

6. 完善农村劳动力创新创业体制

目前，西北地区劳动力存在严重的结构性过剩，低端劳动力市场供给过剩，而高端人力资本供给不足。对于农村来说，要优化农村劳动力供给结构，形成与农业转型跨越发展相匹配的人力资本供给结构，重点以培育新型职业农民、提升农民工职业技能为核心，整合职业培训机构、项目、设施和资金等，建立政府主导、部门协作和产业带动的培训机制，提高农民工技能培训针对性和实效性。提升现代农业发展中的人力资本带动能力，深入推进现代职业农场主、林场主、牧场主以及新型农业经营主体带头人的培养，培养适应现代农业发展需要的新型知识型农民。鼓励高等学校和职业院校优化专业设置，培养一批支撑乡村振兴的各领域专业人才和乡村工匠；支持进城农民工返乡创业，整合完善和切实落实支持农村创新创业的市场准入、财政税收、金融服务和用地用电等优惠政策。②

（三）国有企业改革

西北地区基于新中国成立后政府强力主导下的工业化发展过程，以及深处内陆的市场经济滞后发展，形成了国有企业比重较高的经济结构。改革以来，虽然西北地区国有企业运行质量和效益明显提升，培育出一批有较强核心竞争力的骨干企业，但现代企业制度不健全、内部控制、国有资产监管体制不完善以及国有资产流失等问题仍在一定程度上存在，国有资本运行效率仍有待提高，亟须进一步深化国有企业改革，使国有企业在实施创新驱动发展战略和制造业强国战略中发挥骨干和引领作用，培育一批具有世界一流水平的跨国公司。③

1. 分类推进国有企业改革

根据行业分布、战略方向、主营业务、经营方式、市场趋向、责任贡献等，将国有企业分为公益类、营利类、功能类三种，针对不同类型企业采取不

---

① 邓生菊、陈炜：《甘肃经济转型跨越发展的路径研究》，甘肃人民出版社，2015年12月。
② 《中共中央国务院关于深入推进农业供给侧结构性改革 加快培育农业农村发展新动能的若干意见》，2017年2月5日，新华社 http://www.gov.cn/zhengce/2017-02/05/content_5165626.htm
③ 《国务院关于深化国有企业改革的指导意见》，2015年9月13日，中国网 http://finance.china.com.cn/news/special/ddggljzg/20150913/3339367.shtml

同政策，实施不同的措施。对于公益类国有企业，应加大国有资本的投入，鼓励社会资本通过特许经营等方式投资和经营，提高其公共服务能力和服务保障水平。主要强化公共服务综合功能，提升服务的质量、时效和满意度，采取经济效益和社会效益相结合的考核办法，瞄准服务社会公益和可持续发展双重目标；对于营利类国有企业，主要强化市场导向和效益导向，积极发展混合所有制经济，促使企业能真正成为完全的市场主体，在竞争机制、供求机制和价格机制作用下灵活自主地安排企业发展，考核上侧重企业的经济效益；功能类企业按照国家有关政策推进改革发展，承担好所承载的特定功能。公益类、营利类、功能类国有企业要因企制宜、分类施策，在国家政策、行业规划、产业布局等发生变化的条件下，也可以根据需要而互相转换，实现协同发展。

2. 完善现代企业制度

坚持市场化改革方向，以提高国有资本效率、增强国有企业竞争力为中心，完善产权清晰、权责明确、政企分开、管理科学的现代企业制度，建立适应集团化管控的组织架构、管控体系和运行机制，提高集团公司的管控能力，规范和理顺母子公司的管理体制，优化完善各层级管理体系，缩短管理链条和环节，实现国有资产的保值增值，提升企业运营能力、管理效率、市场竞争力和经营绩效，不断增强国有经济的控制力、影响力和抗风险能力，为推进西北地区经济转型跨越发展做出应有的贡献。要健全公司法人治理结构，充分发挥董事会的决策作用、监事会的监督作用、经理层的经营管理作用、党组织的政治核心作用，建立健全权责对等、运转协调、有效制衡的决策执行监督机制；要推进公司股份制改革，按照企业所处行业的市场化程度、竞争程度和功能定位，鼓励民营资本参与国有企业改革重组，积极发展混合所有制经济，实现不同程度的股权多元化改革，形成运行规范、运转高效、机制灵活的经营体制；坚持党管干部的原则，进一步建立健全国有企业领导分层管理制度，党组织和国有资产监管机构要按照管理权限加强对国有企业领导人员的选拔使用与管理；建立经营者和员工薪酬与国有企业经营业绩挂钩的激励与约束分配机制，进一步规范国企高管薪酬制度与标准，健全相应的经济责任审计、信息披露等机制，同时，努力形成与劳动力市场相适应，与员工绩效考核相对应，与企业经济效益和劳动生产率挂钩的工资决定和正常增长机制，既有激励和效率，又有约束和公平的符合市场经济规律，体现国有企业特点的收入分配机制，充分调动不同岗位人员积极性，使国有企业经营自主灵活、竞争优胜劣汰、员工能上能下、收入能增能减的市场化机制更加完善。①

3. 推动跨企业整合重组

按照产业相近、业务相关的原则，着眼于解决资源分散、重复投资、竞争力差等问题，在市场竞争和优胜劣汰的过程中，可以通过合资合作、资产置换、股权置换等适宜的方式，推动企业间的整合重组。支持企业稳妥地开展跨区域并购、跨区域经营，提高资源配置范围和能力，鼓励国有企业加大科技研发和人力资本投入，提高产品科技价值和创新价值，不断提升科技对经济社会发展的贡献率。调整国有资本投向，引导国有资本向石油化工、先进装备制造、电子机械、新能源、新材料、信息网络技术、人工智能、生物医药、航空航天等传统优势产业和新兴产业集聚，向优势骨干企业集中。完善国有资本有进有退的合理流动机制，推动国有资本向重点行业和关键领域集中。对一般竞争性领域中长期亏损扭亏无望的国有中小企业，应采取果断的措施，通过改制、出售、破产、注销等方式，加快国有资本的退出。国有企业应主要在关系国家发展战略和发展命脉的领域发展，国有企业的主营业务要更加明晰，并严格据此控制投资方向和投资结构，整合企业内部资源，使资金、技术、人才等优质要素向主业集中，并通过市场化方式加快剥离不具有竞争优势的非核心业务。拓宽国有企业股权多元化的路径，充分利用资本市场推动国有企业整体上市或主营业务整体上市，不断提高国有企业资产证券化率。积极稳妥地推动企业实施"走出去"战略，努力培育一批具有较强国际竞争力的大企业集团。

4. 发展混合所有制经济

积极利用资本市场和产权市场，有效吸收民间资本参与国有企业的改制重组，形成各种所有制经济公平竞争、优势互补、相互促进、共同发展的格局。要依据法律法规、严格程序、公开公正、透明规范、稳健有序地推进国有企业混合所有制改革，依法有效保护各类出资人的产权权益，防止国有资产流失。一方面，进一步合理调整市场准入标准，鼓励民营资本依法进入更多领域发展，鼓励通过出资入股、收购股权、股权置换等等方式，参与国有企业的改制重组，或者国有控股上市公司的增资扩股；另一方面，支持国有企业以多种形式入股非国有企业，鼓励国有资本以投资入股、联合投资、企业重组等多种方式，在高新技术、公共服务、生态环保、战略性产业等重点领域入股非国有企

---

① 《国务院关于深化国有企业改革的指导意见》，2015年9月13日，中国网 http://finance.china.com.cn/news/special/ddggljzg/20150913/3339367.shtml

业，加强国有和非国有企业间的资源整合、股权融合和战略合作；已实行混合所有制的国有企业，要着力完善现代企业制度，并保持国有资本的保值增值。①

5. 完善国有资产监管制度

国有资产管理机构要依法履行出资人职责，明确出资人管理边界，明确国有资本所有权和经营权的边界，着力优化管理手段和方式，提高国有资本管理的科学性和有效性，主要是优化国有资本布局、规范资本运作、提升国有资本价值、防止国有资产流失。②

完善企业内部监督体系，健全和落实以职工代表大会为基础的企业民主管理制度，进一步完善审计部门对董事会负责的机制，实行企业内部监事会对董事、经理和其他高级管理人员的监管，特别强化对权力集中、资金量大、资产聚集部门和岗位的重点监督；建立健全外部监管机制，整合出资人监管、外派监事会监督、审计监督、纪检监察以及巡视等多方面的监管力量，重点强化对企业重点业务、重点领域、国有资本运营关键环节等的监管，以制度化的形式对企业国有资本开展经常性审计，实现企业国有资产审计监督的全覆盖，健全监督意见反馈整改机制，提高监督效能。建立健全国有资产监督问责机制、国有企业重大决策失误和失职渎职责任追究机制，坚决严厉查处各种造成国有资产流失和逃废金融债务等的行为。③

（四）非公经济发展

1. 坚持"非禁即入"的发展导向

坚持公平待遇原则，打破体制性歧视障碍，支持非公经济进入法律没有明确禁止的所有国有经济发展领域，确保民间资本和国有资本享有平等的投资待遇，允许外资进入的行业和领域均对国内非公有制经济开放，放宽业务进入和股权比例限制，支持非公资本平等参与公开招投标，鼓励非公资本以独资、控股、参股等方式投资建设铁路、公路、水资源保障等基础设施建设项目，鼓励

---

① 《国务院关于深化国有企业改革的指导意见》，2015年9月13日，中国网 http://finance.china.com.cn/news/special/ddggljzg/20150913/3339367.shtml

② 《中共中央、国务院关于深化国有企业改革的指导意见》，2015年8月24日，中央政府门户网站 http://www.gov.cn/zhengce/2015-09/13/content_2930440.htm

③ 《中共中央国务院关于深化国有企业改革的指导意见》，2016年5月19日，中华人民共和国国务院新闻办 http://www.scio.gov.cn/32344/32345/33969/34577/xgzc34583/Document/1478256/1478256.htm

非公经济发展新技术、新产业、新业态，鼓励非公经济发展地方特色产业、战略性新兴产业、现代服务业等，切实保障民间资本的投资权益；着力发展非公经济市场主体，引导企业构建产权明晰、管理科学的现代企业制度，突出抓好重点培育的后备企业资源库建设，支持中小微企业上市和发行票据融资；进一步简政放权、放管结合、提升对非公经济的服务，实施注册登记便利化，清理各种涉企收费，简化办事流程，减小业务办理时限，降低企业创新创业发展的制度成本，确保市场主体有更多的经营自主权；强化各级工商联职能，优化商会管理机制，帮助非公企业解决发展中的实际困难。

2. 通过招商引资发展非公有制经济增量

招商引资历来是西北地区各级政府经济工作的重点，通过引进外部私人资本来西北地区投资兴业，根植于西北地区发展经济，有助于优化企业多年固化的所有制结构，进一步增强经济发展的活力和动力。要抓住"一带一路"倡议下各省区加速调整和优化产业布局的契机，在招商引资规模扩大的同时，优化招商引资结构，通过灵活多样和有效可靠的招商方式，在遵循五大发展理念的前提下，顺应经济结构战略性调整的方向，有重点有目标地着力引进一批国内外优质非公有制企业来西北地区投资兴业，在开放发展中增强发展新动力。要完善招商引资激励机制和目标责任制，围绕重点产业、重点项目和重点地区，在推进招商引资中发展好非公有制经济。

3. 在发展劳务经济和创业发展中培育非公有制经济

西北地区农村剩余劳动力丰富，劳务经济作为富民产业，是提高剩余劳动力收入水平的重要途径。为此，应积极进行劳务对接，努力改善农民工进城就业环境，将发展劳务经济、鼓励进城务工人员创业发展和发展非公有制经济统一起来，使三者相互依存，相互促进。可以预见，大批农民在长期外出打工的艰辛磨炼中，一旦开阔了眼界、增长了见识、积累了资本，一大批小老板就会应运而生，成为西北地区非公有制经济发展的生力军。

4. 围绕农村富民产业大力发展非公有制经济

依托西北地区优势农业资源，围绕马铃薯、草食畜、棉花、果蔬、制种、啤酒原料、中药材、粮油等特色优势农产品，鼓励兴办或引进非公有制企业，引导企业顺应食品消费新趋势，注重产品口感体验、营养健康、卫生安全、时尚潮流和品牌效应，在扩大产品总量、优化产品结构、细分消费市场、突出精深加工中，做大做强主导产业、特色产业和优势产业，进一步形成更加合理的农产品加工业空间格局，培育出关联带动力强的非公有制企业，使它们成为西北地区新的经济增长点。

5. 以搭建园区平台建设非公有制经济集聚区

西北地区要着力建设好各级各类开发区和产业园区，重点建设好五个省会城市、兰州新区、西咸新区及其他大中城市的产业园区和科技园区，充分发挥国家级及省级开发区、循环经济示范区、产业园区等平台的优势，为非公经济集聚集群发展创造良好的平台条件。重点城市和国家级新区要根据非公经济发展需要，统筹推进产业园区和工业集中区，以及特色村镇、创新创业基地、专业市场建设、孵化器等的整体布局，为非公经济提供更为广阔的发展平台。国家级及省级开发区等产业承载平台，要对国有资本、民间资本及域外资本同等对待，支持非公有制经济开展科技创新和成果转化，鼓励他们在各类科技园区创新孵化和集聚发展。建立创新创业培训指导和综合服务平台，扶持创业孵化基地和示范基地建设，以免费或低价租赁方式为大中专毕业生、下岗失业人员、回乡创业人员、转业复员军人等的创业发展提供条件，鼓励他们成为新兴的市场主体。

6. 以推进企业科技创新和职工教育培训提高企业核心竞争力

西北地区实施创新驱动发展战略，特别要针对非公经济整体创新能力偏弱的状况，通过鼓励和政策支持非公经济企业开展自主创新、联合创新和引进消化吸收再创新，重点扶持创新能力强、发展潜力大、科技附加值高、市场前景好、带动能力强的研发项目和产业化项目，着力培育一批有先锋引领作用的科技创新示范型非公有制企业，不断提高非公企业创新发展的信心和能力。通过政策引导鼓励和支持非公企业建立科技创新研发机构，落实和完善支持非公企业研发机构开展科技创新、管理创新、模式创新等的发展政策，引导和支持非公企业研发机构不断提高自我发展能力，争取培育一批市场竞争力强的科技型非公有制骨干企业。建立健全适合非公企业发展特点的科技服务平台，推进非公企业研发、生产、经营、管理、营销、物流、服务等方面的信息化、数字化、网络化建设。要着力推动产学研深度融合，促进非公企业与科研院所及高校合力开展科技攻关，加速科技成果转化和产业化步伐，打造一批技术含量高、市场竞争能力强、产品品牌影响力大的非公经济优质名牌产品。引导非公企业适应未来向高端化、品牌化、国际化发展的必然趋势，前瞻性谋划员工教育培训方略，为企业创新发展和转型发展奠定良好的人力资本基石。

7. 建成较为完善的非公有制经济社会化服务体系

按照政府支持中介、中介服务企业的原则，在省（自治区）、市、县三个层次重点构建创业综合服务、信用与融资担保、创新孵化转化、技术专利保护与交易、互联网和信息化、教育培训、市场拓展、管理咨询和法律法规等非公有制经济社会化服务体系，逐步形成功能完善、服务优质、分工协作、业务完备的全方位、多层次、高质量、高效率、低成本的社会化服务体系；通过设立包括资金在内的各种奖励，支持非公企业提升技术创新能力、经营管理水平、品牌竞争力，使其成为推进企业技术创新和加速成果转化的主体；完善金融机构与非公企业的合作机制，鼓励金融组织专门针对非公经济开展灵活多样的产品创新，提升对非公企业的服务质量，促进民间资本依法进入金融领域，大力培育和引进信用担保机构，拓宽非公经济直接融资的渠道，支持非公企业利用资本市场融资。

8. 加强非公有制经济财税支持

整合支持非公经济发展的各项资金，设立省（自治区）政府非公经济发展基金，用于支持非公企业创业孵化园建设、技术研发和创新、信用担保体系构建、信息服务体系建设、人力资本培育和职业技能培训等，发挥好财政资金的导向作用；进一步落实非公经济税费优惠政策，为非公企业发展真正降本减负，营造宽松的发展环境；省（自治区）财政可以设非公经济奖励资金，通过以奖代补重点奖励发展非公经济成效突出的地方政府及部门，以及在纳税贡献、品牌影响力、科技创新等方面业绩突出的优秀非公企业，支持非公企业加快技术创新、结构调整、节能减排、开拓市场、扩大就业。

（五）科技体制改革

西北地区科技进步水平和创新能力与东部地区相比较为薄弱，高新技术产业发展相对滞后，大大限制了以"重、初、粗"为特点的传统产业的转型发展。为此，科技体制改革要以提高自主创新能力、提升科技进步贡献率、增强科技核心竞争力为关键，以产学研供需对接为重点，着力解决制约科技创新的突出问题。这是一项事关西北地区长远发展的基础性、战略性、全局性的重大任务。当前，西北五省区正处于全面建成小康社会最为关键的攻坚阶段，处于应对经济新常态加快经济转型发展和培育经济新动能的关键时期，新的发展形势和新的时代使命迫切要求形成更高水平的创新驱动能力。必须把增强区域自主创新能力作为经济转型跨越发展的必要条件，整合创新资源，强化创新主体，完善创新机制，构建创新体系，实现创新能力的显著增强，重点领域关键技术的重大突破，有力支撑西北地区经济转型跨越发展。

1. 深化科技体制改革必须充分发挥政府的主导作用

深化科技体制改革是事关全局和长远发展的重大改革，必须充分发挥制度供给中政府的主导作用。西北地区各级政府要主动适应经济新常态，完善科技发展战略规划，形成科技与经济社会发展互相促进的良性机制，有效促进科技创新诸要素的优化配置和高效结合。要进一步完善知识产权保护制度，保护企业与科技人员加快自主创新和原始创新的积极性，确保经济转型有永续和强大的科技研发能力为支撑。要努力健全支持创新的政策体系，以切实有效的财税政策优化企业创新的资金条件，以切实有效的金融政策改善对高新技术企业特别是科技型中小企业的融资和信贷服务，加快发展风险投资，促进资本、技术与企业的有机结合，加速创新成果产业化步伐。深化科技体制改革必须紧紧围绕国家和区域发展战略目标，有利于政治、经济、社会、文化、生态五位一体全面发展，特别是在经济领域，要充分发挥市场在科技资源配置中的决定性作用，发挥好企业在技术创新中的主体作用。

2. 要夯实科技创新基础，强化不同科研机构功能

深化科技体制改革必须充分发挥各类科研机构的骨干和引领作用，以大学和科研机构为创新基础和原始动力，发挥好各省区国家级重点实验室、省部共建重点实验室、国家级工程技术研究中心、中国科学院（新疆、兰州、西安）分院、省区属各类科研院所等区域优势科技资源和人才储备优势，稳定支持从事基础研究、前沿高技术研究和重大关键技术研究的科研机构及科研团队，着力培育若干优势学科领域、重点研发基地和领军精英团队，形成开放、包容、竞争、协作的创新机制。要依据不同科研机构性质特点、职能定位和优势所长，实行稳定支持经费、竞争性经费和以奖代补等多种方式相结合的资金投入机制。对于基础研究和理论研究为主的研究机构应就特色优势学科领域及区域发展战略需求，特别注重从制度上激发创新的动力与活力，增强原始创新能力；公益类研究机构应遵循服务社会公益的发展方向，提高为社会、生态、公共卫生、公共安全等提供充分的智力成果的能力；技术开发类研究机构应主动面向多元化的市场需求，着眼产业共性技术、关键技术、瓶颈技术等加强自主创新；充分发挥中央在西北五省区及各省区属地方科研机构的支柱性作用，进一步健全现代科研院所治理体系，完善绩效评价制度，遵循国家和西北各省区

发展战略，不断增强科研机构科技创新能力，提升科技对经济社会发展的贡献率。①②

3. 要突出企业创新主体地位，增强企业创新内生动力

西北地区财政能力弱，企业自身积累少，创新主体缺位是经济转型中存在的突出问题。企业的自主创新能力是西北地区自主创新能力的基础，也是推动产业转型升级和实现跨越发展的重要条件，必须坚持市场导向和产业化方向，着力强化企业技术创新主体地位，鼓励支持有条件的企业建立研发机构、中试基地，甚至建立工程技术研究中心和重点实验室等，着力增强企业自主创新的内生动力和战略意识，促使企业成为创新需求、创新决策、创新投入、创新活动实施和创新成果有效转化应用的主体③，发挥企业在创新中的主导作用，不断增强经济的创新驱动能力，提高科技对经济的贡献率。西北地区在装备制造、新能源、电子信息、新材料、生物医药、航空航天等产业领域已涌现出一批具有竞争优势的骨干企业，要特别支持这些重点企业在重大技术装备、关键技术工艺、核心零部件等方面确定和实施一批重点创新项目，重点支持它们加快发展。西北地区还应着力发展科技创新型企业，以兰州新区、西咸新区和国家及省区市各级开发园区加速整合发展为契机，健全科技企业服务保障体系，加大国家和省区科技型中小企业创新基金争取和支持力度，支持科技创新型企业加大创新投入，使一批有优势有实力的科技创新型企业加速成长。④

4. 要强化科研团队建设，完善人尽其才机制

首先，要持续培育壮大西北五省区高精尖的科研人才队伍。一是重视用好和稳定留住现有人才。针对西北地区科研人才长期外流形势严峻的现实问题，要着力形成重视人才、尊敬人才、爱惜人才的良好人才环境，强化科研人才勇于追求真理的科学精神、探索精神和创造性思维，仔细分析和准确判断多年来科研人才加速外流的最主要原因，紧抓主要矛盾、重点问题和突出困境，建立健全更加有效和人性化的人才培养机制、人才潜力挖掘机制、人才选拔机制、人才收入分配机制、人才激励机制和人才考核评价机制等，完善科研人才在高

---

① 邓生菊、陈炜：《甘肃省经济转型跨越发展的路径研究》，甘肃人民出版社，2015年12月。
② 邓生菊：《甘肃省区域创新体系建设分析与评价》于朱智文、罗哲编，《甘肃蓝皮书 甘肃经济发展分析与预测2014》社会科学文献出版社，2014年1月。
③ 《我国新一轮科技体制改革大幕开启》，2012年7月13日，新华网 http://news.xinhua08.com/。
④ 邓生菊：《甘肃省区域创新体系建设分析与评价》于朱智文、罗哲主编，《甘肃蓝皮书 甘肃经济发展分析与预测2014》，社会科学文献出版社，2014年1月。

等院校、科研院所和企业多向灵活流动的政策体系。二是用好现有人才和引进外部人才并重。针对西北地区整体科技研发能力偏低的现实，应围绕经济转型发展的战略所需，依托产业发展方向和产业链，加快培育重点行业、重要领域、重点产业，打造人才链，在本土人才的选拔使用上，要不唯上、不唯学历、不唯职称、不唯资历，校正论资排辈、依文凭使用人才、不重视创新能力和实际工作能力与贡献的现象；要制定更加灵活优惠和现实可行的激励政策，有效吸引海内外高端专业人才及顶尖专家、创新型青年人才等，通过多种渠道和方式为西北地区科学研究事业贡献才智，对于有突出贡献的优秀的本土或引进人才，应根据具体情况，给予货币奖励、住房奖励等，或者帮助解决配偶就业和子女入学等特殊困难，消除各类人才的后顾之忧，增强人才队伍的稳定性。此外，要着力培育以突破重大关键技术为核心的创新团队，对引进人才要在社会保障、教育、医疗等方面给予特别支持。三是对自主创新创业提供政策倾斜，尽快调整应试教育和填鸭教育的发展模式，更加重视面向市场需求发展职业教育，加快培养工程实用人才、紧缺技能型人才和农村实用人才等。其次，优化人才脱颖而出、人尽其才、才尽其用的体制机制。一是完善符合创新规律的科研经费管理办法，完善有利于人才创新的经费审计方式，探索实行重大科研项目负责人公开招标制度；人才评价要突出职业道德、工作能力和工作业绩，突出科技成果转化与产业化的应用价值和社会效益；二是允许和鼓励科研院所和高等学校科技人员创办科技型企业，促进科技成果转化；三是探索有利于创新人才甘心持续服务于西北地区的长效机制，完善科技评价制度、薪酬制度、科技奖励制度等，改革专业技术职务评聘制度，加强评审专家数据库建设，强化评价责任，落实技术要素参与收益分配的政策，使有突出贡献的科研人员能够名利双收。①②

5. 要以政府科技投入为导向，构建多元社会投融资体系

地方财政能力薄弱，企业自身积累能力不足，科技创新存在资金短板了一直是制约西北地区产业转型发展的重要障碍，必须突破资金瓶颈制约，构建完善的科技投融资服务体系，加快形成"政府投入为导向、企业投入为主体、金融借贷为支撑、社会投资为补充"的多元化资金投入体系。一是政府应发挥其科研创新和研发投入的引领性作用，建立健全科技领域财政投入稳定增长的机

---

① 科学技术部人才中心：《科技人才政策法规选编》，中国科学技术出版社，2014年8月。
② 邓生菊：《甘肃省区域创新体系建设分析与评价》于朱智文、罗哲编，《甘肃蓝皮书 甘肃经济发展分析与预测2014》，社会科学文献出版社，2014年1月。

制，重点将资金投在优势基础学科，以及关系到地区经济发展战略和产业总体发展前景最薄弱的技术领域，提升科技资金的投入产出效率。同时，财政资金还要发挥四两拨千斤的作用，创新财政资金引导方式，运用PPP、政府基金等推动企业与政府共同形成推动创新发展的合力。二是要以切实可行的政策激发企业增加研究开发投入，特别是应用研究应该主要由直接面向市场的企业来主导，使企业真正成为提出创新需求、配置创新资源、推动创新进程、应用创新成果的主体，完善企业税收激励政策，落实企业研发费用税前加计扣除政策，积极利用风险投资，支持企业加强应用技术创新，不断提高企业的研发能力，强化其创新发展的主体地位。三是要探索构建金融支持科技创新的长效机制，创新金融产品与金融服务，综合运用各类金融工具，加大对科技型中小企业和高新技术企业的信贷支持，有效防范风险。[①]

6. 要加强创新成果市场对接，增强产业的创新驱动力

西北五省区要发挥政府引导和服务功能，着力构建以企业为主体的产学研用协同创新的机制，使企业能够有效利用高校和科研院所的创新资源和创新能力，发挥创新平台功能作用，促进科技创新方向与产业发展方向、科技研发与市场需求、创新链和产业链等的无缝高效对接，以科技创新及其相关的制度创新、管理创新、商业模式创新等全面创新，实现创新成果的及时和就地转化，有效驱动产业结构转型升级，加快经济发展方式转变，增强产业发展的新动力，因地制宜地加快构建现代化经济体系。一是要开发和推广绿色生态农业新技术，着力促进现代农业发展。推动农业高新技术产业示范区建设，以突出解决区域性、产业性重大农业科技问题为关键，整合农业科技优势资源，围绕良种培育、疫病防控、节水灌溉、精深加工、仓储物流、农机装备、循环农业等，打造现代农业发展的创新策源地、人才聚集地和产业升级地，鼓励科技型农业企业、科技服务实体或合作组织更好地提质发展，尽快构建绿色生态、高产优质、高效安全和高附加值的现代农业发展体系，有力促进县域经济发展。二是要完善技术创新的激励机制，运用高新技术实现工业的创新发展。立足西北五省区工业经济基础及产业发展的战略性技术和关键性技术需求，在石油化工、有色冶金、装备制造、建材煤炭、轻纺食品和中医药等传统产业领域，围绕产业转型升级、产品更新换代、企业提质增效、提升市场竞争力、绿色生态发展和安全生产等，增强创新驱动能力，加快传统产业的转型升级和创新发

---

① 邓生菊：《甘肃省区域创新体系建设分析与评价》于朱智文、罗哲编，《甘肃蓝皮书 甘肃经济发展分析与预测 2014》，社会科学文献出版社，2014年1月。

展。在新能源、高端装备制造、新材料、生物医药、信息通信、节能环保、航空航天等战略性新兴产业领域，着力实施科技重大专项，不断增强战略性新兴产业的自主创新能力及自主品牌影响力，引领战略性新兴产业跨越发展。三是要积极发展互联网+，着力增强网络技术、信息技术、数字化技术等对现代服务业的渗透融合，拓展和深化新兴科技在商务服务、金融保险、物流仓储、文化旅游、政务服务、培训咨询等产业领域的嵌入应用，增强现代服务业发展的科技支撑力，使现代服务业成为促进经济转型、加快结构调整和转变发展方式的重要动力之一。四是要加快社会民生领域的科技渗透和应用。加快推进医疗卫生、健康体育、文化教育、污染防治、生态环境、气象服务、食品安全、防灾减灾和社会管理等方面的科技创新与应用，不断提升科技服务于社会发展的能力。[1]

7. 要加快科技创新平台建设，提高创新发展的支撑力

西北五省区要营造良好的科技创新环境和条件，加快建设科学普及平台、科技研发平台、科技服务平台、科技成果转化平台和科技合作平台等。一是要加强科普基地、科普场馆、科普机构建设，创新科普产品，培育科普人才，提升科普产品和科普服务的信息化水平，并依托政府科普部门、学校、社区、公益组织等，通过多种喜闻乐见易于理解的新形式，以青少年、农村留守人群、少数民族人群等为重点，发展公益性科普事业，传播科学发展理念，普及健康卫生、生态环境、防灾减灾科学知识，全面提高群众科学文化素质，培养科学精神，增强群众创新意识，树立科学、求实、创新的价值导向。同时，积极发展经营性科普产业，双管齐下营造全社会创新发展的良好氛围。二是要优化科技创新企业、创新要素、创新服务等的布局，积极发挥现有高新技术产业开发区、经济技术开发区、工业园区、农业科技园区等创新载体的聚集辐射和加速器作用，积极推进科技创新体制机制改革，加快传统产业转型升级，培育壮大战略性新兴产业，加快循环经济发展，打造引领区域经济提质增效发展和能显著增强产业竞争力的科技创新高地。三是要坚持市场决定性作用，更好地发挥政府作用，以省（区）级财政资金为引导，撬动社会资本投入，加快健全生产力促进中心、科技企业孵化器、技术转移机构、大学科技园等科技中介服务体系，支持民营科技企业孵化器建设，推动科技成果及时应用转化和实现产业化。加速发展生产力促进中心、科技信息服务、科技企业孵化器、知识产权服

---

[1] 邓生菊：《甘肃省区域创新体系建设分析与评价》于朱智文、罗哲编，《甘肃蓝皮书 甘肃经济发展分析与预测 2014》，社会科学文献出版社，2014年1月。

务、技术转化交易、科技评估评价、虚拟研究院、农村专业技术协会等活跃科技活动的机构建设，强化技术市场、技术经纪、技术争议仲裁、技术服务咨询等科技服务机构建设，建立面向中小企业服务的科技中介组织。①②

（六）人才体制改革

西北五省区各领域引领发展的高层次人才十分匮乏，人才总量短缺与结构性短缺同时存在，且外流形势严峻，特别是企业急需的高级经营管理人才和顶尖专业技术人才严重短缺，已大大限制了经济的转型发展。为此，应坚持党管人才的原则，健全完善人才培养引进、配置流动、评价发现、选拔使用和激励保障等有利于优秀人才脱颖而出、才能智慧充分释放、创造力竞相迸发的有效机制，使人才供给质量满足经济转型发展的客观需要。

1. 着力人才培养开发

西北五省区应实施人才优先发展战略，把稳定和充分发挥现有人才的作用作为人才队伍建设的首要任务，以自主培养和发挥好现有人才作用为基础，以深化人才体制机制改革为制度保障，依托重点产业、重点行业、重大项目和重点学科，以高端专业技术人才、科技创新领军人才、高级经营管理人才、医疗卫生拔尖人才、行业骨干青年人才和高技能人才等为重点，加大人力资源开发力度，通过搭建事业发展平台、拓展事业发展空间、健全激励保障机制等，营造人才稳得住、肯奉献的良好环境，充分释放人才动力和活力。③

要依据西北五省区经济转型发展方向，因地制宜地形成以高等院校、科研院所和职业院校为基础，高校院所教育培训与企业实践锻炼培养相结合、政府鼓励推动与社会多方支持相促进、学科素养和历史使命、职业道德等综合素质整体提升的人才培养体系。要切实立足省区发展实际加强高校、科研院所和职业院校学科体系建设，优化学科布局和专业结构，进一步调整课程设置，避免人才培养的同质化，促进人才培养与经济转型需求紧密结合，培养具有创新能力的高素质复合型专业人才。拓宽高端创新人才和产业技能型人才培养的新途径，应用互联网、信息化和数字化技术拓展继续教育培训的内容与手段，确保

---

① 邓生菊、陈炜：《甘肃省经济转型跨越发展的路径研究》，甘肃人民出版社，2015年12月。
② 邓生菊：《甘肃省区域创新体系建设分析与评价》于朱智文、罗哲编，《甘肃蓝皮书 甘肃经济发展分析与预测2014》，社会科学文献出版社，2014年1月。
③ 汪晓文：《实施向西开放 探索发展新路》，《光明日报》，2014年8月13日。

各类人才在瞬息万变的时代中及时更新知识和技能。①

人才开发需要加强资金投入,在经济发展中进一步提升人力资本投入,落实优先保证人才投资的财税金融政策,同时发挥财政杠杆作用,在确保科技教育支出增长幅度高于财政经常性收入增幅的同时,利用国家政策性银行贷款、政府担保、财政贴息等手段,撬动各方资金投资于人才开发项目。省(区)、市、县三级设立人才发展专项资金,纳入财政年度预算,确保人才开发项目的有序实施。

2. 重视人才引进使用

西北五省区要立足既有产业基础和产业优势,紧紧围绕区域经济转型发展的方向,以建设全国重要的石油化工基地、新能源基地、高端装备制造基地、有色冶金新材料基地、生物医药基地、特色农产品精深加工基地和文化创意旅游基地等为重点,通过采取技术合作、技术入股、技术承包,以及重大工程项目、科技攻关项目、技术改造项目面向国内外公开招标等多种方式,加快重点领域、重点产业、重大项目、重点学科、重大关键技术、重点基础设施等方面急需紧缺人才的行之有效的引进;千方百计为人才引进创造良好的环境条件,不断加强科技、文化、教育、卫生、医疗、生态等社会公共事业领域的引智引才。实行更加包容、开放、灵活的人才引进政策,坚持市场导向的人才认定原则,放宽人才引进和使用的门槛,对急需紧缺人才优先办理相关手续,建立海内外人才引进专项资金,鼓励海内外高层次人才回国回乡发展。

3. 优化人才流动配置

西北五省区处于生产要素特别是人才流动的高地,每年都有大量的高端人才流向东部发达省区。为此,必须建立政府引导调控、市场公平竞争、人才自主选择的人才流动配置机制,进一步配套完善岗位管理、人事制度和薪酬制度,破除阻碍人才自由流动不合理的体制机制障碍,打通人才横向和纵向自由流动的通道。优化人才资源配置,通过完善政策引导和推动各类急需人才加快向农村基层、贫困地区、艰苦边远地区、边疆民族地区和革命老区等人才薄弱方向流动,实施重点区域、重点领域、重点群体人才培养和人才支持计划,使各类人才在职务晋升、职称评聘、工资待遇和公务员录用等方面享受政策倾斜。形成人才灵活柔性流动机制,引导各类高层次专业技术人才、高级企业经

---

① 《国办支持甘肃<意见>解读:把人才开发作为加快发展的战略性举措》,《甘肃日报》,2010年7月28日。

营管理人才、党政人才等向区域重大发展战略、重点发展产业、重点建设领域和重要攻关项目流动集聚，充分发挥好创新驱动和引领发展的重要作用。①

4．加强人才激励保障

加强对收入分配的宏观调控，推进各类人才薪酬制度改革，推进科研机构实行绩效工资，实行向关键岗位、创新人才和业务骨干倾斜的收入分配政策，完善各类人才薪酬标准及动态调整制度，逐步建立起效率优先、公平公正、科学合理、规范有序、激发活力、监管有力的薪酬制度。完善奖励激励及科研经费保障制度，完善科技奖励和评价体系，探索健全有利于科研人员潜心研究和钻研创新的体制机制，建立健全与科研绩效挂钩、充分体现人才价值、有效保障人才合法权益的激励机制。建立健全科研成果转化收益反馈奖励以及财政以奖代补等机制，激励各类人才面向经济社会发展现实之所需潜心钻研，在提高科研成果转化率和贡献率中，实现经济社会发展和个人价值实现的双赢。②

5．注重人才评价发现

建立以岗位职责为基础，以能力、业绩和实际贡献为导向的科学化、社会化的人才分类考量评价标准及发现机制。③ 规范专业技术人员职业资格准入制度，落实用人单位在专业技术职务（岗位）聘任中的自主权，积极推进专业技术人员职称制度改革，克服人才评价论资排辈和唯学历、唯论文、唯专著、唯奖项是从的极端倾向，注重依据对经济社会发展的实际贡献和影响评价人才，不断强化企业在工程技术人才和高技能人才评价中的主体作用，建立重在受业内、市场和社会一致认可的评价机制。把体制外各类人才纳入职称评聘范围，探索技能人才多元化差异化的评价机制，使他们的知识、技能等得标准化的社会认可，促进各行业的规范化和专业化发展。④

6．严格人才选拔使用

坚持以德为先、德才兼备的原则，公开、公正、竞争、择优地选拔任用各类人才，不断健全有利于各类优秀人才脱颖而出、充分施展才华抱负的科学有

---

① 《（2010—2020 年）：甘肃省中长期人才发展规划》，2011 年 3 月 4 日，网易新闻网 http://news.163.com/11/0304/08/6U9ONHA200014AED.html
② 《（2010—2020）：甘肃省中长期人才发展规划》2011 年 3 月 4 日，网易新闻网 http://news.163.com/11/0304/08/6U9ONHA200014AED.html
③ 《国家中长期人才发展规划纲要》，2010 年 6 月 23 日，求是理论网 http://www.qstheory.cn/tbzt/gjzcqrcfzgy/gcyl1/201006/t20100623_37254.htm
④ 《四川省中长期人才发展规划纲要》，2010 年 10 月 18 日，网易新闻网 http://news.163.com/10/1018/07/6J8RLG1R00014AED.html

效的选人用人机制，真正实现人尽其才、才尽其用。进一步改革党政领导干部选拔任用制度，完善公开选拔、竞争上岗、差额选任、任用提名和领导干部职务任期制等组织人事制度，重视女干部、少数民族干部、党外干部的选拔使用，真正将信念坚定、心中装着国家和人民、有想法、有魄力、有能力、敢担当的干部选拔出来，使他们成为推动西北地区经济转型跨越发展的引领力量。特别是要加强青年优秀干部的储备和选拔，重视从在基层一线选拔使用经过长期实践锻炼和反复考验的优秀青年干部，不断增强干部队伍的生命力和战斗力。根据事业单位性质和职能定位，分类确立科研机构、教育医疗和卫生防疫等事业单位领导人员选拔任用制度。深化事业单位组织人事制度改革，实施公开招聘、竞聘上岗和合同管理制度。①

（七）财税金融体制

财税体制改革不单是财税制度本身的完善，更要求在市场对资源配置起决定性作用和更好发挥政府作用的基础上，立足贯彻落实"创新、协调、绿色、开放、共享"的新发展理念，创新调控机制和手段，推动新常态下区域经济发展方式的转型，有效助推"稳增长、调结构、转方式、惠民生"的经济发展大局，支持经济结构提质增效、转型升级和可持续发展，服务于确保西北地区全面建成小康社会目标的战略部署。

形成政府、企业、个人间合理的利益格局。财税体制改革的利益格局中，政府、企业与个人都是利益相关者，社会资源总量既定的情况下，如何在三者之间进行分配对于激发各方参与改革的积极性至关重要。在政府与企业之间，财税体制改革应侧重于提高效率，比如进一步完善公平合理和调节有效的税收制度，优化税收结构，努力营造高效透明和公平公正的税收环境，改革举措要有利于企业减轻税费负担，有助于优化资源要素合理高效配置，有效于引导企业走创新、绿色、开放发展道路，持续增强实体经济发展能力，不断增强经济发展新动能，推动企业创新发展。在政府与个人之间，财税体制改革应更多关注公平，通过个人所得税、房地产税等税制改革，进一步调节收入分配，缩小行业间、城乡间、地区间的收入差距，让社会成员共享改革发展成果；政府内部一方面存在横向的部门间关系，另一方面也存在纵向的层级间关系，财税体制改革要重在合理配置财权，部门间应将财权配置和归口于财税部门，使财税

---

① 《甘肃省中长期人才发展规划》，2011 年 3 月 4 日，网易新闻网 http://news.163.com/11/0304/08/6U9ONHA200014AED.html

部门合法合规地统筹谋划政府收支，提高资金使用绩效，层级间要合理划分中央与地方事权和支出责任，依据权责和职能分工合理配置财权，使财权与事权相适应。

深化财政预算体制改革。要建立全口径的科学规范、公开透明和约束有力的政府预算体系，将财政资金全部纳入预算管理，规范政府收支行为，着力强化预算绩效管理，强化有效的预算监督，着力构建阳光财政。规范地方政府举债行为，强化地方政府债务管理，建立地方政府债务管理及风险预警机制，保持对违法违规融资担保行为的严厉查处和问责，加强债务风险的监测预警，切实防范地方政府债务风险。

深化地方金融体制改革。加快构建地方商业性金融、政策性金融、开发性金融和合作性金融等各有所长和相互补充的现代金融体系，推动现代金融加速回归和服务于实体经济，强化金融创新和金融监管，既积极推进经济转型、发展方式转变和经济结构调整，又严格管控好因僵尸企业破产重组和创新创业等引发的融资风险。在严格风险管控的前提下，实行灵活多样的金融创新，努力增强金融对民营经济、科技型企业、精准脱贫、"三农"发展及中小企业等重点领域的金融服务，防范系统性和区域性金融风险发生。[①]

（八）社会保障体制

西北五省区社会事业发展相对滞后，不仅社会公共服务设施和服务能力等整体水平相对较低，而且人民群众共享改革发展成果的受益面和受益水平也相对偏低，就业、卫生、医疗、教育、文化等社会事业都仍属于区域发展的短板，地区经济转型跨越发展的社会基础还不够牢固。对此，必须坚持民生福祉优先，政府要充分发挥提供基本公共服务的职能，增强公共服务的供给能力、供给质量和共享水平，不断增强人民群众的幸福感。

1. 大力促进就业

一是实施更加积极的创业就业政策，形成经济转型发展与扩大社会就业、经济结构调整与就业结构优化、转变经济发展方式与提升劳动生产率之间互促共进的良性机制，把提升就业数量和质量作为经济社会发展的重要目标之一。改善创业的政府服务环境、金融税收环境、社会舆论环境、法制监管环境等，强化创业指导、创业服务和创业培训，发展市场化、专业化和网络化的"众创

[①] 《十三五规划纲要提出：改革完善金融监管框架》，2016年3月18日，新浪财经网 http://finance.sina.com.cn/roll/2016-03-18/doc-ifxqnsty4505833.shtml

空间",推动创业带动就业,释放经济发展活力。鼓励劳动者参加各类职业院校、职业技能培训机构和用人单位依法组织的技能培训、岗位培训、再就业培训和创业培训等等,完善人力资源市场供需信息发布机制和服务监测体系,加强劳动保障监察,着力促进城镇新增劳动力、农业过剩劳动力、高校毕业生和破产企业职工等重点人群就业。通过税收倾斜政策及鼓励和引导金融机构等,支持符合国家产业政策导向的劳动密集型产业、服务业企业、小型微型企业和创业主体发展。

二是完善就业服务体系,努力促进就业数量和质量的同步提高。西北地区要着力提升就业服务质量,按照建立开放、竞争、择优、规范的人力资源市场的要求,进一步完善就业趋势分析、就业供需信息发布、就业政策发布、就业市场动态与及时定期发布信息等制度;加强对就业中介组织业务活动常态有效的监管,完善中介组织信用体系建设,鼓励就业供求信息、技能培训、劳务租赁、劳务输出等就业服务活动依法合规展开;加大对人力资源市场信息库、数据网络服务平台及相关软硬件设施建设的资金投入,加快提升就业服务能力、服务水平和服务质量。

三是建立健全就业援助制度,为弱势群体就业提供有效帮助。发挥社区直接面对困难群众和服务基层的前沿作用,加强街道、社区就业和再就业服务平台建设,着力通过开发公益性岗位、援助灵活就业人员、实施残疾人就业援助、援助零就业家庭等多种途径,加强对特殊就业困难群体的就业援助。

四是建立健全失业保险制度,更好发挥保证生活和促进就业的实际成效。在企业化解产能过剩和加快重组的过程中,要推进企业失业分流职工基本生活保障与失业保险的并轨,不但将保障职工基本生活和促进职工职业技能提升再就业结合起来,而且要同时发挥好失业保险的兜底保障作用。

2. 健全社会保障体系

西北地区要围绕统筹推进多层次可持续社会保障体系建设的要求,坚持覆盖全民、城乡统筹和保障适度的原则,重点做好城乡居民、农民工、非公有制和混合所有制企业从业人员、灵活就业人员的参保工作,同时扩大社会基本保险的覆盖面和受益面。[①] 完善城镇职工基本养老保险制度,并结合新农保加快推进农村转移人口养老保障制度的建立,特别是要针对流动人口规模大和新型城镇化发展的趋势,突出抓好进城务工流动人口、被征地农民以及农转非人员

---

① 咸辉:《为转型跨越发展提供坚强支撑和保障》,《甘肃日报》,2013年1月10日。

的养老保险制度推广，推进城乡居民养老保险、医疗保险和大病保险制度的统一。统筹开展机关事业单位养老保险制度改革。积极发挥商业保险在完善城乡社会保障体系中的作用。完善城镇职工、城镇居民和新型农村合作医疗等基本医疗保险制度，积极稳妥地扩大覆盖面和受益面，进一步完善大病医疗保障制度，稳定提升城乡居民医疗保障水平。

强化城乡低收入居民的生活保障。西北地区要建立和完善城乡最低生活保障制度，动态跟踪和监管被保障人群，形成与经济发展、财政收支、物价变动、就业收入等相适应的最低生活保障标准动态持续及时提高机制，实现弱势人群应保尽保。积极发展社会福利和慈善事业，完善社会救助体系，提高农村五保供养财政补助标准，以扶助老人、残疾人、鳏寡孤独等弱势群体为重点，强化基本保障能力和保障的可持续性，确保他们达到基本生活水平。

建立健全城乡居民基本住房保障制度。按照如期全面建成小康社会目标要求，应重点解决低收入家庭住房困难问题。加快城镇保障性住房建设、棚户区改造和公租房供应，适应市场需求多元化趋势，增加经济适用住房和限价商品住房供应，完善住房公积金制度，提高公积金制度覆盖面，全面完成农村危旧房改造任务，逐步提高中低收入人群的居住水平。

3. 提高人民健康水平

加强公共卫生建设。西北地区是我国农村贫困发生率较高的地区，而因病致贫是导致贫困发生的最重要因素之一。为此，必须高度关注人民群众的健康，重点加强卫生事业发展薄弱的农村区域建设，重点加强妇幼卫生保健工作，加大政府对公共卫生服务的投入力度，加强食品药品安全监管，加快建设卫生监督体系，将加强疾病源头预防控制作为提高群众健康水平的重中之重，提高重大传染病的防控能力，提高突发公共卫生事件应对能力，增强公共卫生综合服务能力。

优化卫生资源配置。持续优化卫生资源配置，推动城市卫生资源加快向农村流动、配置和布局，全面提升农村基层公共卫生资源的供给能力和卫生服务保障水平，特别要加快重点薄弱区域中少数民族地区、贫困地区、高寒边远艰苦地区和社区基层等卫生基础设施建设，提高公共卫生服务能力。提升基层社区卫生服务能力，使其成为城镇职工基本医疗保险定点机构，就地就近高质量地满足基层群众医疗卫生需求。进一步提升县医院和乡镇卫生院医疗装备水平和医疗临床诊治水平，加强村卫生室建设，形成县乡村三级分工合理、防治结合的高质量农村卫生服务网络。

深化医药卫生体制改革。建立和完善覆盖城乡居民的公共医疗服务体系。

坚持政事分开、管办分离、医药分开、营利性和非营利性分开的原则，加快公立医疗机构改革，进一步完善分级诊疗制度，探索形成便利快捷和高质高效的就医模式，大力推进医联体建设，完善医疗机构管理体制、运行机制和监管制度，进一步增强公立医疗卫生机构的服务质量。要强化基层医疗卫生服务，加强对社区医生、县乡村医生的进修培训，鼓励和规范社会力量兴办健康服务业[①]，不断增强基层医疗服务保障水平。

发展文化体育事业。西北地区居民消费中，文化体育消费所占比重很小，公共文化体育设施利用率较低，群众日常文化生活较为单一贫乏，大大限制了发展的视野和思维，影响到转型发展的进程，因此必须积极推进文化事业发展。要制定文化产业和文化事业发展的战略规划，加大文化基础设施建设投入，加大文化资源保护传承和创新发展。要实施全民健身计划，加快城市体育场馆建设和多元化经营，重视发展农村体育事业，以社区为重点加强公共体育设施建设及日常维护，着力提高体育场馆和体育设施的综合利用率，全面增强人民的身体素质。要特别关注青少年身体健康和体能素质锻炼，为西北地区经济转型跨越发展培育新生力量。

4. 创新社会管理方式

以保障和改善民生为出发点，着力解决群众最关心、最直接、最现实的民生问题，整合优质资产，组建融资平台，努力转变政府包办和直接提供公共产品和服务的传统做法，提高公共产品的供给水平和服务方式的社会化、市场化程度，带动社会事业投资良性发展。创新社会组织管理体制，继续完善社会组织发展的政策，不断拓展社会组织参与社会服务的方式和空间，创新城乡社区建设体制，夯实社会管理基础；推动社会管理方式创新，优化城乡公共资源配置，加强城乡公共服务设施、服务能力和服务网络建设，不断提升服务质量。

五、着力全方位创新，以创新思维开拓发展空间，以创新实践驱动经济转型跨越发展

西北地区既是我国打赢脱贫攻坚战、全面建成小康社会的重点难点地区，也是提升全国整体发展水平的巨大潜力所在，更是构建我国全方位对外开放新格局的前沿。当前，随着新科技革命的兴起，日新月异的创新已经激发起多样

---

① 邓生菊：《新常态下甘肃省经济转型跨越发展的若干重大问题》于朱智文、罗哲主编，《甘肃蓝皮书 甘肃经济发展分析与预测2016》，社科文献出版社，2016年1月。

化的市场供给和需求，个性化、多样化消费渐成主流，以产业创新、产品创新、业态创新等引领和满足新的市场需求成为必然。新的时代条件下，西北五省区新技术、新产品、新业态、新商业模式的投资需求大量涌现，新兴产业、现代服务业、小微企业的活力更加凸显，信息化、智能化、专业化成为产业发展的新特征，经济增长对人力资本和科技进步的依赖越来越大，创新驱动经济发展已成为新时代经济转型跨越发展的必然。着眼于2020年全面建成小康社会奋斗目标，西北地区必须以"创新驱动"激发发展新动能，加快产业转型升级，促进经济结构战略性调整，实现经济提质增效。

（一）以制度创新确保经济系统高效运行

"制度创新"根本上就是要以处理好政府和市场关系为主线，通过在重大领域、关键环节实施体制机制改革，渐近有序地推进相关配套体制综合改革，构建有效引导、规范、激励和约束市场主体行为的相互协调促进的制度、政策和法规体系及框架，保障经济高质、高效、有序运行，实现经济社会稳健可持续发展。

对于西北地区来说，经过多年的发展，经济的结构性矛盾不断凸显，产能过剩较为严重，生产要素外流现象持续加剧，经济外向度相对较低，发展中存在较多的短板和问题。为此：一是，"制度创新"要确保市场能对资源配置真正起到决定性作用。在社会主义市场经济体制的制度框架下，企业能在灵敏的价格机制、竞争机制、供求机制下，真正以市场需求为导向，及时调整战略决策、科技研发和生产投资策略；对于产业分布特别分散或者已经长期亏损且扭亏无望的企业，要通过强强联合、强弱优势互补、产业链融合等实现兼并重组和优胜劣汰，从制度层面构建最大程度实现供求均衡的长效机制。二是"制度创新"要确保政府更好发挥作用。应继续深化行政管理体制改革，创新宏观调控政策，加强重大战略顶层设计，构建法治政府，最大限度降低企业制度性交易成本，全力确保民生事业发展、民族团结和谐、社会安定有序、生态协调可持续发展，全力推进西部大开发和脱贫攻坚等国家重大发展战略的"一带一路"倡议实现；三是"制度创新"要确保企业提高效率、效益、创新力和竞争力。国有企业要着力完善法人治理体系，对于国有股权宜独则独、宜控则控、宜退则退，加强国有资本监管，防范经营风险；非公有制经济要完善公司治理结构，积极推进管理创新，充分利用市场准入逐步放开、融资支持力度加大、权益保护更加完善的制度环境加快发展。四是"制度创新"要确保优化金融信贷、科技管理、就业教育、基础设施、社会保障、收入分配、外资外贸等领域的制度体系。通过完善的制度保障，使得产业发展能获得必要的资金、科技、各门类人才、基础设施、社会文化环境、开放发展等环境条件。①

（二）以科技创新引领产业转型升级

"科技创新"实质上是要遵循科技发展规律，顺应科技革命和产业革命新趋势，立足西北地区自身发展定位和方向，围绕着全面建成小康社会的奋斗目标和实现国家重大发展战略，着力增强科技创新对经济结构战略性调整和产业转型升级的重大引领作用，提升前沿高端、重点领域和关键性科技的研发能力和成果转化率，不断提升科技对西北地区经济社会发展的支撑力和贡献率。

西北地区有良好的科技研发和产业化基础，但也存在科技资源短缺、研发成果产业化水平低、科研人员流失严重等问题，为此：

一是要深化科技管理体制改革。顺应科技发展规律，遵循国家发展战略的要求，以提升科技对西北地区经济社会发展的贡献率为核心，着力破除体制机制障碍，合理高效配置资金、设备、项目、专业技术人才等科技资源，充分释放创新要素投入产出效能，促进科学技术和经济社会互动发展，走西部地区依靠科技自主创新加快发展的道路。

二是要突出企业的科技创新主体地位。企业的经济实力和竞争能力越来越取决于该行业的科技水平以及科技成果转化速度，企业作为技术创新的需求者和使用者，有着持续推动科研开发和技术进步的内在动力，因此，要使西北五省区的企业成为科技研发的项目提出主体、项目决策主体、项目鉴定主体，以及研发过程和投资的重要参与主体，确保科技与经济社会发展需求高效无缝对接转化。

三是要激发科技人员最大潜能。科技创新最重要的资源是科技人才，西部地区要完善科学合理、奖罚分明的人才激励和约束机制，通过多种平台培养锻炼已有人才，以灵活有效方式吸引外部流入人才为西部发展服务，为科技人才提供高质高效的事业平台和生活条件；要完善人才评价考核机制，突出科技成果研发、转化和产业化的业绩评价权重，引导科技人才着眼科技需求和科技应用从事科研工作。

四是要完善区域创新体系。积极营造全社会创新氛围，通过构建科技研究开发系统、创新成果扩散系统、企业技术创新系统、创新素质提升系统、合作

---

① 罗哲：《甘肃省实施创新驱动发展战略 加速动能接续转换研究》于安文华、罗哲主编，《甘肃蓝皮书 甘肃经济发展分析与预测2018》，社会科学文献出版社，2018年1月。

交流开放系统，有效实施创新知识提升工程、创新企业培育工程、创新人才引培工程、创新服务支撑工程、创新信息网络工程、创新平台搭建工程、创新重点带动工程等，为西部地区经济社会发展提供不竭动力。

五是要推进科技重大专项创新。遵循西北地区经济转型方向，以产业化为目标，依托重大产业项目、重点科研院所、重点实验室、关键科研技术等，部署和实施新能源、新材料、高端装备制造、节能环保、电子信息、航空航天和生物医药等领域关键技术研发创新重大专项，动植物高产高效和安全生态种植养殖新技术开发重大专项，以及民用核装备与技术、生态环境保护集成技术和农产品精深加工装备与技术等科技重大专项，着力在制约产业核心竞争力提升的重大关键技术上取得突破。

六是要加强基础应用研究。瞄准重点领域和重点学科发展前沿，强化科研成果应用导向，以提高原始创新、自主创新能力为关键，在资源环境、生物医药、新材料、重离子物理等优势学科领域加快提升创新能力和国际影响力。超前谋划部署对西北地区经济转型发展具有战略意义和全局意义的前沿基础研究和重大应用研究项目，力争取得重大突破，强有力地促进西北地区经济转型跨越发展。

七是要强化科技园区建设。西北地区要重点建设国家级的西安、宝鸡、兰州、白银、青海、银川、石嘴山、乌鲁木齐、石河子、昌吉等高新技术产业开发区和定西、武威、天水、伊犁、哈密、渭南、宝鸡等农业科技园区，把国家级高新技术产业园区打造成各省科技研发、企业孵化、创新成果产业化、新兴产业和科技型企业集聚，以及出口加工的重要基地。加强天水、金昌、酒泉、嘉峪关、西安、宝鸡、乌鲁木齐等地具备较好科技创新能力的园区发展，支持它们增强实力升级为国家和省级高新技术产业开发区。引导和支持兰州大学、西安交通大学、西北大学、西安电子科技大学、兰州理工大学等大学科技园向专业化方向发展。按照西北地区科技重大战略和战略性新兴产业发展需求，大力培育和发展国家级和省级重点实验室、工程实验室、工程技术研究中心、企业技术中心、高新技术产业化基地、省部共建重点实验室、国家地方联合共建工程实验室等，不断加强创新基地建设。[①]

（三）以产业创新拓展经济发展潜力

"产业创新"就是要打破原有的产业结构，以市场需求为引导，通过原有

[①] 《甘肃省人民政府关于科技支撑经济社会跨越发展的指导意见》，2011 年 4 月 29 日，甘肃省经济信息网 http://www.gsei.com.cn/html/1275/2011-04-29/content-58957.html

产业脱胎换骨的技术升级、新兴产业的创新培育、产业融合激发新业态和新盈利模式、产业合作拓展产业发展空间等,在产业演进中进一步挖掘产业发展的新潜力。

西部地区整体上看处于工业社会发展的中期阶段,产业初级化、重型化、资源型特征明显,外向度水平较低,生态瓶颈制约显著,经济结构性矛盾较为突出,但同时,自然历史文化资源富集,后发优势明显。为此:一是要在改造提升传统产业中挖掘产业新潜力。顺应新一轮科技革命和产业革命新趋势,以工业的数字化、网络化和智能化为核心,提升传统产业发展的价值链层次,增加科技附加值,实现产业提质增效和降本减耗,持续增强产业核心竞争力。二是要在培育壮大新兴产业中挖掘产业新潜力。立足西部地区特色优势,顺应产业发展新趋势和市场新需求,发展以科技创新为核心竞争力的绿色、智能、集约、高效现代工业,以及以信息服务、电子商务、研发设计、商务服务、融资租赁、现代物流等为主的现代生产性服务业和以文化旅游、健康养老、休闲养生、家庭服务、法律咨询等为主的现代生活性服务业,通过"互联网+"、大数据、云平台与相关产业的融合应用一步提高服务业发展的质量、效率和效益,并以创新创业不断激发新兴产业发展动力和活力。[①] 三是在产业跨界融合发展中挖掘产业新潜力。例如产业间融合,可以对特色优势农产品进行原产地认证和品牌打造,通过精耕细作和规模化、产业化、生态化发展,使之逐步占领高端农产品市场,同时,发展农产品精深加工业,大幅提升农产品附加值,并通过电商物流、金融信息服务等服务业带动,促进三次产业同步发展;而产业内融合,可以在第一产业内部的种植业、养殖业间,通过闭合循环的生物链发展生态农业。[②] 通过实现产业跨界融合与联动发展,持续挖掘产业发展新潜力。四是要在跨国跨区域产业合作中挖掘产业新潜力。作为国家向西开放战略的前沿,要紧抓"一带一路"倡议机遇,坚持共商共建共享原则,增进与沿线各国及各省区市间的互信、交流与合作,构建双边或多边合作机制,实现跨国或跨区域优势互补,在更高层次更高水平的对外开放中实现互利共赢。[③]

[①] 罗哲:《甘肃省供给侧结构性改革的难点、重点和风险管控》《开发研究》,2017年第3期,第21~25页。

[②] 邓生菊:《新常态下甘肃省经济转型跨越发展的若干重大问题》于朱智文、罗哲主编,《甘肃蓝皮书 甘肃经济发展分析与预测 2016》,社科文献出版社,2016年1月。

[③] 罗哲:《甘肃省实施创新驱动发展战略 加速动能接续转换研究》于安文华、罗哲主编,《甘肃蓝皮书 甘肃经济发展分析与预测 2018》,社科文献出版社,2018年1月。

（四）以产品创新对接产业终端需求

"产品创新"就是要通过对原有有形产品功能、材质、工艺设计等的创新性改进，或者无形产品（服务）的内容、模式、流程等的创新性改进，或者直接顺应生产和消费结构升级的要求，创造某种新产品和新服务，基于营销手段创新和品牌创新，更好地满足市场需求。

西部地区在某些高端适用技术、先进装备制造业、生活消费品、特色农产品精深加工、文化旅游等方面具有良好的产业基础和竞争优势，自然环境条件独特，原生态资源较为丰富，历史文化资源和民族民俗资源富集，为此：一是"产品创新"要顺应市场现有需求。即着眼市场现有需求，及时组织研发生产创新性产品，设计开发创新性服务，并将最终产品与服务及时投入市场，满足客户消费需求。二是"产品创新"要引领市场新兴需求。即顺应科技革命和产业革命的新趋势，把握行业发展最新动态，以及市场消费需求升级的新特征，将新理念、新技术、新工艺等嵌入已有产品中，成为行业引领性产品，满足高端市场需求。三是"产品创新"要激发市场潜在需求。即以先进技术为根本推动力，深入挖掘市场潜在需求，从无到有地创造性地研发生产出新的产品，在一个空白领域将潜在市场需求激活为现实市场需求。[1]

六、化解劳动力结构性过剩，着力优化供给结构，增强转型跨越发展的智力支持

西北地区要素吸引和聚集能力相对较弱，除省会城市外，基本上劳动力呈净流出的特点，一方面推进经济转型跨越发展的专业型、技能型、创新型、管理型高端人才极其短缺，另一方面达到劳动年龄的普通劳动力大量过剩，劳动力供求结构严重失衡大大制约了经济转型跨越发展。为此，必须实施人力资本开发战略，将结构性过剩的劳动力转化为适应经济转型跨越发展的不同层次人力资本，促进劳动力市场的供求总量和结构对接，为西北地区经济转型跨越发展培养高素质、多技能、专业化、岗位适应性强的复合型人才，并通过创业指导、职业培训、信贷支持、商事制度改革等鼓励大众创业，积极释放相对人口红利，使之成为发展红利，为经济转型跨越发展提供强有力的智力支持。

---

[1] 罗哲：《甘肃省实施创新驱动发展战略 加速动能接续转换研究》于安文华、罗哲主编，《甘肃蓝皮书 甘肃经济发展分析与预测2018》，社科文献出版社，2018年1月。

（一）着力提高农村整体的文化教育水平

农民既是发展现代农业的主体力量，也是建设美丽乡村的主力军，农民素质的高低直接决定着美丽乡村建设的成效。要全力巩固发展农村义务教育，推进城乡教育资源均等化，稳定和加强农村教师队伍建设，提升教育教学质量，确保留守儿童都能接受义务教育。加强对农民思想政治、文化素养、法律知识和移风易俗等方面的引导和教育，全面提高农民的法律意识和劳动技能，培育懂技术、会经营、讲文明、守法制的新型农民。[1] 在经济加快转型的新时代条件下，西北地区必须加快培育适应农业现代化发展的新型农民，使之真正成为农村先进生产力的代表，农村科技普及的主要对象，成为有文化、懂技术、会经营、善管理、具有自我发展能力、有可持续生计支撑的农村现代劳动力。

（二）着力提高职业技能优化劳动力供给结构

1. 增强对职业教育重要性的认识

针对西北地区整体受教育水平偏低、普通劳动者相对过剩，农业劳动力或农村外出务工人员多从事技术含量不高的低端体力劳动，缺乏就业竞争优势，缺乏谋生手段，缺乏获得高收入的能力的现实，政府应承担起发展职业教育的职责，充分发挥各媒体和社会舆论的作用，宣传优秀职业技能人才的社会价值与贡献，大力弘扬尊重人才、尊重技术、尊重劳动、尊重创造的社会风尚，努力形成重视职业教育发展的共识，营造积极发展职业教育的良好社会氛围。要充分认识以智力支农促进乡村振兴的重要性，把加强职业教育作为发展现代农业和实现乡村振兴的必然要求和重要内容。现阶段特别要重视引导职业教育适应新常态下经济转型发展的时代需要，农村实用人才培养要以提升职业技能为主，将其与文化知识和职业素质养成相结合，更好调动农民自我发展的积极性，在基础教育、职业教育和成人教育统筹发展中，更好地促进经济转型发展。

2. 推动职业院校办学方向与模式的转型

要推进职业教育采取灵活多样的模式，更好地面向市场需求办学：

一是，职业学校的专业设置必须符合西北地区经济转型的现实需要。西北

---

[1] 《国务院支持甘肃把人才开发作为加快经济社会发展战略性举措》，《甘肃日报》，2010年7月8日。

地区职业院校应当及时做好产业发展趋势和就业形势等分析，前瞻性地明确西北地区在特定阶段对不同专业人才需求数量和结构的变化，以便更好地适应劳动力市场，并根据劳动力市场需求优化专业设置。一是要根据近期、中期和远期劳动力市场需求，结合自身专业优势、师资力量等实际情况，办好重点专业和长线专业，同时紧跟现阶段经济转型发展需要及时开设热门专业、急需专业和紧俏专业，将长中短期专业有效结合起来，不断为社会及时输送适应市场变化的高质量、专业化、技能化、职业化的现代劳动者，使经济转型有可靠而充分的人力资本支持。

二是要积极推进教育教学与就业创业的紧密结合。加强办学单位与用人单位的紧密联系，引导学校紧紧围绕人才需求开展人才培养，通过创新办学模式，积极开展校企、校地合作和共商专业和课程建设的学科与人才培养新机制和新模式，加强创业培训和职业指导，建立与完善学生创业就业服务体系，以优惠政策鼓励企业接收学生实习实训和教师实践，推动职业院校更好地面向社会、面向市场办学。

三是要走开放办学的道路。深化西北地区职业院校与东部发达地区职业院校、城乡之间职业院校和培训机构的深度合作，通过联合招生与合作办学等行之有效的形式[①]，整合优化教育资源，拓展人力资源市场渠道，更好地拓展就业市场。强化职业教育资源的统筹协调和综合利用，支持职业院校开展适应现代农业发展、新型工业化发展、现代服务业发展的新型专业化职业化劳动者，增强服务区域经济转型跨越发展的能力。

3.抓住师资这个办好职业教育的关键

首先，要根据职业教育实践性、操作性、应用性强的特点，改变过去完全依高校培养职业学校师资队伍的途径，有效避免师资培养周期长、实践能力弱、难以在短期内承担教学重任的不足，积极从多种渠道拓展职业教育的师资来源，不仅要求其热爱教育事业，有较高的专业理论知识，更应当有较为丰富的职业经历和实践经验，比如，可以挖掘生产和服务一线优秀职业技能人才的潜能，在传帮带中充分发挥和传授他们积累的实践经验，发展一批技艺娴熟的或有特殊技艺的兼职教师等，有效提升职业教育质量。

其次，要激发教师主动适应人力资源市场需求的积极性和自觉性。要通过有效的激励和约束机制引导，充分激发他们加强自主学习和能力提升、主动优

---

① 谢致远：《甘肃省职业教育发展存在的主要问题及对策》，《职业教育研究》，2007年第11期，第8~9页。

化知识和技能结构、积极参与教育教学改革和课程改革、探索先进办学和教学模式的能动性,为提升职业教育质量奠定基础。教师要以市场需求为导向,通过形成常态化制度化的实习锻炼与社会实践,强化职业院校学生职业技能和实践能力大提升,基于定量与定性的考核要求,将学生职业道德培育、职业能力提升、实际就业率与就业质量等作为职业院校教育教学绩效考核的重要指标。

再次,职业教育直接面向就业市场,因此,必须加强实践性教学,使教学目标与经济转型对劳动力的需求相一致,人才培养目标与企业人才需求相衔接。教师必须能够及时适应人力资源市场需求的变化,加强各种形式的继续教育,不断跟进性学习,更新知识结构,顺应时代发展的新要求,通过自我充电提高教学质量,以使学生能够具备较强的就业能力,形成真正以就业为导向的新的职业教育发展格局,为西北五省区经济转型跨越发展提供可靠的人力资源保证。①

4. 加强教育管理体制改革创新

首先,要深化公办职业院校办学体制改革,充分发挥它在职业教育中的主力军作用,进一步整合职业院校办学资源,不断优化师资队伍专业、职称和年龄结构,走规模化、连锁化、集团化办学的新路子。同时,要加快以人事制度和收入分配制度改革为重点的内部管理体制改革,发挥收入分配的指向性作用,完善和推行教职工全员聘用制和岗位责任制,强化考核要求和激励约束机制的构建;要深化职业人才培养方式改革,坚持学校教育与职业培训并举,推进弹性学制和学分制改革,不断提高职业教育质量。

其次,要着力完善就业服务体系。职业院校要密切关注人力资源市场需求变化趋势和动态变化,积极密切与相关用人单位长期稳定的联系,与企业合作形成"先培训后上岗"的委托代理就业机制,切实增强毕业生就业指导服务,努力提高毕业生的就业率、就业稳定性和就业竞争力。

5. 改善职业教育发展的资金环境

首先,地方政府要逐步加大对职业教育的财政支持力度。西北五省区地方政府应当根据人才需求趋势,逐步增加公共财政对相关职业院校硬件设施、学科建设、师资培训进修和人才引进方面的投入,突出重点合理有序地支持职业院校更新教学实验和实习实践设施,加强职教园区、职教中心和实训基地建

---

① 谢致远:《甘肃省职业教育发展存在的主要问题及对策》,《职业教育研究》,2007年第11期,第8~9页。

设，扩大职业院校贫困家庭学生资助。其次，要积极争取社会资金投入职业教育的发展，在加强与用人单位劳动力供需对接的过程中，争取用人单位提供部分资金支持，同时借力政府投入撬动企事业单位和社会力量捐资助学。

七、筑牢发展基础，补足发展短板，精准稳定脱贫奔小康

西北地区自然条件艰苦、生态环境脆弱、发展基础薄弱，城乡基础设施欠账较多，特别在陕北、宁南、陇东、青南高寒地区、秦巴山区和南疆等地，交通通道、邮电信息通讯、控制性水利设施等的滞后严重制约了区域经济的发展，成为严重制约经济社会发展的最薄弱领域、最突出短板和最大瓶颈制约。要实现西北五省区经济转型跨越发展，就必须增强基础设施现代化水平和承载能力，为经济转型跨越发展提供有力保障。[①]

（一）强化基础设施建设

打造西北综合交通网。以西安、兰州、乌鲁木齐、西宁、银川为西北交通枢纽中心，以完善路网结构和综合运输保障能力为重点，加快铁路、民航、公路等立体化综合交通网络建设，形成快捷、高效、安全的现代化综合交通通道和运输体系，使路网结构、公路通达深度、道路运输站场建设、机场建设、水运基础设施建设、各种运输方式的衔接和服务保障能力显著提升。铁路方面，在建设丝绸之路经济带重大骨干通道性铁路的同时，加快区域性铁路网络建设，实现重点城市间铁路连接，在不断优化路网结构的同时，有效扩大路网覆盖面，逐步形成以西北省会城市为辐射源和交通枢纽的西北铁路骨干网，满足经济转型跨越发展对铁路运输的需求。公路方面，围绕构建公路交通运输主骨架，加快贯通东西和连接南北的高速公路建设，重点推进国家高速公路网络建设，对交通流量较大的省会城市辐射路线、国省干线公路拥堵路段、卡脖子路段等进行扩容改造；大力推进国省干线公路改造，加快消除断头路、等外路和无铺装路面，加紧通县二级以上公路建设，稳步推进重要资源路、产业路、灾害多发路和旅游路段建设，全面提升普通国省道整体交通质量。加快建设农村交通基础设施，推进乡镇和建制村的道路全面硬化，有序推进车流量大的重要县乡道路改造；加强农村公路危桥改造、道路拓宽以及安全防护设施建设，提

[①] 刘进军、罗哲：《西北地区经济转型跨越发展的实证分析》，《甘肃行政学院学报》，2017年第5期，第78~90页。

高通行能力和安全水平。加强重要边防和口岸公路的改造升级和新建扩建，加强道路运输站场建设。民航方面，以优化机场布局，完善网络结构为重点，在加强省会城市枢纽机场建设的同时，全面推进区内支线机场新建和改扩建，推进新一代空中交通管理系统建设，提高空管运行保障能力和服务水平。水运方面，加强对现有适航航道的改造，加强码头的标准化建设，提高适航能力和水平。

加强水利基础设施建设。基于西北地区整体水资源短缺，生态环境脆弱的现实，应在强化水源涵养和保护的同时，坚持保水、蓄水、节水和供水并重，加强山区控制性工程实施，全面推进列入国家规划的大中型山区水库建设，增强河流调节能力，提高水资源综合开发利用水平，协调工农业生产用水、生态环境建设用水和生活用水间的关系，提高区域水资源调配能力。加强重点河流和重点流域防洪工程建设，对重点河流和易发多发灾害性河流强化防洪措施，加强中小河流域水环境治理、山洪地质灾害防治、易灾地区生态环境综合治理，加强重点河流水文监测与站点建设，加快完成大中型病险水闸（库）除险加固任务，不断完善洪灾防控体系。加强以高效节水为重点的农田水利建设，继续推进大中型灌区续建、重大水利工程及节水改造项目建设，及时修复受灾毁损农田水利工程，在水利薄弱区域强化水利工程布局，加强"五小水利"工程建设及运营管护①，全面提高农业节水能力。完善民生水利工程，加强城乡饮水安全水源地建设，实施农村饮水安全巩固提升工程，建立城乡饮水安全保障体系，确保城乡居民饮水安全。

强化电力基础设施建设。西北地区风能资源丰富，风电开发已具一定规模和技术基础，因此，应加快以风电工程为重点的电网改造和建设，开辟电力外送渠道，完善主干网架，增强电网资源配置能力，保障电网安全经济运行，有效缓解生产、生活用电矛盾。要加强农村输配电网建设，实现电网有效衔接，提高电力保障能力。加快新能源的开发利用，推广新能源汽车充电基础设施等的建设。

（二）实施绿色生态发展

西北地区地质条件复杂，地貌类型多样，生态环境脆弱，不仅甘肃河西、新疆、陕北、宁夏等地水资源严重缺乏，而且多年来的粗放发展使部分地区河

---

① 《2017年中央一号文件》，2017年2月6日，中华人民共和国农业部网站http://www.moa.gov.cn/ztzl/yhwj2017/zywj/201702/t20170206_5468605.htm

床裸露、水土流失、荒漠化、盐碱化等现象加剧，生态环境承载压力持续加大，已成为制约区域经济可持续发展的重要瓶颈。面对资源约束持续加大、环境污染仍然屡禁不止、生态系统还有退化等严峻形势，西北地区必须把生态文明建设融入经济转型发展的各领域和全过程，努力形成绿色生态发展的生产方式、产业结构和空间格局，实现经济向绿色低碳生态之路转型。

1. 维护原生态自然环境体系

坚持保护优先和自然恢复为主，坚决保护森林、冰川、河流、湖泊、湿地、植被、绿洲、草原等的原始生态体系，保护生物多样性，维护原有自然生态系统的平衡稳定。实施重大生态环境治理与修复工程，强化水土保持综合治理，大力推进防沙治沙工程、森林植被保护与恢复工程、天然林保护工程、生态经济林建设工程、水源涵养工程、荒漠和河谷草原修复工程、生物多样性保护工程、湿地保护工程等，全力增强生态安全屏障功能，促进人与自然和谐共生。加快世界自然遗产地和自然保护区建设，提升各类自然保护区管护能力。以实行水资源调用补偿、草原生态补偿、重点生态功能区财政转移支付等为突破口，建立健全生态补偿机制，提高财政转移支付力度。

2. 遵循主体功能区适度开发

西北五省区有很多区域属于禁止开发区或限制开发区，要切实发挥主体功能区作为国土空间开发保护基础制度的作用，严守生态保护红线，有效推进经济社会发展、城乡发展、土地利用、生态环境保护等多规合一、定位清晰、功能互补、衔接协调的空间规划体系，持续优化区域空间利用结构，加强区域空间的用途管制和开发保护，健全配套政策体系，实行分类管理的区域政策，科学合理优化产业空间、生活空间、生态空间等格局，构筑国土空间高效利用、人与自然和谐相处的区域发展格局。严格按照国家和西北五省区主体功能区规划实施经济开发，优化城镇、产业、人口等的空间分布，创造良好的人居环境，努力实现城乡布局相得益彰、产业分布集约高效和人口生态协调适应。进一步完善制度体系，加快形成"生态损害者赔偿、受益者付费、保护者得到合理补偿"的运行机制，形成符合区域主体功能定位的导向机制。[①]

3. 坚持资源利用的减量化

对于生态环境脆弱的西北地区而言，要推进经济转型跨越发展，就必须从

---

① 《中共中央国务院关于加快推进生态文明建设的意见》，2015年4月25日，中华人民共和国国务院新闻办公室 http://www.scio.gov.cn/xwfbh/xwbfbh/yg/2/Document/1436286/1436286.htm

生产源头加强管控，减少物质投入量和消耗量，要在土地、水、能源等方面实行总量和强度的同时控制，提高节能、节水、节地、节矿等标准，提高主要资源的投入产出率，以最少的资源消耗实现经济的转型发展。实行最严格的水资源管理制度，加强用水总量和强度控制，以水定产、以水定城，强化规划和建设项目的水资源论证，实施取水许可制度，通过制度法规和技术手段等强化节水管理。合理制定和调节水价，发展水权交易市场。提高再生水的循环利用，发展节水农业、节水工业、节水服务业，加强地下水资源的保护与管理，严格控制超采、滥采地下水，推进地下水采补平衡，有序实施退地减水。

围绕西北地区经济转型跨越发展，根据主体功能区定位实行严格的土地空间管理制度，科学确定土地供应量、优化土地供应结构、形成合理的土地供应进度，严守耕地保护红线，严格落实耕地保护各项制度，加大土地整理和复垦力度，切实落实耕地占补平衡，调整建设用地结构，盘活存量土地，提高土地配置效率，推动土地集约节约利用。

要强化规模以上重点工业企业能耗监管，严格落实国家单位产品能源消费限额标准，推进重点企业能耗达标。加快钢铁、有色、电力化工、建材等高载能行业节能改造，鼓励推广节能环保技术、工艺、设备、材料，淘汰落后产能。推进绿色交通体系建设，优先支持发展公共交通，推行新能源交通工具，引导居民绿色出行。大力发展绿色节能环保建筑，严格执行居住建筑节能设计标准，推广新建建筑节能技术，提高新建建筑节能水平。

4. 推进经济社会低碳循环发展

推动能源革命和能源结构调整，创新能源综合利用技术，推动煤炭等化石能源清洁高效利用，提高非化石能源比重，加强储能和智能电网建设，发展分布式能源，建设清洁低碳、安全高效的现代能源供应和消费体系。进一步调整产业结构，加快建立电力、钢铁、化工、建材、有色等重点企业温室气体排放监测、统计、核算、报告和第三方核查制度，控制温室气体排放总量和强度，推动形成转方式、调结构的全社会温室气体减排倒逼机制，提高能源综合利用效率。

要在生产、流通、消费各个领域遵循和践行循环经济理念，构建社会、产业间、企业内等多层面低碳循环发展产业体系，全面建设循环型农业、循环型工业和循环型社会，在重点领域着力打造循环经济产业链和骨干企业，加强园区和企业的循环经济改造、餐厨废弃物资源化利用和农业循环经济综合示范区建设，推进重点行业废物和城乡生活垃圾的资源化利用，实现土地集约利用、能量梯级利用、废水循环利用和污染物集中处理。

5. 强化环境污染综合治理

实施大气、水、土壤污染综合防治，推进重点地区和重点行业重金属污染治理，加强危险废物、持久性有机物和危险化学品污染防治，着力解决影响西北地区经济可持续发展和损害群众健康的突出环境问题。加强大气污染防治，优化产业结构和空间布局，推进清洁能源改造，继续加大钢铁、电力、煤化工和水泥等重点行业脱硫、脱硝设施建设和运行监管力度。加大机动车尾气、道路和建筑施工扬尘污染控制力度，有效防控飞扬颗粒物污染。加强重点流域水污染防治、地下水污染防治和湖泊生态环境保护。加大饮用水源地保护，严禁在水源涵养区和河流、湖泊周边建设重化工、涉重金属等工业污染项目，重点监管化工、纺织、造纸、有色金属等重点行业废水污染，保障群众饮水安全。强化土壤污染防治，加强矿山废水、废气、废渣排放管理，实施重点工矿企业污染场地治理和土壤修复工程。继续推进农村环境综合整治，实施改水改厕、污水垃圾处理、农业面源污染防治等，加大化肥、农药、农田残膜污染防治力度。加大环境信息公开力度，健全环境违法行为惩处机制。加强环境监测预警体系、执法监督体系、应急响应体系和科技信息支撑体系建设，完善实时在线环境监控系统，全面提升环境监管和治理能力。

（三）实现精准稳定脱贫

西北地区脱贫攻坚任务艰巨，比如，新疆的南疆四地州经济社会发展相对滞后，贫困人口占全疆扶贫人口的85%，已成为制约新疆能否如期全面建成小康社会的重要短板。打赢脱贫攻坚战是西北地区全面建成小康社会最艰巨的任务，确保2020年西北地区现行标准下农村贫困人口实现脱贫，贫困县全部摘帽，解决区域性整体贫困是我们必须实现的奋斗目标。[①]

1. 精准扶贫精准脱贫

西北地区要把南疆四地州、边境地区、连片特困区、少数民族特困区等作为扶贫攻坚主战场，实施精准扶贫、精准脱贫，完善既有的产业扶贫、医疗扶贫、科技扶贫、社会扶贫、教育扶贫等机制，着重提高脱贫攻坚实效。因地制宜地实施"五个一批"工程，支持有劳动能力的人立足当地资源、产业基础和发展优势，通过发展特色产业加快实现稳定脱贫；对生态环境脆弱而不能确保

---

① 《习近平：决胜全面建成小康社会 夺取新时代中国特色社会主义伟大胜利——在中国共产党员第十九次全国代表大会上的报告》，2017年10月27日，中华人民共和国中央人民政府网站http://www.gov.cn/zhuanti/2017-10/27/content_5234876.htm

居民生存发展的,要通过易地搬迁脱贫一批,确保搬迁群众能有可靠的生产生活保障,实现稳得住、能致富;对重点和脆弱生态功能区域,要通过实行生态补偿弥补发展的不利条件,并通过转化为生态护林员等实现脱贫;改善贫困地区办学的硬件和软件,在巩固义务教育成果的基础上,着力发展优质职业教育,提高贫困人口就业和增收能力,实现发展教育脱贫一批;统筹协调农村扶贫标准和低保标准,加强医疗保险和医疗救助,对丧失劳动能力等的特殊贫困群体通过社会保障实现兜底性脱贫。

2. 着力推进扶贫工程

以改善水、电、路、房、网等基本生产生活条件为重点,加快基础设施建设进一步向贫困村延伸。一方面,要实现贫困农民脱贫致富奔小康,就必须着力提升发展生产的基础条件,强化基础设施建设。因而必须要加强通村公路建设,着力打破长期存在的交通瓶颈,打通梗阻路、铺设出口路、联通主干路,解决农产品外运难和外部资源产品进入难等老问题;要进一步加强重大水利工程和适宜的五小农田水利设施建设,特别是增加干旱区域有效灌溉面积,提高水资源集约利用水平,为贫困地区生产生活用水提供可靠保障;要加快贫困村电网的改造升级和延伸发展,把建设大电网与利用清洁能源结合起来。另一方面,要实现贫困农民生活品质改善和提升,就必须着力提升生活基础设施水平,为此,要推进农村危房改造和游牧民定居,重点加强水源地和集中供水工程建设,确保饮水安全;有序推进农村环境综合整治,加快村落民居改造提升步伐,弘扬农村优秀传统文化,强化农村公共服务项目建设,加快推进乡村振兴。此外,可以通过"互联网+"实施电商扶贫工程,将地方名优土特产品做精做细销往更广阔的市场;加大科技教育扶贫力度,加快提升贫困人群劳动技能和谋生能力,推进先进适用技术成果在贫困地区转化利用见到实效;实施旅游扶贫工程,促进贫困地区旅游产业发展。

3. 多途径提升自我发展能力

从根本上改变西北贫困地区的落后面貌,既要坚持政府主导和自上而下的制度推动,加大精准稳定脱贫的政策支持和财政投入,有效整合扶贫资源充分释放各渠道扶贫力量的叠加效应,推动各类资源要素向贫困地区流动,又要注重发挥市场配置资源的决定性作用,建立扶贫资金和项目的竞争立项、以奖代补和奖优罚劣机制,更多地运用市场手段提高扶贫项目和资金绩效,并以开放视野吸引更多战略投资者参与扶贫开发,不断激发贫困地区的内生动力和活力。此外,还要把培育富民产业同发展民营经济以及壮大县域经济、促进新型城镇化有机结合起来,遵循市场经济规律,突出地方本土特色优势,在多方面不断提升自我发展能力。

4. 创新扶贫资金运作模式

要不断拓展扶贫资金来源,加快构建财政资金、金融资金和社会资金互为补充的多元扶贫资金供给体系,整合和统筹使用专项扶贫资金、涉农资金和社会帮扶资金等[①],创新服务"三农"和促进脱贫的金融产品,鼓励各金融机构将网点布局和延伸到贫困地区。要加快创新金融产品,对村镇银行、小额贷款公司、扶贫互助资金社等新型农村金融机构,要依法规范发展和严密防控风险。建立完善信用担保和风险补偿机制,加快农村信用信息建设,有效防控潜在金融风险,确保信贷资金安全和高效发挥作用。

5. 推进公共服务均等化

推动贫困地区和贫困群众共享改革发展成果,着力加快贫困地区社会事业发展,加快基本公共服务向农村特别是贫困农村延伸和覆盖。统筹发展和合理布局贫困地区学前教育、义务教育和职业教育,最大限度地使适龄人口就近入学,提升贫困地区人口整体受教育水平;要整合县乡各类职业教育资源,创新职业培训模式,切实提高劳动力职业技能,努力培养造就一批新型农村劳动力。加快贫困村文化基础设施建设,提升广播电视网络户户通设施的建设和服务水平,丰富贫困地区人民精神文化生活;着力加强县乡村级医院、卫生院及卫生室标准化建设,强化农村常见疾病的预防控制体系。进一步完善农村低保、五保供养、新农保和临时救助制度,建立健全农村社会保障体系,不断提高社会保障统筹层次和水平。

6. 强化地方扶贫责任

着眼于富民强村巩固经济转型发展的基础,加强村基层组织建设,真正把有抱负、有能力、有事业心和爱国爱民情怀的大学生、退伍军人、返乡人员和致富能人选拔到村两委班子,提高贫困村党组织的创造力、凝聚力和战斗力,切实把村班子打造成带领贫困群众脱贫致富的坚强堡垒。加强农村贫困统计监测体系建设,提高监测能力和数据质量。强化脱贫攻坚领导责任,强化脱贫实绩和贫困群众满意度考核。

---

① 马常燕:《国家粮食局原局长聂振邦谈"十三五"扶贫攻坚》,2016年3月30日,中国经济网 http://www.ce.cn/xwzx/gnsz/gdxw/201603/30/t20160330_9945229.shtml

八、加强区域交流合作，加快"丝绸之路经济带"建设，增强互利共赢发展合力

（三）勇担国家向西开放使命

"丝绸之路经济带"建设中，整个陇海线、兰新线、兰西、兰银是中国西北地区经济通道的主轴，西安、乌鲁木齐、兰州、西宁、银川是西北地区的经济辐射源和重要枢纽地。从国家区域发展战略转向协调发展战略来看，西北五省区对于自己在"丝绸之路经济带"建设中的定位已经明确，如乌鲁木齐提出核心区和桥头堡，陕西提出"新起点"，甘肃提出"黄金段"，西宁、宁夏提出"战略支点"。以兰州为重心的西（宁）兰（州）银（川）小西三角是向西开放的前沿主力战略支撑区和桥头堡的战略纵深区，兰州新区、西咸新区是新兴起的核心增长极，正在成为"丝绸之路经济带"上重要的经济中心、金融中心和文化中心，成为新的综合改革试验区和保税区。区域经济一体化发展，要求从国家战略和区域发展战略目标的统一中加强长期而深层次的交流与合作，增强五省区向西开放的整体合力，加快实现互利共赢发展。国家对西北地区发展给予了高度重视，已为西北各省区打造了重要的发展平台，如支持甘肃建设关中—天水经济区、兰州新区和华夏文明传承创新区，举办丝绸之路（敦煌）国际文化博览会等，支持陕西建设西咸新区、自由贸易区、国际港务区、丝博会暨西洽会等，支持宁夏发展全域旅游、国家智能制造、中阿博览会、中阿号国际班列等，这些都是西北各省区构建"丝绸之路经济带"的重要国家级战略平台。西北五省区应该自觉肩负起国家向西开放发展战略的神圣历史使命，把自身放在国家所确定的全面建成小康社会、建成社会主义现代化强国和实现中华民族伟大复兴的中国梦的宏伟目标中加快发展，结合国家发展战略和区域发展空间格局，依据各自具有的区位、生产要素和产业基础与优势，明确发展的战略定位和产业布局，充分利用战略机遇加快建设国际陆港、海关监管中心、中欧班列、陆路口岸、综合保税区、国际物流园区、边境经济合作区等，加快建设内陆开放型经济体系，积极开拓以中亚、俄罗斯、中东等新兴出口市场为重点的国际市场。①

---

① 刘进军、罗哲：《西北地区经济转型跨越发展的实证研究》，《甘肃行政学院学报》，2017年第5期，第78~90页。

积极融入"一带一路"倡议，特别是应加快新疆重点沿边经济带发展，着力增强霍阿（霍尔果斯—阿拉山口）、阿北（阿勒泰—北屯）、喀阿（喀什—阿图什）、中哈国际经济合作示范区等区域经济增长极的发展新动能，要优化沿边经济带的产业布局和城镇化布局，推进交通、信息、网络等基础设施互联互通，完善沿边经济带社会公共服务设施，进一步巩固沿边经济社会发展的基础，着力形成沿边极具活力的开放发展新格局。要加快重点边境口岸的经济发展，不断拓展沿边经济带的开放广度和深度，大力提升沿边经济带在外向型经济中的国际竞争力。积极发展石油化工、有色冶金、装备制造、矿产品精深加工、电子机械、轻工纺织、食品医药等特色产业，加快培育出一批竞争力强的出口基地、出口企业和出口产品。积极推动新疆沿边经济带上升为国家战略，把沿边经济带建设成为"丝绸之路经济带"和国家安全的重要战略屏障。

（二）增强协作共赢开放发展合力

西北地区应在共商、共建、共享的原则基础上，加快构建和完善长期稳定的双边和多边合作机制，以企业为主体，推进西北五省区同丝绸之路沿线国家和地区开展多层次宽领域的互利共赢务实合作，不断培育区域经济合作发展的新亮点和新动力。与周边国家建立友好共赢的经贸合作机制，继续巩固已建立的新疆与塔吉克斯坦、吉尔吉斯斯坦、阿塞拜疆、亚美尼亚等国家的政府间经贸合作关系，重点推进建立与乌兹别克斯坦、格鲁吉亚、哈萨克斯坦东哈州、俄罗斯新西伯利亚州等地方政府间经贸合作项目，推进贸易投资便利化。推动沿边地州与相邻国家沿边开展多样化的次区域经济合作，重点支持中俄哈蒙阿尔泰"四国六方"区域合作，加强与俄罗斯车里雅宾斯克州的经贸联系。推进建设中亚地区铁路快捷运输系统，创新海关多式联运监管模式，建设新疆中欧班列国际物流平台，扩大乌鲁木齐至中亚和欧洲国家主要城市的直达货运班列，将新疆打造成中欧国际货运班列集结中心。加快建设开放型经济，打造产业互补与合作体系，鼓励企业在轻纺、新能源、高新技术、先进制造、生物医药、农产品精深加工等领域开展境外投资，参与境外特别是丝绸之路经济带沿线国家的资源开发、基础设施建设和工程承包等项目，建设境外经贸合作园区，全面促进商品、劳务、技术和装备的出口。[①]

[①]《新疆维吾尔自治区国民经济和社会发展第十三个五年规划纲要》，2016年8月19日，新疆维吾尔自治区人民政府网站 http://www.xinjiang.gov.cn/2016/08/19/67324.html

（三）积极融入"一带一路"倡议

继续挖掘"一带一路"倡议所带来的战略机遇，以增强发展通道、经济轴线和重要节点的开放发展为重点，不断提升开放型经济发展水平，辐射带动整个西北地区在开放中实现经济转型跨越发展：

一是西北地区各级政府要深入研究丝绸之路沿线国家的历史、文化、民族、宗教、政治、经济、政策、法规等具体国情，深入了解对方的发展基础和发展诉求，明确西北地区向西开放的重点产业领域、重点市场分布、重点开放内容、重点对接政策、可行的发展模式和有效的发展平台，通过充分交流确定长期稳定的访问洽谈机制、政策协调机制、项目对接机制、人文交流机制、经济论坛和学术团队互访机制等，将向西开放的制度障碍降到最低，务实推进互利共赢。[1]

二是强化开放的牵引支撑，以重点交通枢纽中心和综合交通网为基础，构建物流商贸大基地，办好兰州投资贸易洽谈会、敦煌文化博览会、宁夏中阿合作论坛、循环经济国际项目推介会、国际新能源展览会等展会和节会大平台，拓展互补发展和合作共赢的机会和空间，通过出口优质商品、直接投资、文化交流和商务会展等多种方式加快发展外向型经济。

三是政府要稳定发展与友好市州的关系，加强对走出去企业的指导和服务，规范发展服务于企业"走出去"的社会中介机构，坚决保护走出去企业的合法权益，并通过鼓励企业建立民间商会组织，互通信息资源和共享发展经验，降低企业对外投资的各种风险，增强企业走出去发展的合力。[2]

四是政府要引导企业从战略高度以长远眼光谋划自身融入丝绸之路经济带的发展定位和发展路径，促使企业主动应对开放发展的不确定性风险，透彻研究对方国家的投资环境、市场需求、产业结构、消费特点等，及时抓住国内外市场需求新动向和新契机，以极受赞誉的企业信誉、优良的产品性价比和周到细致的服务开拓市场。[3]

五是加强丝绸之路经济带对外开放平台建设，积极打造新亚欧大陆桥、中巴、中蒙俄、中阿、中哈等经济走廊，推进综合保税区、海关特殊监管区、自

---

[1] 邓生菊：《新常态下甘肃省经济转型跨越发展的若干重大问题》于安文华、罗哲主编，《甘肃蓝皮书 甘肃经济发展分析与预测2017》，社科文献出版社，2017年1月。

[2] 同上。

[3] 罗哲：《甘肃供给侧结构性改革的难点、重点和风险管控》，《开发研究》，2017年第3期，第21～25页。

由贸易区、重点口岸、边境经济合作区、电子口岸信息平台的建设。

（四）着力增强对外贸易竞争力

一是优化出口结构。推动传统产业转型升级，鼓励企业加强原始创新和自主创新，紧跟市场需求变化巩固现有出口产品的市场竞争优势；促进新兴产业开放发展，以新科技革命为引领，扩大技术和资金密集型的高端装备制造、机电产品、高新技术产品和节能环保产品等的出口，支持具有自主知识产权、自有品牌和核心关键技术的企业增强实力，加快拓展出口市场；细分轻纺、食品加工、生物医药产品市场，根据消费市场发展趋势，强化多元化和个性化生产，鼓励企业建立国际营销网络，推动其加速拓展国外市场，扩大出口产品规模；控制高耗能、高污染和资源性产品出口。

二是优化进口结构。通过扩大先进技术、关键零部件、区域短缺资源、节能环保技术产品和特色消费品等的进口，有效利用国际资源，发挥进口对平衡区域经济发展、优化产业产品结构和推动经济转型跨越发展的重要作用。

三是优化进出口地理结构。在巩固已有国际市场空间格局的同时，紧抓"丝绸之路经济带"的战略机遇，积极拓展中亚西亚及其他新兴市场，强化与他国特别是周边国家的经贸联系，努力形成多元化的进出口市场格局。

四是优化贸易方式结构。逐步扩大一般贸易比重，并鼓励加工贸易企业不断提升产业链和价值链层次，提高在本地增值和配套的比重。同时，促进服务贸易开放发展，在稳定和拓展西北地区旅游、运输、劳务等传统服务出口的同时，努力扩大文化信息、商贸流通等新兴服务出口，提高服务业外向化发展水平。[1]

九、维护民族团结和谐，确保社会公共安全，维护稳定有序的发展环境

西北地区深居内陆，自然条件严酷，多民族聚居，远离我国经济中心，不仅是全国生态安全的重要屏障、民族团结的大后方和区域经济协调发展的主战场，而且因该地区民族分裂主义、宗教极端主义和恐怖主义活动较为活跃，也是我国维护国家生态安全、国防安全、信息安全和社会和谐稳定的重点区域。

---

[1] 《国务院办公厅关于促进外贸稳定增长的若干意见（国办发［2012］49号）》，2012年9月18日，网易新闻网 http://news.163.com/12/0918/17/8BMVVFN700014JB5.html

西北五省区中少数民族聚居地，特别是新疆处于暴力恐怖活动的活跃期和反分裂斗争激烈期，分裂和反分裂斗争任务艰巨，社会稳定的形势严峻和复杂。[①]西北地区要实现经济转型跨越发展，必须要有和平稳定和安全有序的发展环境，因此，维护民族团结和谐，确保社会公共安全，就成为全面建成小康社会的必要条件。

（一）维护民族团结和谐

社会主义市场经济条件下，加强西北民族地区基层党建是适应民族事务阶段性特征的必然选择。改革开放以来，虽然社会主义市场经济的发展为民族地区带来重要的发展契机，国家对民族地区支持力度持续加大为其带来翻天覆地的变化，但由于西北地区地处内陆腹地，民族地区和少数民族市场经济起步晚，经济外向程度不高，市场竞争能力比较弱，经济发展水平与东部地区差距较大，基本公共服务建设仍然薄弱，部分群众生产生活条件还比较落后，各民族交往交流交融趋势增强的情形下，涉及民族因素的矛盾纠纷在个别区域和个别领域仍然存在，影响民族关系的外部因素更加复杂，反对民族分裂、宗教极端、暴力恐怖的斗争仍未停止。[②]民族事务发展的阶段性特征对加强民族地区基层党建提出新要求和新挑战。

加强民族团结是西北地区社会稳定和长治久安的基础，是多民族友好相处和共同繁荣发展的必要前提。西北地区必须全面贯彻落实党的民族政策和宗教政策，切实落实好民族区域自治制度，坚持各民族一律平等、求同存异、包容和谐和共同发展，着力增强各族群众的国家意识、法治意识、公民意识，创新方式方法和平台机制加强民族团结，巩固平等团结和互助和睦的社会主义民族关系，巩固各民族共同繁荣发展取得的宝贵成果。[③]

（二）维护国家安全稳定

西北地区要实现经济转型跨越发展，并且如期全面建成小康社会，离不开团结和谐和安全稳定的发展环境，为此，必须从多方面加大反恐维稳力度，依

---

① 《张春贤：当前新疆正处于暴力恐怖活动活跃期、反分裂斗争激烈期、干预治疗阵痛期》，2015年7月23日，观察者网 http://www.guancha.cn/politics/2015_07_23_327847.shtml
② 张金豸：《重视加强民族地区基层党组织建设》，2014年11月24日，共产党员网 http://news.12371.cn/2014/11/28/ARTI1417142080350619.shtml
③ 《中共中央印发〈中国共产党统一战线工作条例〉》，2015年9月23日，人民网 http://politics.people.com.cn/n/2015/0923/c1001-27623257-2.html

法严密防范任何威胁国家安全和社会稳定的因素，坚决打击敌对势力的各种渗透和颠覆破坏活动、民族分裂活动、宗教极端活动和暴力恐怖活动，坚决维护国家政治、经济、文化、社会和信息等领域的安全，有力打击各类违法犯罪活动。

切实发挥基层组织在维护稳定中的主体作用，通过严打和形成高压态势，有效遏制暴力恐怖活动的气焰；加强社会网格化管理巡查防控体系建设，全方位调动人防、物防和技防能力，加强联防联控和群防群控，强化情报阵地和手段建设，提高预警联动和突发处置能力，坚决防止大规模暴恐案件发生。强化重点地区和各地基层的维稳能力建设，加强公安局、检查站、训练场所、监管场所等基础设施和安全装备建设。着力信息化和网络安全建设，建立大数据技术支撑的基础信息共享协调机制和综合服务平台，强化网络安全监管，加大网上有害信息的管控力度。

（三）增强公共安全保障力

西北地区经济转型跨越发展的阶段，也是公共安全领域矛盾易发多发的高危阶段，加快网络信息安全产业、生态环境安全产业、食品药品安全产业、安全生产产业、社会安全产业、防火防爆安全产业、安全文化与服务业等的发展，确保西北地区有长期稳定和安定有序的发展环境，是实现经济转型跨越发展的必要条件。目前，公共安全产业对地区公共安全保障能力亟待提高，重点领域公共安全产业发展水平亟待增强，需提升公共安全产业整体水平和核心竞争力，增强防范、应对和处置突发公共安全事件的技术和产业支撑能力，为稳增长、促改革、调结构、惠民生、防风险创造更好的公共安全环境，更好确保西北地区经济转型跨越发展。[①]

1. 建设公共安全产业园

公共安全产业属于战略性安全产业，科技先导性强，涉及领域广，需要政府立足公共安全产业发展现状，坚持以规划为先导，以企业为主体，以市场为依托，以创新驱动发展，以社会公共安全、集体财产安全、群众生命财产安全等公共安全领域关键性领域为突破口，正确处理政府引导与企业主体的关系、市场需求与社会需要的关系、引进发展与培育发展的关系、产学研协调发展齐头并进的关系、经济效益和社会效益的关系，建立和发展公共安全产业园。要

---

① 刘进军、罗哲：《西北地区经济转型跨越发展的实证分析》，《甘肃行政学院学报》，2017年第5期，第78~90页。

加快公共安全产业关键技术、装备和产品的研发生产，加强公共安全产业项目谋划和技术孵化器、工程技术中心、产品展示中心和科普基地等平台建设，培育一批具有核心竞争力的公共安全产业骨干企业，积极推动公共安全产业资源整合和产业集聚。

2. 培育发展公共安全产业群

重点培育和扶植地方公共安全产业发展。鼓励和支持国内外投资者和科技人员来西北地区重点围绕防灾减灾、生产安全、食品安全、环境安全、信息安全和反恐安全等发展公共安全产业。要实施公共安全产业领域"专、精、特、新"中小企业发展工程，以市场为导向，紧紧围绕公共安全需求，加强公共安全专用装备、仪器、试剂、新材料等产品的研发生产和商品交易，加强公共安全培训、宣教、咨询、体验、评估、设计、救援等服务，提高中小企业核心竞争力和创新发展能力。同时，在现有的公共安全企业中筛选出技术应用前景好、产品竞争力强，有发展潜力和优势的企业，重点在专项资金扶植、金融信贷、税收减免、技术创新、产品研发、成果转化、市场开拓等方面予以重点支持。围绕现有公司的主打产品，既要加快培育一批具有技术优势、规模效应和品牌形象、核心能力强的大公司和企业集团，使其成为公共安全领域的龙头企业，又要从市场准入、投融资优惠等方面，大力发展具有较强活力的中小企业。①

打造重要的公共安全产业集群。积极推动公共安全产业研发所需科技成果、专利技术、仪器设备、专业人才等资源信息的共享，重点打造出几个公共安全研发与产业化基地，努力开发出具有自主知识产权的关键技术、核心技术和专有技术，着力推动一批科技成果实现产业化，有力增强整个产业的核心竞争力。要集聚产业发展的资源和要素条件，培育若干核心竞争力强的龙头企业，打造一批在国内外有影响力的公共安全产品品牌，建成国内有知名度的公共安全产业集群。

---

① 营青：《合肥公共安全产业模式初探》，《安徽科技》，2010年第12期，第21~23页。

参考文献

[1] 迟福林, 傅治平. 转型中国: 中国未来发展大走向 [M]. 北京: 人民出版社, 2010.

[2] 迟福林. 中国: 历史转型的"十二五"[M]. 北京: 中国经济出版社, 2011.

[3] 林毅夫. 中国经济专题 [M]. 北京: 北京大学出版社, 2012.

[4] 中国人民大学区域与城市经济研究所. 中国沿海地区经济转型重大问题研究 [M]. 北京: 经济管理出版社, 2012.

[5] 景维民, 孙景宇, 等. 转型经济学 [M]. 北京: 经济管理出版社, 2008.

[6] 洪银兴. 转型经济学 [M]. 北京: 高等教育出版社, 2008.

[7] 张培刚发展经济学研究基金会. 中国经济转型与发展模式创新 [M]. 武汉: 华中科技大学出版社, 2011.

[8] 高新才. 中国经济体制: 变革与挑战 (1978—2008) [M]. 兰州: 兰州大学出版社, 2008.

[9] 高新才. 区域经济与区域发展——对甘肃区域经济的实证研究 [M]. 北京: 人民出版社, 2001.

[10] 萧功秦. 超越左右激进主义——走出中国转型的困境 [M]. 杭州: 浙江大学出版社, 2011.

[11] 陈秀山, 张可云. 区域经济理论 [M]. 北京: 商务印书馆, 2003.

[12] 朱德元. 资源型城市转型概论 [M]. 北京: 中国经济出版社, 2005.

[13] 徐瑛, 陈秀山. 区域经济质量评价: 理论与方法 [M]. 北京: 中国人民大学出版社, 2009.

[14] 聂华林, 王水莲. 区域系统分析 [M]. 北京: 中国社会科学出版社, 2008.

[15] 汪晓文. 西部地区自我发展能力研究——基于问题地区和对外开放的视角 [M]. 北京: 中国社会科学出版社, 2014.

[16] 毕京京, 张彬. 中国特色社会主义发展战略研究 [M]. 北京: 国防大学出

版社，2015.

[17] 邓生菊，陈炜.甘肃省经济转型跨越发展的路径研究［M］.兰州：甘肃人民出版社，2015.

[18] 朱智文，罗哲.甘肃蓝皮书：甘肃经济发展分析与预测（2014）［M］.北京：社会科学文献出版社，2014.

[19] 朱智文，罗哲.甘肃蓝皮书：甘肃经济发展分析与预测（2015）［M］.北京：社会科学文献出版社，2015.

[20] 朱智文，罗哲.甘肃蓝皮书：甘肃经济发展分析与预测（2016）［M］.北京：社会科学文献出版社，2016.

[21] 安文华，罗哲.甘肃蓝皮书：甘肃经济发展分析与预测（2017）［M］.北京：社会科学文献出版社，2017.

[22] 安文华，罗哲.甘肃蓝皮书：甘肃经济发展分析与预测（2018）［M］.北京：社会科学文献出版社，2018.

[23] 郭正礼，段庆林，张廉.宁夏社会科学院蓝皮书系列：2016经济蓝皮书［M］.银川：宁夏人民出版社，2015.

[24] 潘璠.中国全面建设小康社会监测报告（2011）［M］.北京：社会科学文献出版社，2011.

[25] 中共中央文献研究室.十八大以来重要文献选编（中）［M］.北京：中央文献出版社，2016.

[26] 邹东涛.中国经济发展和体制改革报告［M］.北京：社会科学文献出版社，2012.

[27] 国务院国资委研究中心.关于深化国有企业改革的指导意见百题问答［M］.北京：中国经济出版社，2016.

[28] 刘东建.当代中国跨越式发展中的协调问题研究［M］.北京：中国传媒大学出版社，2008.

[29] 林战平.中国经济转型研究［M］.济南：山东人民出版社，2013.

[30] 施凤丹.中国全面建成小康社会统计监测报告［M］.北京：社会科学文献出版社，2011.

[31] 翟商.论中国经济转型的阶段性与目标转换［J］.中国经济史研究，2012（1）：19－23.

[32] 樊纲.渐进与激进：制度变革的若干理论问题［J］.经济学动态，1994（9）：8－12.

[33] 林毅夫.自生能力、经济转型与新古典经济学的反思［J］.经济研究，

2002（12）：15−24.

[34] 郭熙保.中国经济调整增长之谜新解——来自后发优势视角［J］.学术月刊，2009（2）：63−71.

[35] 石弘.列宁对马克思跨越发展理论的创新［J］.河南科技大学学报（社会科学版），2009（1）：38−41.

[36] 樊纲.论作为一种公共选择过程的体制改革［J］.社会科学战线，1996（5）：259−266.

[37] 吕爱权.后发优势理论与赶超发展战略的选择［J］.学习与探索，2005（4）：196−199.

[38] 丁赛，刘小珉，龙远蔚.全面建成小康社会指标体系与民族地区发展［J］.民族研究，2014（4）：28−38.

[39] 额尔敦扎布，莎日娜.中国转型理论脉络［J］.内蒙古大学学报（哲学社会科学版），2008（6）：3−8.

[40] 保建云.经济转型、制度变迁与转型经济学研究范式及内容拓展［J］.教学与研究，2007（8）：34−41.

[41] 钞小静，任保平.中国经济增长质量的时序变化与地区差异分析［J］.经济研究，2011（4）：26−40.

[42] 简新华，许辉.后发优势、劣势与跨越式发展.经济学家［J］，2002（6）：28−34.

[43] 王永昌.我国进入"转型发展"的13个基本特征［J］.中国党政干部论坛，2016（4）：53−57.

[44] 董继红，陈秀山.西部地区经济增长的效率、动力与协调性分析［J］.西南民族大学学报（人文社会科学版），2013（1）：158−162.

[45] 蔺梦阳.中国经济增长动力分析之投资［J］.经济观察，2011（7）：70−72.

[46] 鲍长生.我国经济增长动力的灰关联分析［J］.生产力研究，2012（1）：107−109.

[47] 吴敬琏.中国经济转型的困难与出路［J］.中国改革，2008（2）：8−13.

[48] 姜巍，徐文.中国传统经济增长动力结构的特征、危机与提升［J］.经济问题探索，2011（8）：16−20.

[49] 陈辉，牛叔文.经济开放度评价及对策研究——以甘肃为例［J］.经济问题研究，2010（6）：121−124.

[50] 张建君.中国经济转型道路：过程及特征［J］.当代经济研究，2008

（5）：8—11.

[51] 李含琳. 甘肃实现跨越发展的四个重点 [J]. 发展论坛，2012（4）：31—32.

[52] 邓生菊，陈炜. 甘肃省经济转型的核心要义与重点任务 [J]. 开发研究，2015（4）：54—57.

[53] 张鹏. 初始条件、地方政府竞争与自我发展能力：中国区域经济转型的演化路径 [J]. 经济问题研究，2012（4）：36—63.

[54] 洪银兴. 中国经济转型的层次性和现阶段转型的主要问题 [J]. 西北大学学报（哲学社会科学版），2006（5）：7—14.

[55] 乌淼. 中国经济转型与制度演进 [J]. 学术月刊，2008（2）：158—159.

[56] 李佐军. 中国经济面临九大问题与挑战 [J]. 山东经济战略研究，2012（8）：40—44.

[57] 周雨风. 中国经济转型成功的阻碍因素分析 [J]. 特区经济，2010（7）：16—18.

[58] 李勇. 中国发展战略转型的重要突破口——基于两江新区案例的视角 [J]. 特区经济，2012（1）：193—196.

[59] 魏杰. 中国经济发展模式的转型 [J]. 政治经济学评论，2010（2）：28—33.

[60] 杨磊. 从中等收入陷阱谈如何加快中国经济转型 [J]. 理论探讨，2012（2）：98—101.

[61] 王艳萍. 中国转型经济学二十年发展回顾与展望 [J]. 经济纵横，2011（2）：6—10.

[62] 胡鞍钢. 中国社会转型与经济转型是关联性转型 [J]. 求是，2011（4）：63—64.

[63] 陈文科. 论中国经济转型的难点 [J]. 江汉论坛，2011（3）：5—15.

[64] 陈明. 从转型发展看我国的城镇化战略 [J]. 城市发展研究，2010（10）：1—5.

[65] 朱楠. 转型发展的初始条件和约束条件及其路径选择 [J]. 西北大学学报（哲学社会科学版），2010（5）：54—58.

[66] 姜作培. 结构调整：中国经济转型升级的取向与路径选择 [J]. 探索，2009（5）：100—103.

[67] 陈永昌. 当前中国经济的重大转型 [J]. 学习与探索，2009（1）：126—128.

[68] 田国强.中国经济转型的内涵特征与现实瓶颈解读［J］.人民论坛，2012（12）：8-11.

[69] 王跃峰.中国经济转型跨越发展的理论研究［J］.哈尔滨师范大学社会科学学报，2013（5）：45-47.

[70] 周长城，陈红.中国小康社会指标体系研究综述［J］.湖南社会科学，2014（5）：71-72.

[71] 刘进军，李有发.甘肃省实现社会跨越发展的难点、重点及对策建议［J］.科学经济社会，2012，30（2）：16-22.

[72] 刘进军，罗哲.西北地区经济转型跨越发展的实证分析［J］.甘肃行政学院学报，2017（5）：78-90.

[73] 罗哲.甘肃省供给侧结构性改革的难点、重点与风险管控［J］.开发研究，2017（3）：21-25.

[74] 裴小革.论中国经济转型的目标选择［J］.天津社会科学，2006（1）：79-82.

[75] 李剑珠.中国社会结构转型的再思考［J］.经济师，2011（9）：12-13.

[76] 邓生菊，陈炜.甘肃省经济转型跨越发展的实施路径［J］.社科纵横，2014（2）：38-41.

[77] 凌经球.西部民族地区全面建成小康社会的路径分析［J］.经济与社会发展，2013（6）：76-82.

[78] 邓生菊.甘肃省实现经济转型跨越发展的理论思考［J］.社科纵横，2012（10）：40-41.

[79] 科技支撑甘肃经济社会发展战略研究课题组.甘肃科技创新体系建设的实践与探索［J］.甘肃科技，2012（1）：11-12.

[80] 蓝庆新，彭一然.论"工业化、信息化、城镇化、农业现代化"的关联机制和发展策略［J］.理论学刊，2013（5）：35-40.

[81] 张卓元.中国经济需转型：从追求数量扩张转为注重质量效益——未来十年经济走势思考［J］.中国流通经济，2010（5）：6-9.

[82] 刘传玉.工业化与城市化：理论及对甘肃的实证分析［J］.兰州商学院学报，2006（1）：31-34.

[83] 周冰.基于中国实践的转型经济学理论构建［J］.学术研究，2008（3）：57-64.

[84] 陈志峰，刘荣章，郑百龙，等.工业化、城镇化和农业现代化"三化同步"发展的内在机制和相互关系研究［J］.农业现代化研究，2012，33

(2)：155-160.

[85] 苏振锋，谢青.工业化是城镇化、信息化和农业现代化的动力［J］.中国集体经济，2013（11）：54-55.

[86] 范铁中.快速转型时期我国社会矛盾产生的原因解析［J］.中国浦东干部学院学报，2010，4（6）：40-44.

[87] 章百家，朱丹.中国经济体制两次转型的历史比较［J］.中国党史研究，2009（7）：6-23.

[88] 庞亚君.城市化："四化同步"的枢纽［J］.浙江经济，2012（24）：28-29.

[89] 崔启迪.工业化、信息化、城镇化、农业现代化同步发展路径思考［J］.投资与合作，2013（4）：12.

[90] 王宇鹏.中国改革开放三十年经济增长动力分析［J］.经济研究参考，2012（43）：35-36.

[91] 谢士强.降低经济发展代价的根本出路［J］.经济体制改革，2009（3）：13-16.

[92] 石玉亭.对甘肃发展战略问题的思考［J］.中国城市经济，2009（8）：60-61.

[93] 王纪伟.对甘肃省经济发展战略变迁的思考［J］.甘肃科技，2009，25（1）：4-7.

[94] 刘正平.改革开放三十年来省委有关重大决策［J］.党的建设，2008（12）：22.

[95] 袁凤香.对甘肃省科技创新形势的分析与对策研究［J］.科技创新与生产力，2011（11）：48-55.

[96] 赵明霞.经济结构转型下中国经济发展的路径［J］.商场现代化，2012（22）：164-165.

[97] 李桂华.中国经济结构转型的模式选择及路径梗阻［J］.中共南京市委党校党报，2011（5）：15-19.

[98] 谢致远.甘肃省职业教育发展存在的主要问题及对策［J］.职业教育研究，2007（1）：6-7.

[99] 曹晖.信息化促进中国城乡一体化研究［D］.哈尔滨：东北林业大学，2010.

[100] 张培.西北五省产业结构比较分析［D］.乌鲁木齐：新疆大学，2010.

[101] 张爱桥.我国农业信息化发展研究［D］.杨凌：西北农林科技大

学，2012.

[102] 朱海龙.转型期地方政府行政决策机制研究［D］.苏州：苏州大学，2010.

[103] 李谷成.基于转型视角的中国农业生产率研究［D］.武汉：华中农业大学，2008.

[104] 张鹏.中国区域经济转型路径比较研究——对改革开放以来18个典型地区的实施分析［D］.兰州：兰州大学，2010.

[105] 李含琳.在区域联合中推进转型跨越发展［N］.甘肃日报，2012－05－24.

[106] 赵文丁.如何认识和理解"四化"同步发展战略部署［N］.河北日报，2012－12－26.

[107] 小康社会 关键在全面［N］.中国经济导报，2012－12－18.

[108] 罗哲.构建防范和化解产能过剩的监测预警机制［N］.甘肃日报，2017－7－4.

[109] 刘迪生.新疆实施创新驱动发展的成效及对策［N］.新疆日报，2016－7－28.

[110] 邓生菊.产业转型是转型跨越发展的首要任务［N］.甘肃日报，2012－10－10.

[111] 夏斌.中国经济改革：逻辑与行动框架［J］.发展研究，2013（3）：4－14.

[112] 魏其礼，段小兵.甘肃"三大需求"与经济增长关系研究［J］.中国统计，2007（7）：19－20.